Diogenes Taschenbuch 22028

Tintenfaß

*Das Magazin
für den überforderten
Intellektuellen*

Nummer 28

Diogenes

Das *Tintenfaß*
erscheint einmal jährlich zur
Frankfurter Buchmesse
Impressum, Nach- und Hinweise
am Schluß des Bandes

Umschlagzeichnung von David Levine,
Frontispiz: Anton Čechov,
Melichovo, Mai 1897.
Aus: *Anton Čechov. Sein Leben in Bildern,*
herausgegeben von Peter Urban

Originalausgabe

Alle Rechte vorbehalten
Copyright © 2004
Diogenes Verlag AG Zürich
www.diogenes.ch
120/04/36/1
ISBN 3 257 22028 6

Inhalt

Erster Teil: Anton Čechov

Anton Čechov	*Zerrütung der Kompensation* 7
Anton Čechov	*»Langweilig ist es, auf dieser Welt zu leben«* 20
Oleg Jurjew	*Čechov-Jahrestag* 21
	Erinnerungen an Čechov. Erster Teil 25
Richard Ford	*Warum uns Čechov gefällt* 43
Anton Čechov	*Kleiner Scherz* 53
Anton Čechov	*»Es schneit. Was hat das für einen Sinn?«* 59
	Über Čechov 61
Anton Čechov	*»Lebe dein Leben und Amen«* 71
Anton Čechov	*Kleine Geschichten* 78
Otto A. Böhmer	*Der Verwalter seines Lebens* 81
	Erinnerungen an Čechov. Zweiter Teil 87
Peter Urban	*»Entscheidend ist der Ton«* 95
	Erinnerungen an Čechov. Dritter Teil 99
Györgos Dalos	*Čechov in Badenweiler* 106
Anton Čechov	*»Das Leben, das wir führen, ist idiotisch«* 108
Raymond Carver	*Gedichte nach Čechov* 109
Anton Čechov	*Etwas mit Pferd* 115
Anton Čechov	*»Kürze ist die Schwester des Talents«* 122
Katherine Mansfield	*Čechovs letzte Briefe* 130
Pëtr Kropotkin	*Lächeln unter Tränen* 133
Anton Čechov	*Das Leben in Fragen und Ausrufen* 137

Pause

Maurice Sendak   *Es muß im Leben mehr als alles geben*   142
Maurice Sendak   *»Reif sein ist alles«*   144
Jakob Arjouni   *... mag ich, mag ich nicht*   154

Zweiter Teil: Schulgeschichten

Jakob Arjouni   *Hausaufgaben*   158
Ludwig Marcuse   *Allgemein-Bildung*   177
René Goscinny   *Wir haben uns schiefgelacht*   179
Joachim Ringelnatz   *Wie abscheulich faßt sich Kreide an!*   184
Fatou Diome   *Die Bettlerin und die Schülerin*   189
Michel de Montaigne   *Vollgestopfte Köpfe*   204
Ingrid Noll   *Falsche Zungen*   205
Urs Widmer   *Mein Vater, der Lehrer*   214
Anton Čechov   *Das ideale Examen*   215
Muriel Spark   *Kreatives Schreiben*   219
Loriot   *Grunzen statt sprechen*   229
G. E. Lessing   *Auf sich selbst*   230
Borger & Straub   *Kleines Latinum*   231
Arthur Schopenhauer   *Schiefe Köpfe*   243
Alfred Andersch   *Der Vater eines Mörders*   244
Egon Friedell &   *Goethe als Kandidat*
Alfred Polgar   *im Germanisten-Examen*   251
Amélie Nothomb   *Schulanfang*   259

Nach- und Hinweise   267
Impressum   272

Anton Čechov
Zerrüttung der Kompensation

Ein Fragment
Mit Zeichnungen von Tatjana Hauptmann

Im Hause des Kreisadelsmarschalls Bondarëv, Michail Iljič, lief die Abendandacht. Sie hielt ein junger Geistlicher, ein fülliger Blondiner mit langen Locken und breiter Nase, wie bei einem Löwen. Es sangen nur der Küster und der Schriftführer.

Michail Iljič, ernstlich krank, saß regungslos im Sessel, bleich, mit geschlossenen Augen, wie ein Toter. Seine Frau Vera Andreevna stand daneben, den Kopf zur Seite geneigt, in der trägen und ergebenen Pose eines Menschen, der gegenüber der Religion gleichgültig, aber verpflichtet ist, dazustehen und sich von Zeit zu Zeit zu bekreuzigen. Aleksandr Andreevič) Janšin, der leibliche Bruder Vera Andreevnas, und seine Frau Lenočka standen hinter dem Sessel und ebenfalls nebeneinander. Es war der Abend vor Pfingsten. Leise rauschten im Garten die Bäume, und das Abendrot brannte festtäglich, den halben Himmel erfassend.

Zu hören war durch die geöffneten Fenster das Läuten der städtischen und der klösterlichen Glocken, und ob auf dem Hof der Pfau kreischte oder jemand im Flur hustete, allen kam unwillkürlich der Gedanke, daß Michail Iljič ernstlich krank sei, daß die Ärzte verordnet hätten, ihn, sobald ihm leichter werde, ins Ausland zu bringen, aber da es ihm Tag für Tag bald besser, bald schlechter ging, war nichts zu begreifen, doch die Zeit verging, und die Ungewißheit begann einen zu langweilen. Janšin war noch an Ostern hergekommen, um seiner Schwester zu helfen, ihren Mann ins Ausland zu bringen; aber nun hatte er mit seiner Frau schon zwei Monate hier zugebracht, nun wird in seiner Gegenwart schon die dritte Abendandacht abgehalten, doch die Zukunft liegt noch immer im Nebel, und nichts ist zu begreifen. Und niemand hätte sich dafür verbürgen können, daß sich dieser Alptraum nicht noch bis zum Herbst würde hinziehen...

Janšin war unzufrieden und langweilte sich. Es fiel ihm auf die Nerven, jeden Tag ins Ausland zu reisen, und er wollte schon nach Hause, zu sich nach Novoselki. Zwar ist es auch zu Hause nicht eher lustig, aber dafür gibt es dort nicht diesen großspurigen Saal mit vier Säulen in den Ecken, nicht die weißen Sessel mit goldenen Beschlägen, die gelben Portieren, Lüster und all diese kleinbürgerliche Geschmacklosigkeit, die auf Pracht aus ist, nicht das Echo, das nachts jeden deiner Schritte wiederholt, vor allem nicht dieses kränkliche, gelbe, aufgedunsene Gesicht mit den geschlossenen Augen... Zu Hause darf man lachen, dummes Zeug reden, sich laut mit der Frau oder der Mutter zanken, kurz, leben, wie man will, doch hier, wie in einer Pension: Geh auf Zehenspitzen, flüstre, sag nur Kluges oder steh wie jetzt und hör dir die Abendandacht an, die nicht aus religiösem Gefühl abgehalten wird, sondern, wie Michail Iljič selbst sagt, aus Gründen der Tradition... Und nichts ermüdet und erniedrigt dich so wie der Zustand, wenn du gezwungen bist, dich einem Menschen unterzuordnen, den du im Grunde deiner Seele für ein Nichts hältst, und einen Kranken zu umsorgen, der dir nicht Leid tut...

Janšin dachte an noch einen Umstand: Die Nacht zuvor hatte seine Frau Lenočka ihm eröffnet, daß sie schwanger sei. Interessant war diese Neuigkeit nur, weil sie in die Frage der Reise weitere Verwirrung brachte. Was sollte er jetzt tun? Lenočka mit ins Ausland nehmen oder sie zu seiner Mutter nach Novoselki zurückschicken? Aber in ihrer Lage zu reisen wäre nicht ratsam, und nach Hause fahren würde sie in keinem Fall, denn sie vertrug sich nicht mit ihrer Schwiegermutter und wäre nie und nimmer damit einverstanden, ohne ihren Mann auf dem Lande zu leben.

»Oder nutze ich diesen Vorwand und fahre mit ihr nach Hause?« dachte Janšin, versucht, nicht auf den Küster zu hören.

Nein, es wäre schmählich, Vera hier allein zu lassen... entschied er mit einem Blick auf das schlanke Figürchen seiner Schwester. Aber was tun?

Er dachte nach und fragte sich: »Was tun?« – und sein Leben erschien ihm äußerst kompliziert und verworren. Alle diese Fragen, die Reise, die Schwester, die Frau, der Schwager usw., jede einzeln für sich, wären vielleicht sehr einfach und bequem zu lösen gewesen, aber sie alle waren miteinander verquickt und glichen einem klebrigen Sumpf, und hätte man nur eine gesondert entschieden, hätten sich die anderen alle noch mehr verwickelt.

Als der Geistliche, bevor er zum Evangelium kam, sich umdrehte und sagte: »Friede euch allen!« öffnete der kranke Michail Iljič plötzlich die Augen und rückte hin und her.

»Saša!« rief er.

Janšin trat schnell auf ihn zu und beugte sich vor.

»Mir gefällt nicht, wie der die Andacht abhält...«, sagte Michail Iljič halblaut, aber so, daß seine Worte im Saal klar und deutlich zu hören waren, sein Atem ging schwer, mit Pfeifen und Rasseln. »Ich will weg von hier. Begleite mich, Saša.«

Janšin half ihm, sich zu erheben, und faßte ihn unter.

»Du bleib, Liebste...«, sagte Michail Iljič mit schwacher, flehentlicher Stimme zu seiner Frau, die ihn von der andern Seite unterfassen wollte. »Bleib!« wiederholte er gereizt, mit einem Blick in ihr gleichgültiges Gesicht. »Ich komme schon allein hin!«

Der Geistliche stand mit dem geöffneten Evangelium und wartete. Inmitten der eingetretenen Stille war klar und deutlich der harmonische Gesang von Männerstimmen zu hören. Sie sangen irgendwo außerhalb des Gartens, wahrscheinlich am Fluß. Und es klang schön, als plötzlich im benachbarten Kloster sich der weiche, melodische Klang der Glocken in diesen Gesang mischte. Janšin krampfte sich das Herz zusammen in der Ahnung von etwas Schönem, und beinahe hätte er vergessen, daß er den Kranken führen mußte. Die Außengeräusche, die in den Saal geflogen kamen, erinnerten ihn aus irgendeinem Grunde daran, wie wenig Genuß und Freiheit es in seinem jetzigen Leben gab und wie klein, wie nichtig und uninteressant die Aufgaben waren, die er mit solcher Anspannung täglich von morgens bis abends löste. Als er den Kranken führte und die Bediente, die beiseite ging und den Weg wies, ihn mit der finsteren Neugierde ansah, mit der man gewöhnlich auf dem Lande einen toten Körper ansieht, verspürte er plötzlich einen schweren, stechenden Haß, Haß auf das gedunsene, rasierte Schauspielergesicht des Kranken, auf seine wächsernen Hände, auf den Plüsch-Chalat, den Atem, das Pochen seines schwarzen Gehstocks... Von diesem Gefühl, das er zum ersten Mal im Leben verspürte und das ihn so unvorhergesehen ergriff, wurden ihm Kopf und Füße kalt und fing das Herz an zu pochen. Er hatte den leidenschaftlichen Wunsch, daß Michail Iljič auf der Stelle stürbe, daß er zum letzten Mal aufschrie und zu Boden stürzte, doch im selben Augenblick stellte er sich diesen Tod vor und wandte sich entsetzt von ihm ab... Als sie den Saal verlassen hatten, wünschte er schon nicht mehr dem Kranken den Tod, sondern Leben für sich: die Hände aus den warmen Achselhöhlen reißen und fliehen, fliehen, fliehen, ohne sich umzublicken...

Das Bett für Michail Iljič war auf dem türkischen Diwan im Kabinett bereitet. Im Schlafzimmer fand der Kranke es heiß und unbequem.

»Eines von beidem: Werde Pope oder Husar!« sagte er, schwer auf den Diwan sinkend. »Was für Sitten! Oh, mein Gott... So einen Rüpel von einem Popen würde ich zum Küster degradieren.«

Mit einem Blick auf sein launisches, unglückliches Gesicht wollte Janšin ihm widersprechen, ihm irgendeine Frechheit sagen, ihm seinen Haß gestehen, doch er erinnerte sich der Anordnung des Arztes – jede Aufregung zu vermeiden – und er schwieg. Im übrigen ging es ja auch nicht um die Ärzte. Was hätte er ihm nicht alles sagen und ins Gesicht schreien können, wenn an diesen verhaßten Menschen nicht auf ewig und hoffnungslos das Schicksal seiner Schwester Vera gebunden wäre?

Michail Iljič besaß die Angewohnheit, die zusammengepreßten Lippen ständig vor- und zur Seite zu pressen, so als lutsche er Eis, und diese Bewegung der schnurrbartlosen und vollen Lippen reizte Janšin jetzt.

»Saša, geh wieder hin…«, sagte Michail Iljič. »Du bist gesund, und die Kirche ist dir anscheinend gleichgültig… Dir ist egal, wer immer die Andacht hält… Geh.«

»Aber dir ist sie doch auch gleichgültig…«, sagte Janšin leise, sich beherrschend.

»Nein, ich glaube an die Vorsehung und akzeptiere die Kirche.«

»Eben. Wie mir scheint, willst du von der Religion nicht Gott und nicht die Wahrheit, sondern Worte wie Vorsehung, von oben…«

Janšin wollte hinzufügen: »Sonst hättest du heute nicht den Geistlichen beleidigt«, aber er verstummte. Ihm schien, er habe sich ohnehin schon zu viel herausgenommen zu sagen.

»Geh, bitte!« sagte ungeduldig Michail Iljič, der es nicht mochte, wenn man ihm nicht beipflichtete oder nicht über ihn sprach. »Ich will niemanden behelligen… Ich weiß, wie bedrückend es ist, bei einem Kranken zu sitzen… Ich weiß es, Freund! Ich habe immer gesagt und werde es wieder und wieder sagen: Es gibt keine heiligere und schwerere Arbeit als die der Krankenschwester. Geh, tu mir den Gefallen.«

Janšin verließ das Kabinett. Unten in seinem Zimmer angekommen, zog er den Mantel über, setzte den Hut auf und ging durch die Paradetür in den Garten. Es war schon die neunte Abendstunde. Während er zwischen den Beeten, Rosensträuchern, den himmelblauen aus Heliotrop gebildeten Initialen V und M (das heißt Vera und Michail) und der Vielzahl wunderschöner Blumen hindurchschritt, die auf diesem Landsitz niemandem Vergnügen bereiteten und die vermutlich ebenfalls »aus Gründen der Tradition« wuchsen und blühten, beeilte sich Janšin und befürchtete, daß ihn von oben seine Frau rufen könnte. Sie hätte ihn leicht sehen können. Doch schon war er, durch den Park schlendernd, zur Fichtenallee gelangt, der langen und dunklen, durch die abends der Sonnenuntergang zu sehen ist. Hier verbreiteten die alten, kranken Fichten immer, selbst bei stillem Wetter, ein leichtes, finsteres Rauschen, hier riecht es nach Harz, und die Füße gleiten über die trockenen Nadeln.

Janšin ging und dachte daran, daß der Haß, der sich seiner heute, während der Abendandacht, bemächtigt hatte, ihn nicht mehr loslassen würde und er mit ihm würde rechnen müssen; er brachte in sein Leben noch eine weitere Komplikation und verhieß wenig Gutes. Doch von den Fichten, dem ruhigen, fernen Himmel und dem festtäglichen Abendrot wehte es nach Frieden und Segen. Er lauschte voller Vergnügen den eigenen Schritten, die einsam und dumpf durch die dunkle Allee hallten, und fragte sich schon nicht mehr: »Was tun?«

Fast jeden Abend ging er zur Bahnstation, um Zeitungen und Briefe entgegenzunehmen, und das war, seit er bei seinem Schwager lebte, seine einzige Zerstreuung. Der

Postzug kam um drei viertel zehn, genau um die Zeit, zu der zu Hause die unerträgliche Abendlangeweile einsetzte. Zum Kartenspiel war niemand da, zu essen wurde nichts serviert, schlafen wollte man noch nicht, und deshalb blieb nichts andres übrig, als bei dem Kranken zu sitzen oder Lenočka übersetzte Romane vorzulesen, die sie über alles liebte. Die Bahnstation war groß, hatte ein Buffet und einen Bücherkiosk. Man konnte etwas essen, Bier trinken, sich Bücher ansehen... Am meisten jedoch gefiel Janšin, dem Zug zu begegnen und die Passagiere zu beneiden, die irgendwohin reisten und, wie ihm schien, glücklicher waren als er.

Als er zur Station kam, spazierte auf der Plattform schon, in Erwartung des Zuges, das Publikum, das er hier allabendlich zu sehen gewohnt war. Da gab es Sommergäste, die in der Nähe der Station lebten, zwei, drei Offiziere aus der Stadt, einen Gutsbesitzer mit einem Sporn am rechten Stiefel und einer Dogge, die ihm, traurig den Kopf gesenkt, hinterherlief. Die Sommergäste, untereinander offenbar gut bekannt, unterhielten sich laut und lachten. Wie immer war am lebhaftesten und lachte am lautesten der Ingenieur, der hier als Sommergast lebte, ein fülliger Mann um die fünfundvierzig, mit Backenbart und breitem Becken, gekleidet in ein Kattunhemd, das über die plissierte Pluderhose hing. Als er, den groben Bauch vorstreckend und den Backenbart glatt streichend, an Janšin vorüberging und ihn mit seinen öligen Augen freundlich ansah, schien Janšin, als lebe dieser Mensch mit großem Appetit. Der Ingenieur hatte sogar einen besonderen Gesichtsausdruck, den man nicht anders lesen konnte als: »Ach, wie das schmeckt!« Sein Familienname war sperrig, dreigeteilt, und Janšin hatte ihn sich nur merken können, weil der Ingenieur, der gern laut über Politik sprach und stritt, oft schwor und sagte:

»So wahr ich Bitnyj-Kúśle-Suvrenovič heiße!«

Man erzählte von ihm, er sei ein lustiger Patron, gastlich und ein leidenschaftlicher Whintspieler. Janšin wollte ihn schon seit langem kennenlernen, aber auf ihn zuzutreten und ihn anzusprechen, konnte er sich lange nicht entschließen, obgleich er erriet, daß jener einer Bekanntschaft nicht abgeneigt wäre... Während er einsam über die Plattform spazierte und den Sommergästen zuhörte, mußte Janšin irgendwie jedes Mal daran denken, daß er schon einunddreißig Jahre alt war und daß er, seit seinem vierundzwanzigsten Lebensjahr, nach Beendigung seines Studiums, keinen einzigen Tag mit Vergnügen gelebt hatte: Da war der Prozeß mit dem Nachbarn wegen des Grenzrains, da die Fehlgeburt seiner Frau, da ist die unglückliche Schwester Vera, da der kranke Michail Iljič, den man ins Ausland bringen muß; er stellte sich vor, dies alles würde so weitergehen und sich in der verschiedensten Weise endlos wiederholen, und mit vierzig oder mit fünfzig Jahren würde er dieselben Sorgen und Gedanken haben wie mit einunddreißig; kurz, aus dieser Muschelschale

würde er sich bis zu seinem Tode nicht befreien. Man müßte sich selbst betrügen können, um anders zu denken. Und er wollte nicht mehr Auster sein, und sei es nur für eine Stunde; er wollte einen Blick in eine fremde Welt werfen, sich hinreißen lassen von etwas, das ihn nicht persönlich betraf, mit außenstehenden Menschen reden, und sei es mit diesem dicken Ingenieur oder den Damen aus den Sommerhäusern, die im abendlichen Dämmer alle schön, heiter und vor allem jung waren.

Der Zug fuhr ein. Der Gutsbesitzer mit dem einen Sporen holte eine fülligere ältere Dame ab, die ihn umarmte und einige Male mit erregter Stimme wiederholte: »Alexis!« Aller Wahrscheinlichkeit nach war sie seine Mutter. Er klirrte geziert, gleich einem jeune premier des Balletts, mit dem einen Sporen, bot ihr den Arm und sagte zu dem Gepäckträger mit samtenem süßlichen Bariton:

»Seien Sie so liebenswürdig, nehmen Sie unser Gepäck entgegen!«

Bald war der Zug wieder abgefahren... Die Sommergäste nahmen ihre Zeitungen und Briefe entgegen und verliefen sich.

Stille trat ein... Janšin spazierte noch ein wenig über die Plattform und ging dann in den Saal erster Klasse. Hunger hatte er keinen, aß aber trotzdem eine Portion Kalbfleisch und trank ein Bier. Die gezierten, erlesenen Manieren des Gutsbesitzers mit dem einen Sporen, sein süßlicher Bariton und die Höflichkeit, in der so wenig Einfachheit lag, hatten auf ihn einen unentrinnbar unangenehmen Eindruck gemacht. Er dachte an seinen langen Schnurrbart, an sein gutes und nicht dummes, aber irgendwie seltsames, unbegreifliches Gesicht, an die Art, sich die Hände zu reiben, als sei ihm kalt, und meinte, daß, wenn die füllige ältere Dame tatsächlich die Mutter dieses Menschen sei, sie vermutlich unglücklich sein müsse. Ihre erregte Stimme hatte nur das eine Wort »Alexis!« gesagt, doch ihr scheues, verlorenes Gesicht und ihre liebenden Augen sagten alles Übrige...

Vera Andreevna sah durchs Fenster ihren Bruder weggehen. Sie wußte, daß er zur Bahnstation ging, und stellte sich die ganze Fichtenallee bis ans Ende vor, dann den Abhang zum Fluß, den weiten Blick und den Eindruck der Ruhe und Einfachheit, den der Fluß immer auf sie machte, die Schwemmwiesen, hinter ihnen die Bahnstation und der Birkenwald, wo die Sommergäste wohnten, und rechts davon in der Ferne – das Kreisstädtchen und das Kloster mit seinen goldenen Kuppeln... Dann stellte sie sich wieder die Allee vor, das Dunkel, ihre Angst und Scham, die vertrauten Schritte und alles, was sich erneut wiederholen könnte, vielleicht sogar heute... Und sie ging für einen Augenblick aus dem Saal, um Anordnungen zu geben für den Tee für den Geistlichen, und zog, als sie im Eßzimmer war, aus der Tasche einen Brief in festem Couvert, einmal gefaltet, mit einer ausländischen Briefmarke darauf. Diesen Brief hatte man ihr fünf Minuten vor Anfang der Abendandacht gebracht, und sie hatte bereits vermocht, ihn zweimal zu lesen.

»Meine Liebste, meine Teure, meine Qual, meine Sehnsucht«, las sie, den Brief mit beiden Händen haltend, um ihnen beiden die Berührung dieser lieben, heißen Zeilen zu vermitteln.

»Meine Liebste«, begann sie von neuem mit dem ersten Wort, »meine Teure, meine Qual, meine Sehnsucht, was du schreibst, klingt überzeugend, aber ich weiß trotzdem nicht, was ich tun soll. Du sagtest damals, du würdest mit Sicherheit nach Italien reisen, und ich bin, wie ein Wahnsinniger, vorausgeeilt, um dich hier zu empfangen und meine Liebste, meine Freude zu lieben... Ich dachte, du würdest hier in den Mondnächten nicht mehr befürchten müssen, daß durch das Fenster dein Mann oder dein Bruder deinen Schatten sehen. Hier würde ich mit dir durch die Straßen gehen, ohne daß du befürchten müßtest, daß Rom oder Venedig erfahren, daß wir einander lieben. Verzeih, mein Schatz, aber es gibt eine Vera, die ist scheu, kleinmütig, unschlüssig, und es gibt eine andere Vera, die ist gleichgültig, kalt, stolz, die mich vor Dritten mit ›Sie‹ anredet und den Anschein erweckt, als bemerke sie mich kaum. Ich will, daß mich diese andere liebt, die stolze und Schöne... Ich will kein Uhu sein, der das Recht hat, nur abends und nachts zu genießen. Gib mir Licht! Das Dunkel bedrückt mich, Liebste, und diese unsere Liebe mit Unterbrechungen und Heimlichkeiten hält mich im Hunger, ich bin gereizt, ich leide, rase... Kurz, ich dachte, meine Vera, die eine, nicht die andre, könne hier, im Ausland, wo man der Aufsicht leichter entgehen kann als zu Hause, mir zumindest eine Stunde ihrer ganzen, wahren Liebe schenken, ohne sich umzusehen, damit ich mich wenigstens einmal, wie es sich gehört, als Liebhaber fühlen kann, nicht als Schmuggler, und du nicht, wenn du mich umarmst, ständig sagst: ›Es ist Zeit, ich muß gehen!‹ So dachte ich, aber schon ist ein ganzer Monat vergangen, daß ich in Florenz lebe, du bist nicht hier, und nichts ist gewiß... Du schreibst: ›In diesem Monat werden wir wohl kaum von hier loskommen.‹ Was soll das? Meine Verzweiflung, was machst du mit mir? Begreife doch, ich kann nicht ohne dich, ich kann nicht, ich kann nicht!!! Man sagt, Italien sei schön, aber mich langweilt's, ich bin wie in der Verbannung, und meine Liebe schmachtet wie ein Sträfling. Mein Kalauer, wirst du sagen, sei nicht zum Lachen, aber dafür bin ich lächerlich, wie ein

Narr. Wie besessen fahre ich bald nach Bologna, bald nach Venedig, bald nach Rom und schaue ständig, ob in der Menge nicht eine Frau auftaucht, die dir ähnlich sieht. Vor lauter Langeweile bin ich schon fünfmal alle Gemäldegalerien und Museen abgegangen und habe auf den Gemälden nur dich gesehen. In Rom bin ich atemlos auf den Monte Pincio gestiegen und schaue von dort auf die Ewige Stadt, doch Ewigkeit, Schönheit, Himmel – alles verfließt in mir zu einem Heiligenbild mit deinem Gesicht und deinem Kleid. Und hier, in Florenz, gehe ich in die Läden, in denen Plastiken verkauft werden, und wenn niemand im Laden ist, umarme ich die Statuen, und mir ist, als umarmte ich dich. Ich brauche dich sofort, in diesem Augenblick ... Vera, ich rase, aber verzeih, ich kann nicht mehr, ich komme morgen zu dir ... Dieser Brief ist ein Unsinn, aber meinetwegen! Liebste, das heißt, es ist beschlossene Sache: Ich reise morgen.«

»Langweilig ist es, auf dieser Welt zu leben.«

Zitate aus Stücken von Anton Čechov

»Bei Gogol wird gesagt: langweilig ist es, auf dieser Welt zu leben, Herrschaften!« *Maša in ›Die drei Schwestern‹*

»Heiraten ist unnötig. Unnötig, weil langweilig.« *Andrej in ›Die drei Schwestern‹*

»Das Leben selbst ist langweilig, dumm und schmutzig… Es schleppt sich so dahin, dieses Leben.« *Astrov in ›Onkel Vanja‹*

»Ich sterbe vor Langeweile, ich weiß nicht, was ich tun soll.« *Elena Andreevna in ›Onkel Vanja‹*

»Du langweilst mich, weißt nicht wohin mit dir, aber Langeweile und Müßiggang stecken an. Sieh mal: Onkel Vanja tut nichts mehr und folgt dir nur auf Schritt und Tritt, wie ein Schatten, ich habe meine Arbeit liegenlassen und komme dauernd zu dir gelaufen, um zu reden. Schrecklich faul bin ich geworden!« *Sonja in ›Onkel Vanja‹*

»Nichts als essen, trinken, schlafen, dann sterben sie… andere werden geboren, auch sie essen, trinken, schlafen, und um nicht abzustumpfen vor Langeweile, verschaffen sie sich Abwechslung mit ekelhaften Klatschgeschichten, mit Vodkatrinken, Kartenspielen, Prozessieren, die Ehefrauen betrügen ihre Männer, die Ehemänner lügen, machen Miene, als sähen sie nichts…« *Andrej in ›Die drei Schwestern‹*

»Die Zeit ist gekommen, etwas Gewaltiges bewegt sich auf uns alle zu, ein gesunder, starker Sturm zieht auf, der kommen wird, er ist schon nah und wird bald aus unserer Gesellschaft die Trägheit hinwegfegen, die Gleichgültigkeit, das Vorurteil gegen Arbeit, die modrige Langeweile.« *Tutzenbach in ›Die drei Schwestern‹*

»Sie sehen ja selbst, das Land ist ungebildet, das Volk unmoralisch, dazu die Langeweile, in der Küche gibt es grauenhaft zu essen, dann läuft noch dieser Firs hier herum und murmelt verschiedene unpassende Worte. Nehmen Sie mich mit, seien Sie so gut!« *Jaša in ›Der Kirschgarten‹*

Oleg Jurjew

Čechov-Jahrestag

Als ich vor einigen Jahren in Badenweiler zu Besuch war, wußte ich selbstverständlich, daß es sich um den Ort handelt, wo Anton Čechov gestorben ist. Die marmorne Gedenktafel an dem schicksalhaften Hotel war leider gerade nicht da, wegen Anbringung von neuem Putz, teilt aber zu sonstiger Zeit mit, daß in diesem Haus Čechov lebte. Meine belustigte Reaktion befremdete den liebenswürdigen Gastgeber merklich – wahrscheinlich war das der untilgbare Unterschied zwischen dem deutschen und dem russischen Gefühl für das Komische und Eigenartige.

Nach der Überlieferung waren Čechovs letzte Worte »Ich sterbe«, und zwar auf deutsch. Generationen russischer Berufs- und Freizeitforscher zerbrachen sich den Kopf bei den Versuchen, das Rätsel zu lösen: Aus welchem Grund, bitte schön, sprach der große russische Dichter (der kaum Deutsch konnte) auf dem Sterbebett ausgerechnet deutsch? Die dreisteste und absurdeste Lösung, die sich naturgemäß am weitesten verbreitete und zu einer Art Volksglauben wurde: Das war doch gar kein Deutsch! Čechov soll seiner Frau, der Schauspielerin des Moskauer Chudozhestwennyj Teatr (Künstlerisches Theater) Olga Knipper, auf russisch »isch, sterwa« gesagt haben, was ungemein grob ist und so viel wie »na, Schlampe« bedeutet.

Wohl kaum! Wenn die letzten Worte eines sterbenden Menschen einer logischen Erklärung bedürfen, so könnte man vermuten, daß Dr. Čechov mit seinem deutschen Kollegen (ob er anwesend war oder nicht) das letzte Konsilium hielt und das – als ein überaus höflicher Mensch – in dessen Sprache. Möglich ist auch, daß er annahm, der Deutsche würde nicht richtig verstehen, was mit seinem Patienten vor sich ging: Čechovs Briefe von seiner letzten Reise nach Westen sind voller Beschimpfungen auf unfähige europäische Ärzte. Er fuhr mit letzter Hoffnung, über die er, ein ausgebildeter Mediziner, wußte, daß sie keine war.

Man darf jedoch bezweifeln, daß der Badenweiler Arzt die Lage nicht richtig einschätzte, schließlich geschah mit fast allen Besuchern des Kurorts ein und dasselbe: Sie starben. Badenweiler wurde von Tuberkulosepatienten im letzten Stadium aufgesucht, und die ärztliche Hilfe beschränkte sich im Großen und Ganzen auf die Feststellung des Exitus.

Heute ist Badenweiler eine putzige südbadische Kurgemeinde nahe der Schweizer Grenze, durch die Erfindung von Antibiotika ihrer schwindsuchtbedingten Prosperität beraubt, durch Sparmaßnahmen in deutschen Krankenkassenwesen Mitte der 90er-Jahre (Rentnererholungskuren waren nicht mehr in vollem Maße bezahlt) fast ruiniert. Dann erkannte sie im Tod Čechovs (und einiger weiterer nicht so berühmter, dennoch nicht unbedeutender Literaten, beispielsweise des amerikanischen Schriftstellers Stephen Crane im Juni 1900) so etwas wie einen Wirtschaftsfaktor und Naturschatz – manche haben Steinkohle, andere Erdöl, und bei uns ist Anton Čechov gestorben.

Deshalb wird diese Angelegenheit in Badenweiler sehr, sehr ernst genommen: Das Begleitheft zum »Internationalen Čechov-Gedenk-Jahr 2004 in Badenweiler« hat 28 Seiten voller Veranstaltungen, von der feierlichen Einweihung des neu benannten Čechov-Platzes bis zur Vorstellung der »Čechov-Edition« der Winzergenossenschaft Britzingen (ein nachhaltiger Rotwein mit Waldfruchtaromen und angenehm tanningeprägt ...)

100 Jahre ist es her: In einem Eisenbahn-Waggon für Austern war Čechovs Leichnam nach Moskau gebracht worden, was Russen in ihrer unendlichen Traurigkeit über den Tod des allseits geliebten 44-jährigen Dichters nicht im eigentlichen Sinne empörte, sondern irgendwie kränkte: Čechov in einem Waggon für Austern – verständlich, fortschrittlich, hygienisch, aber irgendwie peinlich.

Auch die Beisetzungzeremonie, zu der sich Tausende von Menschen versammelten, war durch den ehemaligen Star-Pop-Literaten Maksim Gorkij etwas entwürdigt. Dieser erschien in einer so merkwürdigen Kleidung (in Kniestiefeln, wie sie damals nur Kutscher und Kellner trugen, und mit einem Phantasiehut), daß er alle Blicke auf sich lenkte. Nach der Beisetzung schimpfte der künftige Albatros der Revolution schriftlich und mündlich gegen Kleingeister, die nichts mit Čechov am Hut hatten, nur etwas gegen Gorkijs Hut.

Der arme Čechov, der sein Leben lang nach bürgerlicher Normalität strebte und alles Seltsame, Komische, Extravagante und Übertriebene, das er so hervorragend beschrieb, als Privatperson weit von sich wies, wurde in den letzten Jahren seines Lebens immer stärker von dieser Peinlichkeit des gemeinen Lebens (und Sterbens) bedrängt. Und schließlich der Tod in Badenweiler, der Austern-Waggon, die Beerdigung, der clowneske Gorkij...

Russische Dichter können das anscheinend nicht: im eigenen Bett friedlich entschlafen, im Kreise von Familienangehörigen, Freunden und dem Notar. Sie duellieren sich, wie Puschkin oder Lermontow, sie hauen von zu Hause ab, wie der greise Tolstoi, sie kehren in einem Austern-Waggon nach Rußland zurück.

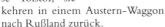
Juli 1904, Überführung des Sarges nach Moskau und letztes Geleit.

Es ist immer noch, nach 100 Jahren, unendlich traurig, daß ein 44-jähriger Dichter im Zenit seines Schaffens und des durch dieses Schaffen ehrlich verdienten Ruhmes und Reichtums stirbt. Wie viel hätte er noch schreiben können, wie viele Theaterstücke, Geschichten, vielleicht auch einen Roman, der immer geträumt und nie gelungen war!

Was nützten von Snobs belächelte Gedenktage, die kalendarischen Imitate des verschwindenden Kulturgedächtnisses? Wozu sind sie überhaupt gut, abgesehen vom wirtschaftlichen Wohlbefinden und internationalen Bekanntheitsgrad der lieben Gemeinde Badenweiler? Erinnerung? Erinnerung an was? Das Werk Čechovs braucht nicht kalendarisch ins Gedächtnis gerufen zu werden: Seine Erzählungen sind da und werden immer da sein. Ich denke aber, daß die ganze Jubiläerei sich gelohnt hat, wenn wir sie zum Anlaß nehmen, uns den Menschen Čechov zu verinnerlichen – den 44-jährigen Dichter, der so wenig lebte und so viel schaffte und schuf, der vor 100 Jahren zum Sterben nach Deutschland fuhr und in einem Austern-Waggon zurück in seine Heimat gebracht wurde. Nicht seinetwegen – unseretwegen.

Erinnerungen an Čechov

Erster Teil: Von Maria Čechova

Auch im Winter bekamen wir in Melichovo viel Besuch, vor allem zu Weihnachten. An diesen Feiertagen waren wir immer sehr ausgelassen. Wir organisierten Kostümabende, Maskierte kamen – aus der Nachbarschaft. Und auch wir fuhren manchmal verkleidet zu den Nachbarn.

Einmal wollten wir kurz nach Weihnachten maskiert ins Dorf Waskino zu unserem Nachbarn Semenkovič fahren. Wir zogen die absonderlichsten Kostüme an. Damals war Miša bereits verheiratet. Seine junge Frau Olga entpuppte sich als wunderbare Schauspielerin. Sie verkleidete sich als Landstreicher, machte ihre Haare unordentlich, hängte sich einen Beutel um und sah nun genauso aus wie ein Barfüßler. Sie spuckte auf die Erde und bat mit heiserer, versoffener Stimme um Almosen. Als Anton das sah, setzte er sich an seinen Schreibtisch und entwarf schnell einen Brief für sie:

Euer Hochwohlgeboren!
Ich wurde im Leben von zahlreichen Feinden verfolgt und habe für die Wahrheit gelitten, ich habe meine Wohnung verloren, meine

Frau ist sehr krank, in ihrem Bauch redet es, meine Kinder haben Ausschlag, deshalb bitte ich Sie untertänigst, einem edelmütigen Menschen von Ihren Mitteln quelque chose abzugeben.

Vassilij Spiridonov Svoločov (assoziiert Schuft, A.d.Ü.)

Diesen Brief sollte Olga Semenkovič und anderen Bekannten, zu denen wir fahren wollten, übergeben. Überflüssig zu erwähnen, daß die Wirkung unseres Erscheinens mit einem Landstreicher und diesem Brief ungeheuer war.

Sommers wie winters kamen zeitweise so viele Leute nach Melichovo, daß wir gar nicht alle unterbringen konnten. Wir stellten nicht nur im Wohnzimmer und im Puškinzimmer Betten auf, sondern auch auf dem Vorplatz, im Korridor und sogar im Umkleideraum unserer Banja.

Manchmal kamen aus heiterem Himmel auch noch die ›unangenehmen‹ Besucher. Leute, die wir kaum kannten (manchmal überhaupt nicht) und auf einer Reise schnell mal beim Schriftsteller Čechov ›vorbeischauen‹ wollten. Manche kamen aus purer Langeweile, um uns kennenzulernen, mit uns zu plaudern, eine Verschnaufpause einzulegen, weil sie von der Gastfreundschaft der Familie Čechov gehört hatten. Für Anton war dies eine regelrechte Folter, aber aus Höflichkeit ließ er sich nichts anmerken.

Einmal, im April 1894, erhielt ich von Anton einen Brief aus Melichovo:

Mein Gott, wie gern würde ich schreiben! Es sind schon drei Wochen, daß ich nicht für mich sein kann.

Deshalb kam Anton die Idee, im Garten ein Nebengebäude zu bauen, wo er allein sein und in Ruhe arbeiten konnte. Außerdem konnte man dort auch noch Gäste unterbringen.

Schon im Sommer 1894 war das Häuschen fertig. Es sah von außen wunderhübsch aus, innen war es gemütlich, aber sehr klein. Es hatte zwei Zimmerchen: Das größere war Antons Arbeitszimmer, das kleinere sein Schlafzimmer, in das mit Ach und Krach ein Bett, ein Tischchen und ein Stuhl passten. Vor diesen Zimmerchen befand sich ein winziger Vorplatz. Den Eingang bildete eine ungeheizte Diele, darüber ein Balkon, von dem aus man auf den Dachboden gelangte, der wegen des Spitzdachs wiederum sehr hoch war.

Mit Michail, im Winter 1895, vor dem kleinen Haus, das Čechov hatte bauen lassen, um sich dorthin zum Schreiben zurückzuziehen.

Moskau, 1890, Čechov im Kreise von Familie und Bekannten, kurz vor der Reise nach Sachalin.

So konnte mein Bruder in aller Ruhe arbeiten, selbst wenn Gäste da waren. Alle wußten, wenn Anton im Häuschen ist, darf ihn niemand stören. In diesem Anbau schrieb mein Bruder im Sommer 1895 *Die Möwe* und viele andere

Das Gartenhaus im Sommer.   Čechovs Schreibtisch in Melichovo, Zeichnung von A. A. Chotjaincëra.

Werke. In der kalten Jahreszeit wurden die Zimmer mit einem Ofen geheizt, und wir konnten dort viele Gäste zum Schlafen unterbringen. Wenn es im Winter heftig schneite und stürmte, war der Weg vom großen Haus zum Nebengebäude so verweht, daß man einen Gang graben mußte. Es entstand so etwas wie ein Tunnel, der unserem Vater »unterstand«, er schaufelte ihn frei und kümmerte sich um ihn.

Das Häuschen ist bis heute erhalten, in ihm ist ein kleines Čechov-Museum untergebracht.

Ich habe bereits erzählt, wie gern Anton seine Freizeit in der Natur mit Angeln und mit Pilzesammeln im Wald verbrachte. Das war wohl kein Zufall. Denn währenddessen dachte er über Themen und Sujets nach und stellte sich Figuren vor. Aus demselben Grund sammelte er im Garten trockene Blätter und Zweige und brachte sie auf den Komposthaufen, oder er bündelte Briefmarken. Später, in Jalta, wo es weder Angeln noch Pilze gab, legte mein Bruder viele Stunden lang Patience. Ich wußte, daß man ihn in dieser Zeit am besten in Ruhe ließ und nicht bei seinen Gedanken über ein neues Werk störte.

Wenn Anton kurz davor war, eine neue, ernsthafte Sache zu schreiben, war er immer in einer ganz besonderen Stimmung, ich spürte das. Sein Gang änderte sich, seine Stimme. Er war zerstreut, gab oft unpassende Antworten. Das dauerte so lange, bis er sich hinsetzte und mit dem Schreiben begann. Dann war er wieder so wie immer. Offenbar waren dann das Sujet und die Figuren herangereift und der Zustand der schöpferischen Anspannung beendet.

Anton war beim Umzug nach Melichovo in Hochstimmung. Obwohl der Schnee hoch lag, stapfte er überall herum, schaute sich den Garten an, den Wald und sprach mit den Bauern, die anfangs sehr zurückhaltend waren. Anton hatte seine aufrichtige Freude daran, daß er zum ersten Mal im Leben ein eigenes Haus mit Grund und Boden, einem Garten und Wald besaß.

Nur wenige Schritte vom Haus entfernt lag ein kleiner See. Fünfmal am Tag ging Anton aus dem Haus und warf Schnee in den See, damit er im Sommer mehr Wasser hätte. Er trat aus dem Haus, warf Schnee in den See und ging wieder zurück in sein Zimmer an die Arbeit. Ein, zwei Stunden später machte er sich wieder mit einer Schaufel zu schaffen.

Bald wurde es Frühling, der dem Moskauer überhaupt nicht ähnlich war. Anton schrieb an Suvorin über seine Stimmung:

In der Natur geht etwas Ungewöhnliches vor, etwas Rührendes, was durch seine Poesie und Frische alle Unbequemlichkeiten des Lebens hier wieder wettmacht. Jeden Tag gibt es neue Überraschungen, eine schöner als die andere. Die Stare sind zurück, überall murmelt das Wasser, wo der Schnee getaut ist, grünt bereits das

Gras. Der Tag dauert eine Ewigkeit. Du lebst wie in Australien, irgendwo am Ende der Welt; das Gemüt ist ruhig, beschaulich und tierisch, in dem Sinne, daß du das Gestrige nicht bedauerst und auf das, was morgen kommt, nicht wartest. Von hier, aus der Ferne, scheinen die Menschen sehr gut zu sein, und das ist natürlich, denn wenn wir aufs Land gehen, verstecken wir uns nicht vor den Menschen, sondern vor unserer Eigenliebe, die in der Stadt so viele Menschen kränkt und maßlos ist. Wenn ich den Frühling sehe, habe ich den heftigen Wunsch, daß es im Jenseits ein Paradies gäbe. In manchen Augenblicken fühle ich mich so wohl, daß ich mich aus Aberglauben zügle und an meine Gläubiger denke, die mich irgendwann aus meinem selbst erworbenen Australien vertreiben werden.

In Melichovo änderte sich unser Lebensablauf von Grund auf. Wir standen früh auf, gingen früh zu Bett und aßen wie die Bauern um zwölf Mittag. Anton selbst war bereits um fünf Uhr früh auf den Beinen und schlief um zehn Uhr abends schon wieder. Wir arbeiteten in dieser Zeit alle sehr hart, um unseren Landsitz zu verschönern, so daß wir manchmal sogar schon um acht im Bett lagen und fest schliefen.

Melichovo, 1896.

Das große Eckzimmer mit dem breiten Fenster, so breit wie drei normale, wurde Antons Arbeitszimmer. Von hier führte eine Tür ins Wohnzimmer, wo ein großes, uraltes Klavier stand, das wir mit dem Haus erworben hatten. Vom Wohnzimmer führte die eine Tür in mein Zimmer, die andere auf die Terrasse, die dritte in ein Durchgangszimmer mit einem wunderschönen italienischen Fenster aus buntem Glas. Einmal hatte mir Aleksandr Smagin die Reproduktion eines bekannten Porträts von Puškin geschenkt, eine Lithographie des Malers Kiprenski. Anton gefiel dieses Porträt, und ich hängte es im Durchgangszimmer auf. Seit jener Zeit hieß es das »Puškinzimmer«. Von dort kam man auf den Vorplatz und auf der anderen Seite in den Korridor, von dem die Türen zu Antons Schlafzimmer, zu Vaters Zimmer, zum Esszimmer und zu Mutters Zimmer abgingen. Der Korridor wurde von einer Tür begrenzt, die in die Diele führte, durch den aus der Küche das Essen gebracht wurde. Alle Zimmer, außer Antons Arbeitszimmer und dem Wohnzimmer, waren nicht sehr groß, aber sehr bequem und gemütlich.

Als der Frühling kam und der Schnee taute, begann für uns eine harte Zeit: Wir mußten pflügen, säen, den Obstgarten in Ordnung bringen, das Haus instand setzen. Hier sei gesagt, daß unser Vorgänger, der Maler Sorochtin, sich offenbar nicht für die Bewirtschaftung des Gutes interessiert hatte und es ziemlich verwahrlosen ließ. Jeder übernahm eine bestimmte Arbeit. Anton bekam den Garten zugeteilt. Dort standen Apfelbäume, Pflaumenbäume, Kirschbäume, Himbeersträucher, Stachelbeeren und Johannisbeeren. Er verbrachte ganze Tage damit, die Bäume zu beschneiden und neue zu pflanzen. Er bat mich, aus Moskau Fichten-, Kiefern-, Lärchen- und Eichensamen mitzubringen und säte sogar Bäume aus. Außerdem pflanzte er Rosen, die er sehr mochte. Dieses

Die Brüder Aleksandr und Ivan, Melichovo.

tätige Leben gefiel meinem Bruder sehr. Pflanzen, bauen, anlegen, großziehen – das war Antons Element.

Anton mochte Flüsse, Seen und Tümpel schon immer. Er liebte es, zu baden, Boot zu fahren und zu angeln. Doch die Pfütze von Melichovo war ihm zu klein, deshalb beschloss mein Bruder gleich im ersten Sommer, auf unserem Gut einen neuen, großen See anzulegen. Es wurden Arbeiter in Dienst genommen, die den ganzen Sommer und Herbst gruben. Das kostete uns hundertfünfzig Rubel – für die damalige Zeit nicht wenig Geld.

Im nächsten Frühjahr füllte sich das Becken mit Wasser, es war ungefähr zwei Meter tief, vielleicht auch mehr. Um den See herum pflanzte Anton kleine Bäume, und im See selbst setzte er kleine Fische aus, die er aus Moskau mitgebracht hatte. Im zweiten oder dritten Jahr, als der See bis zum Rand voll war, sah Anton einmal eine Flasche im Wasser schwimmen. Er hantierte lange herum, um sie mit einer langen Gerte ans Ufer zu holen. Als er sie schließlich herausgefischt und geöffnet hatte, fand er schließlich einen Brief in mehreren Sprachen, auch Griechisch und Latein. Zu lesen war, daß auf diesem See ein Schiff, das mit Waren in ferne Länder unterwegs war, untergegangen sei...

Der geistreiche, parodistische Stil der Nachricht und die fremden Sprachen verrieten den Verfasser – unser ältester Bruder Aleksandr, einen sehr begabten Linguisten. Er hatte uns kurz zuvor in Melichovo besucht. Über den Streich mussten wir alle herzlich lachen.

Mit dem Landsitz erbten wir die Hofhunde Šarik und Arapka und junge Mischlingshunde, die von uns die Namen Mure und Merilise erhielten (nach den Besitzern des bekannten Moskauer Geschäfts auf der Petrovka neben dem Bolschoi-Theater). Aber Anton wollte unbedingt Rassehunde haben. Als wir einmal bei Lejkin in Petersburg waren, gefielen Anton dessen Dackel Apel und Rogulka. Mein Bruder bestellte bei ihnen ein Junges und schrieb Lejkin mehrere Male, der »Sohn von Apel« solle seinen Eltern unbedingt ähnlich sehen. Doch aus der Bestellung wurde zunächst nichts. Erst im Frühjahr 1893 wurden aus Petersburg Welpen in meine Moskauer Wohnung gebracht, die ich bei nächster Gelegenheit nach Melichovo mitnahm. Sie gewöhnten sich schnell an die neue Umgebung und wurden die Herren im Haus. So entdeckten wir zum Beispiel gleich am Morgen nach ihrer Ankunft, daß aus dem Vorplatz sämtliche Galoschen verschwunden waren. Es stellte sich heraus, daß die Welpen sie in der Nacht buchstäblich in alle Zimmer verschleppt hatten!

Anton liebte diese zärtlichen Hunde sehr und führte mit ihnen oft höchst komische Gespräche. Anton liebte Tiere sehr. In der Erzählung *Kaschtanka* heißt der Kater Fjodor Timofejevič nach unserem Kater.

Während Anton früher vor allem im Sommer als Arzt gearbeitet hatte, wenn wir auf einer Datscha wohnten, so empfing er in Melichovo das ganze Jahr hindurch Patienten. Als sich in Melichovo und Umgebung herumgesprochen hatte, daß der neue Besitzer des Gutes Arzt sei, kamen die Bauern, anfangs recht zögerlich, mit ihren Krankheiten zu uns. Als sie erfuhren, daß der Doktor aus Melichovo alle behandelte und sogar Arznei austeilte, dazu völlig kostenlos, kamen die Kranken aus allen umliegenden Dörfern.

So entstand in Melichovo eine richtige Arztpraxis. Anton legte seine Sprechstunden auf den Morgen. Und nun saßen täglich, kaum daß es hell wurde, Kranke auf unserem Hof und warteten. Aus den anderen Dörfern kamen viele mit Pferdewagen. Anton registrierte jeden einzelnen Patienten, und aus diesen Eintragungen, die ich aufbewahrt habe, ist ersichtlich, daß viele Kranke aus Dörfern kamen, die zwanzig, fünfundzwanzig Werst von Melichovo entfernt lagen.

Anton hielt seine Sprechstunde neben der Diele des Hintereingangs ab. Ich übernahm die Rolle der Assistentin: Ich half ihm beim Verbinden und bei unkomplizierten chirurgischen Eingriffen. Meine Aufgabe war es auch, den Patienten die von Anton verschriebene Arznei auszuhändigen.

Außer den Sprechstunden zu Hause mußte Anton oft zu schwerkranken Bauern in die Hütten gehen und in andere Dörfer fahren. Manchmal wurde er nachts gerufen, mal zu einer Entbindung, mal zu einem Kranken, der dringend Hilfe brauchte.

Im Frühsommer unseres ersten Melichover Jahres brach im Bezirk Serpuchov eine Choleraepidemie aus. Anton übernahm die Aufgaben eines Sanitätsarztes. Zu seinem Bezirk gehörten fünfundzwanzig Dörfer und ein Männer-

Im Arbeitszimmer von Melichovo, März 1892.
Von links: Maša, Čechov, Ivan, A. A. Lerova, Michail, A. I. Smagin.

kloster, außerdem unterstanden ihm noch zwei Fabrikambulatorien in den Dörfern Krjukovo und Ugrjumovo.

Den ganzen Sommer und Herbst 1892 kam Anton kaum zum Schreiben, sondern fuhr seinen Bezirk ab, behandelte die Kranken und richtete Krankenhäuser und Quarantänebaracken ein. Während der Epidemie hielt er den Bauern Vorträge über Prophylaxemaßnahmen; da er Mitglied verschiedener Kommissionen und des Sanitätsrats von Serpuchov war, mußte er an allen Sitzungen teilnehmen, auch an Besichtigungen von Räumlichkeiten in Schulen und Fabriken und so weiter. Kurz, er hatte alle Hände voll zu tun.

Dank der durchgeführten Maßnahmen wuchs sich die Cholera im Bezirk Serpuchov nicht zu einer wirklich gefährlichen Epidemie aus. In unserem Kreis gab es überhaupt keine Fälle, im Nachbarbezirk, dreißig Werst von Melichovo entfernt, erkrankten sechzehn Menschen. Vier davon starben.

Unser Cholerarevier wurde am 15. Oktober geschlossen. Der Sanitätsrat von Serpuchov verfügte auf einer Versammlung, »dem Arzt A. Čechov für seine selbstlose und nützliche

Teilnahme im Kampf gegen die drohende Choleraepidemie im Bezirk Serpuchov zu danken«.

Obwohl dieser Cholerasommer meinen Bruder sehr viel Kraft gekostet hatte, befriedigte ihn die Aufgabe. Auch wenn er ihn manchmal verwünschte, vor allem bei dringenden nächtlichen Fällen oder wenn er bei Unwetter und schlechten Wegen in die Nachbardörfer fahren mußte, liebte er seinen Arztberuf.

Solange wir in Melichovo lebten, arbeitete mein Bruder als Arzt, erst die eigene schwere Krankheit zwang ihn, seinen Beruf aufzugeben. Für seinen Einsatz wurde er von den Bauern sehr geachtet und geliebt. Sie schätzten »ihren« Doktor, waren immer freundlich und aufmerksam zu unserer Familie. An den großen Feiertagen kamen sie zum Gratulieren. »Die Melichover Männer und Frauen kommen und wünschen alles Gute. Das Volk hier ist sehr liebevoll«, schrieb Anton in einem Brief.

Es gab noch ein Projekt, mit dem Anton sich für die Bauern stark machte und wofür sie ihn verehrten – das war der Bau von Dorfschulen.

Ende des 19. Jahrhunderts gab es nicht einmal in jedem ländlichen Bezirk eine einfache Grundschule mit Dorflehrer. Die meisten Bauernkinder mußten viele Verst in ein Nachbardorf laufen, in dem sich eine Schule befand. An eine Mittelschule oder gar ein Gymnasium war nicht zu denken. Die wenigen Grundschulen, die es gab, vegetierten in jämmerlichen Hütten, die für eine Schule völlig ungeeignet waren. Es gab keine Lehrmaterialien, nicht einmal die elementarsten hygienischen Einrichtungen. Die Lehrer verdienten so schlecht, daß ihre Familien im Elend lebten. Ich führe hier eine Beschreibung der Schule im Dorf Krjukow an, die Anton an den Sanitätsrat von Serpuchov in einem medizinischen Bericht schickte.

Von den Schulen meines Gebiets habe ich mir nur eine angeschaut – die im Dorf Krjukovo. Ich hatte bereits die Ehre, von ihrem jämmerlichen Dasein dem Rat Mitteilung zu machen. Eng, niedrige Zimmerdecken, ein umständlicher, trostloser Ofen, der mitten im Klassenraum steht, schlechte alte Möbel; die Garderobe für die Straßenbekleidung ist wegen Platzmangels ebenfalls im Klassenzimmer untergebracht; in der kleinen Diele schläft der Wächter auf Lumpen, gleich daneben steht ein Bottich mit Wasser für die Schüler; der Abtritt erfüllt nicht einmal die bescheidensten Anforderungen an Hygiene und Ästhetik. Der Lehrer wohnt mit seiner Frau in einem einzigen kleinen Zimmer.

Das ist der Grund, warum Anton zu dem Schluß kam, daß in den Dörfern neue Schulen errichtet werden müßten.

Ende 1894 wurde mein Bruder als Kurator der Dorfschule von Talež bestätigt: Er kümmerte sich um die Schule, fuhr zu den Prüfungen und unterstützte die Schule materiell. Aber das Gebäude selbst entsprach ganz und gar nicht den

Die Dorfschule Melichovo, eine von den Schulen, die nach Plänen Čechovs gebaut und von ihm selbst finanziert wurden.

Revierarzt Dr. Čechov, Melichovo, 1892.

Anforderungen. Anton schickte ein Gesuch über den Bau eines neuen Schulgebäudes an die Landverwaltung und legte einen Plan des Neubaus zur Bestätigung bei. Weil die Landverwaltung nicht genügend Geld hatte, übernahm Anton selbst einen Teil der Ausgaben. Die Bauern erklärten sich bereit, kostenlos Holz und anderes Baumaterial über die verschneiten Wege zu transportieren. Ich mußte meinem Bruder helfen und das Baugeschehen beaufsichtigen.

Zu Beginn des Schuljahres 1896 wurde die Schule eröffnet. Das neue Gebäude wurde, wie es damals üblich war, geweiht. Drei Geistliche hielten einen feierlichen Gottesdienst ab, dem viele Landbeamte, unsere gesamte Familie und unsere Gäste beiwohnten. Danach überbrachten die Bauern Anton ein Heiligenbild, zwei silberne Salzgefäße und vier Brote – ein Brot aus jedem Dorf, aus dem die Kinder in die neue

Schule kamen. Ein alter Bauer hielt eine warmherzige Rede, in der er Antons Verdienste würdigte. All das, sowohl die Geschenke als auch die Rede, berührten meinen Bruder sehr.

Unsere Taležer Schule war seitdem die beste um ganzen Bezirk Serpuchov. Anton unterstützte sie weiterhin und kümmerte sich auch um den Lehrer.

Anfang 1897 kamen Bauern als Abgesandte von Novoselki und wandten sich mit der Bitte an Čechov, in ihrem Dorf ebenfalls eine Schule zu errichten, sie boten ihm dreihundert Rubel an, die sie gesammelt hatten. Die Szene war rührend, Anton brachte es nicht übers Herz abzulehnen und kümmerte sich abermals um den Bau. Die Landverwaltung steuerte tausend Rubel bei, benötigt wurden allerdings mehr als dreitausend Rubel. So mußte Anton also wieder mehr als die Hälfte der Summe aus eigener Tasche bezahlen.

Damals war Anton bereits Kurator der Dorfschule in Čirkov, »Verantwortlicher« der kostenlosen Volksbibliothek, die in der Chatuner Landschule eröffnet wurde, und Stellvertreter des Leiters zur Beaufsichtigung der Volksgrundschulen. All diese Funktionen und der Arztberuf kosteten Anton sehr viel Zeit, die er eigentlich für seine literarische Arbeit gebraucht hätte.

Als Čechov in Jalta lebte, war seine Popularität als Schriftsteller schon weit fortgeschritten. Auf der Wolga verkehrte zum Beispiel ein Dampfer mit dem Namen »Anton Čechov«. Postkarten mit Čechovs Porträt wurden verkauft. Die Zeitungen Odessas gaben Nachricht von der Ankunft des Schriftstellers Čechov, obwohl er gar nicht weggefahren war. Irgendwo auf irgendeinem Dampfer bat ein Unbekannter, der sich als Schriftsteller Čechov ausgab, jemanden um Geld und erhielt es auch anstandslos. Ein Mann machte einem Mädchen den Hof und gab sich als der Schriftsteller Čechov aus, und Anton erhielt dann von den Eltern des Mädchens einen Brief, in dem sie ihm vorwarfen, er würde jungen Dingern den Kopf verdrehen. Kurz, wer gewieft war, nutzte seinen Namen, denn er war ungeheuer populär und weckte Sympathie.

Wenn Anton in Jalta auf der Uferstraße spazieren ging, folgte ihm mit etwas Abstand immer eine Gruppe Verehrer oder, genauer gesagt, Verehrerinnen. Davon gab es in Jalta eine ganze Reihe, und in unserer Familie bekamen sie einen besonderen Namen: »die Antonovkas«. Diese Antonovkas waren arglose Schwärmerinnen. Sie wollten den Schriftsteller Čechov sehen, mit ihm ein paar Worte wechseln, ihm helfen, aus der Stadt etwas nach Hause zu tragen, oder ihn heimbegleiten und schließlich Wache an unserem Zaun stehen und Čechov beobachten, wenn er in seinem Garten war. An manchen Tagen standen die Antonovkas stundenlang an dem weißen Zaun, der unser Grundstück umgab. Sie hofften, daß Čechov in die Stadt ginge. All das machte Anton sehr

Jalta, der Dampfer nach Sevastapol.

befangen, und so versuchte er, immer in Begleitung von Freunden und Bekannten in die Stadt zu gehen.

Einmal passierte Folgendes: Auf der Löwenterrasse des Voronzov-Palastes in Alupka wurden regelmäßig Konzerte veranstaltet. Im Sommer waren wir einmal zu dritt dort: Anton, Olga Knipper und ich. Da wir noch etwas Zeit hatten, saßen wir an einem Tischchen und tranken Tee. Plötzlich erhob sich jemand vom Nachbartisch und verkündete laut, daß der Schriftsteller Čechov »unter uns weile«. Alle drehten sich zu uns um. Anton wurde schrecklich rot, stand auf und ging. Wir fanden ihn schließlich im Park. Er war sehr verstimmt und weigerte sich, zum Konzert zu gehen.

Ein anderes Mal saß ich mit Anton im Zug, ich weiß nicht mehr, wohin. Mit uns im Abteil waren zwei Männer, die auf die Literatur zu sprechen kamen. Schließlich fiel der Name des Schriftstellers Čechov. Einer der Männer hatte eine Zeitschrift, in der eine Erzählung von Anton abgedruckt war.

»Haben Sie etwas von Čechov gelesen? Das ist ein phantastischer Schriftsteller, den empfehle ich Ihnen!«, wandte sich einer der Männer an Anton.

Der zweite Passagier pflichtete ihm bei. Ich konnte ein Lächeln nicht unterdrücken und blickte verstohlen zu meinem Bruder. Er blieb völlig gelassen, nur die etwas zusammengekniffenen Augenwinkel zeugten davon, daß er das Lachen zurückhielt.

»Hm, ja? Irgendwann mal ...«, antwortete Anton.

»Na, und wie finden Sie ihn? Das ist der beste Schriftsteller unserer Tage!«

»Hm. Ich weiß nicht. Ich verstehe davon nichts ...«, entgegnete Anton.

Die Männer wollten meinen Bruder von Čechov überzeugen und erzählten ihm von den Vorzügen seiner literarischen Werke. Anton hörte zu und stieß unartikulierte Laute aus:

»Hm... hm...«

Mich juckte es schrecklich, ihnen die Wahrheit zu sagen.

»Antoscha«, flüsterte ich ihm ins Ohr, »na, sag ihnen doch, wer du bist.«

Er sah mich wieder mit blitzenden Augen an und schüttelte den Kopf. Ich traute mich nicht, mich über seinen Willen hinwegzusetzen. Unsere Reisegefährten haben nie erfahren, daß sie damals im Abteil Čechov selbst davon überzeugen wollten, daß es in der russischen Literatur den guten und interessanten Schriftsteller Čechov gebe, dessen Werke er unbedingt lesen müsse.

Melichovo im Winter.
Bild von Maria Čechova, Mitte der 1890er Jahre.

Richard Ford

Warum uns Čechov gefällt

Meine erste Begegnung mit Čechovs Erzählungen war abrupt und kurz und kam zu früh. Als ich ihn mit zwanzig las, waren mir weder sein Ruf noch seine Bedeutung klar, und ebenso wenig, warum man ihn lesen sollte. Doch damals erfuhr ich über Čechov nur, daß er großartig sei und ein Russe, was wahrscheinlich typisch für meine Aufmerksamkeit in jener Zeit ist.

Čechovs Erzählungen – gerade seine besten – sind bei all ihrer Oberflächenschlichtheit, ihrer scheinbaren Zugänglichkeit und Klarheit für den durchschnittlichen jungen Leser keineswegs leicht zu durchdringen. Čechov ist eher ein Schriftsteller für Erwachsene, denn Erkenntnisse und Schönheit entstehen bei ihm dadurch, daß er die Aufmerksamkeit auf reife Gefühle lenkt, auf komplizierte menschliche Reaktionen und kleine moralische Entscheidungen innerhalb weitreichender Dilemmas, die auch einer verfeinerten Wahrnehmung entgehen könnten, wenn wir ihnen in unserem komplexen, überstürzten Sozialleben begegneten. Čechov möchte, daß wir Figuren, von denen wir irrtümlich vielleicht annehmen, wir könnten sie auf einen Blick durchschauen, differenzierter einschätzen. Fast immer nähert er sich uns mit großer Konzentration und Ernsthaftigkeit, nicht zu vereinfachend und doch zugänglich, damit wir uns das Leben zu Herzen nehmen. Als junger Mensch kann man solchen Anweisungen natürlich nicht immer folgen.

Auf dem College lasen wir den großen Anthologie-Klassiker *Die Dame mit dem Hündchen* (1899), der mich schlichtweg sprachlos machte, und die grundlegende Direktheit und Souveränität der Geschichte flößte mir tiefen Respekt gegenüber etwas ein, das ich nur als ein tief fühlbares graues Licht aus dem kargen Inneren der Erzählung beschreiben kann.

1964, mit zwanzig, verstand ich nicht, was diese trübe Folge von Nicht-Ereignissen zu einer großartigen Kurzgeschichte machte – wie es hieß, eine der größten, die je geschrieben wurden. Es war eine Erzählung über die Leidenschaft, das wußte ich, daß, obwohl Čechov es nicht beschreibt, hier Sex stattfindet, auch noch ehebrecherischer Sex. Ebenso sah ich, daß die Auswirkungen der Leidenschaft hier Verlust, Einsamkeit und Verwirrung sein sollten und daß die Institution Ehe eins auf den Deckel bekam. Alles wichtige Punkte, keine Frage.

Doch am Ende der Geschichte, wenn Gurov und Anna sich treffen, fern der Gattenaugen, passierte für meinen Geschmack zu wenig, jedenfalls zu wenig, das mir auffiel. Damals traute ich mich nicht zu sagen: »Das gefällt mir nicht«, weil mir *Die Dame mit dem Hündchen* in Wahrheit auch nicht gefiel. Ich spürte einfach nicht, was einem daran so sehr gefallen sollte. Im Unterricht hielten wir uns lange bei dem ersten Absatz auf, der in berühmt kurzer, komplexer und zugleich direkter Weise die wichtigen, später weiterentwickelten Informationen, Inhalte und Erzählstrategien der gesamten Geschichte anlegt. Aus diesem Grund – der Ökonomie – wurde er für gut befunden. Auch der Schluß sei, hieß es, bewundernswert, gerade weil er nicht besonders dramatisch sei und offen bleibe. Doch falls darüber hinaus irgend jemand etwas gesagt haben sollte, das genauer erklärte, warum diese Geschichte so herausragend war, kann ich mich nicht daran erinnern. Genau weiß ich allerdings noch, wie ich dachte, daß sie meinen Horizont überstieg und daß Gurov und Anna erwachsen waren (will sagen: rätselhaft, undurchdringlich), anders als ich; was

sie taten und zueinander sagten, offenbarte dem Leser demnach neue Wahrheiten über Liebe und Leidenschaft, nur daß ich nicht reif genug war, um diese Wahrheiten zu erkennen. Ich weiß noch, irgendwann verkündete ich, mir gefalle die Geschichte gut, allerdings nur, weil ich glaubte, es zu müssen. Nicht lange danach vertrat ich die Meinung, daß Čechov in seinen Erzählungen ein Autor von nahezu mystischer – auf jeden Fall mysteriöser – Bedeutung sei, der scheinbar ganz gewöhnliche Geschichten erzähle, dadurch aber die subtilsten und daher unauffälligsten und wichtigen Wahrheiten zu Tage fördere. (Natürlich ist es, wenn ein als großartig gerühmtes Stück Literatur – oder Leben – an der Oberfläche uninteressant und gleichförmig wirkt, immer eine sinnvolle Frage, ob beim genaueren Hinschauen nicht doch noch etwas Wichtiges aufscheint.

Wenn ich heute sagen sollte, warum mir *Die Dame mit dem Hündchen* so gut gefällt (und vielleicht sollten Sie hier innehalten, die Geschichte lesen und dann den Faden wieder aufnehmen und die Eindrücke vergleichen), dann würde ich sagen, weil die erzählerische Aufmerksamkeit gerade nicht auf die üblichen Punkte gerichtet wird – Sex, Betrug und den Schluß –, sondern dank Genauigkeit, Tempo und der genauen Auswahl dessen, was erzählt werden soll, auf jenes flachere Gelände einer Liebesaffäre, wo ein konventionelles Gemüt etwas Wichtiges übersehen könnte. *Die Dame mit dem Hündchen* demonstriert durch ihre gewissenhafte Aufmerksamkeit und Detailgenauigkeit, daß alltägliche Vorgänge wichtige moralische Entscheidungen enthalten – vom menschlichen Willen gesteuerte Handlungen, die man als gut oder böse beurteilen kann – und daß sie als solche Auswirkungen auf das Leben haben, die wir beachten müssen, was wir vor der Lektüre der Geschichte vielleicht nicht bedacht hätten. Ich meine damit zum Beispiel Gurovs ziemlich prosaische Gefühle der Unruhe zu Hause in Moskau, gefolgt von seiner Entscheidung, Anna zu besuchen; wie seine Frau sein Leiden mit Vernunft abtut, wie sich die Abenteuer wiederholen, wie relativ kurz die Erfüllung des Begehrens vorhält und wie sehr die Selbsttäuschung davon abhängig ist, daß eine kleine Leidenschaft am Leben erhalten wird. Die Geschichte will, daß wir über diese Dinge nicht hinweglesen, sondern ihnen Wichtigkeit beimessen, weil es gut ist, sie zu beachten.

Rein schriftstellerisch finde ich es auch interessant und bereichernd, welche Figuren Čechov ausgewählt hat, um sie in eine scheinbar unspektakuläre Liaison zu schicken, die er mit Bedeutung auflädt und mit Intelligenz, Amüsement und einigem Mitgefühl abhandelt. Und die Oberaufsicht bei alldem führt Čechovs chirurgisch präzise entwickelter, bohrender Erzähler als Erfinder und Mediator von Gurovs fadem und doch provozierendem inneren Leben mit den Frauen: »Ihm schien«, sagt der Erzähler über den phlegmatischen Dmitrij, »die bittere Erfahrung gebe ihm Grund genug, sie (die Frauen, natürlich) zu nennen, wie es ihm beliebte, dennoch kam er ohne die ›niedere Rasse‹ nicht einmal zwei Tage aus. In Gesellschaft von Männern war ihm langweilig, und er fühlte sich fremd, ihnen gegenüber war er wortkarg und kalt, doch wenn er sich unter Frauen befand, fühlte er sich frei [...]«

Schließlich scheint mir an der *Dame mit dem Hündchen* auch Čechov gut als wählerischer, amüsierter Ironiker, der die richtige,

Visitenkarte Čechovs.

überschwengliche Sprache findet, um die keineswegs überschwenglichen Amouren des spießigen Gurov und der fügsamen Anna zu begleiten, wodurch er erst die schaumige Banalität ihrer Liebe aufdeckt. Die beiden Geliebten sitzen auf einem Hügel mit Blick auf Jalta und das Meer und schwärmen vor sich hin, während der Erzähler schelmisch über die Landschaft sinniert.

»Kein Blatt rührte sich an den Bäumen, die Zikaden sangen, und das eintönige, dumpfe Rauschen des Meeres, das von unten heraufdrang, sprach von der Ruhe, vom ewigen Schlaf, der uns erwartet. So hat es unten gerauscht, als hier noch kein Jalta war, kein Oreanda, so rauscht es heute und wird noch genauso gleichgültig und dumpf rauschen, wenn wir einmal nicht mehr sind. Und in dieser Beständigkeit, in der vollkommenen Gleichgültigkeit gegenüber dem Leben und Tod eines jeden von uns liegt vielleicht das Unterpfand unserer ewigen Rettung verborgen, der unaufhörlichen Bewegung des Lebens auf der Erde, der unaufhörlichen Vollendung.«

Abgesehen von diesem einen kleinen Meisterstück, welche Art von Bewußtheit lernt der Leser denn durch Čechovs Erzählungen? (Als hätte das Schreiben von Erzählungen nichts mit Schönheit, Glückseligkeit, Beherrschung und Unterschwelligkeit zu tun, sondern wäre als Kunst nur an Walter Benjamins praktische Erwägungen gebunden:

»Jede echte Geschichte führt, offen oder versteckt, ihren Nutzen mit sich« und »Der [...] Erzähler ist ein Mann, der dem Hörer Rat weiß.«)

Natürlich gibt es nicht die typische Čechov-Geschichte, was uns an sich freuen sollte und das pseudokritische Kürzel »Čechovsch« für ziemlich sinnlos erklärt. Denn es gibt zwar viele Erzählungen, in denen die Oberfläche des Alltagslebens wenig bemerkenswert erscheint, dramatisch unnachgiebig, abgesehen davon, sucht und dabei etwa unerwartete emotionale Feigheit oder schmerzhafte moralische Unentschiedenheit bloßlegt (die berühmte Erzählung *Die Stachelbeeren* ist ein Beispiel); doch es gibt auch Erzählungen mit einer fraglos fulminanten Oberflächendramatik, die an den Fenstern rütteln, uns bestürzen oder wütend machen, zu Tränen rühren und dann wie ein Güterzug auf ihr vorbestimmtes Ende zudonnern. In *Die Feinde* platzt ein verzweifelter junger Ehemann spätnachts bei einem Arzt herein und fleht ihn an, seinem hippokratischen Eid zu folgen und sofort zu der im Sterben liegenden Frau des jungen Mannes mitzukommen. (Wenige Augenblicke zuvor hat das eigene Kind des Arztes überraschend seinen letzten Atemzug getan!) Unter Schmerzen schiebt der Arzt seine private Trauer beiseite und folgt ihm. Doch als sie im Haus des Mannes eintreffen, ist dessen Frau, wiederum überraschend, verschwunden – mit einem anderen Mann durchgebrannt. Der Titel der Geschichte gibt einen Hinweis auf den Ausgang der wilden Nacht.

Und wer einen Standardschluß bei Čechov erwartet, der den Leser nach Luft schnappend zurückläßt, auf der Suche nach Antworten auf die tiefen, aber vieldeutigen Gewissensverstrickungen in der Geschichte – Antworten, die der Autor vielleicht nicht geben wollte oder intellektuell zu einengend fand, um sie zu geben –, der sollte sich dagegen den rücksichtslos direkten Čechov anschauen, der uns immer wieder genau das erzählt, was wir erfahren sollen. In *Der Kuß*, einer anderen Geschichte, die regelmäßig in Anthologien erscheint, wird das Leben eines jungen Kosakenoffiziers durch den unangebrachten Kuß einer mysteriösen Frau auf den Kopf gestellt, die für ihn bald zu einer Obsession wird. Am Ende der Geschichte muß der einsame junge Offizier sich der bitteren Erkenntnis fügen, daß seine sinnlichen und emotionalen Hoffnungen unerfüllt bleiben werden, weil die mysteriöse Frau nicht wiederzufinden, der Kuß nicht zu wiederholen ist. »Und die ganze Welt, das ganze Leben«, berichtet der Erzähler, »erschienen Rjabovič als ein unverständlicher, sinnloser Scherz... Als er vom Wasser aufsah und zum Himmel blickte, erinnerte er sich noch einmal, wie ihn das Schicksal in Gestalt einer unbekannten Frau geliebkost hatte, erinnerte sich seiner Traumgesichte vom Sommer und fand, sein Leben sei ungewöhnlich kümmerlich, farblos und arm...«

Melichovo, Mai 1897.

Humor kann man immer wieder bei Čechov finden, oft in überraschenden, aber eigentlich nie in mißverständlichen Momenten. Wie bei Shakespeare, wie bei Faulkner, wie bei Flannery O'Connor wirkt die komische Wendung nicht nur als Gegengewicht zur Ernsthaftigkeit seiner Geschichte, sie gibt auch unserer schicksalhaften Vertrautheit mit dem Ernsthaften eine menschliche Note, indem sie unsere echteste, lebendigste Regung einbezieht, die überdies ein erprobtes Mittel ist, um sich leichter in sein Schicksal zu fügen: das Lachen. (Schicksalsergebenheit und die beharrliche Fortdauer des Lebens gehören ohnehin zu Čechovs großen Themen.)

In der meisterlichen langen Erzählung *Eine langweilige Geschichte*, einer Saga aus Rache, moralischer Täuschung, Empörung, Absurdität und Flucht, stellt Čechov eine seiner typischen Figureneinführungen, die in diesem Fall erstaunlich scharf ist und den Leser natürlich auch erfreuen soll, praktisch an den

Anfang. Darin beobachtet er die nahezu unergründliche Komplexität und Niedertracht der menschlichen Spezies, stärkt aber auch gleichzeitig unsere Widerstandskraft gegenüber den Niedrigkeiten des Lebens, auf die wir keinen Einfluß haben. Und so wird Kukuškin, der klassische Petersburger, Staatsrat und feiger Spießgesell des skrupellosen, widerwillig verheirateten Orlov, zur Zielscheibe des giftigen Autors:

»Er [Kukuškin] hatte das Verhalten einer Eidechse. Er trat nicht ein, sondern kam irgendwie gekrochen, mit kleinen Trippelschritten, schwankend und kichernd, und wenn er lachte, bleckte er die Zähne. Er war bei jemandem Beamter für besondere Aufträge […] und Karrierist nicht bis auf die Knochen, sondern noch tiefer, bis zum letzten Blutstropfen, und dabei ein kleiner Karrierist, ohne Selbstvertrauen, der seine Karriere einzig und allein auf Almosen aufbaute. Für irgendein ausländisches Ordenskreuzchen oder dafür, daß man in die Zeitung setzte, er sei auf einer Totenmesse oder einem Gedenkgottesdienst zusammen mit anderen hochgestellten Persönlichkeiten gesehen worden, war er bereit, jede beliebige Erniedrigung in Kauf zu nehmen, zu betteln, zu schmeicheln, Versprechungen zu machen.«

So, wie Čechov hier die heruntergekommene Persönlichkeit des elenden Kukuškin demontiert, scheint es, als wollte er die uralte komische Maxime von der Dualität des Lebens illustrieren: Wenn nichts komisch ist, ist auch nichts wirklich ernst.

Čechov sinkt in seinen Erzählungen niemals zu klischeehaften oder erwartbaren Mustern ab, und da er so viel Wert auf die Vielfalt des Lebens legt, rufen sie beim Leser ähnliche Empfindungen hervor, wie Ford Madox Ford es vom Roman verlangt – ein Roman müsse auf den Leser so wirken wie das Leben auf die Menschheit –, womit meiner Ansicht nach gemeint ist, daß er von überzeugender Gewichtigkeit sein muß, überreichlich und in seiner Vieldeutigkeit nicht zu vereinfachen, voll der unterschiedlichsten Freuden und stets kurz vor der Unentschlüsselbarkeit (nur daß unsere ordnende Intelligenz immer wieder energisch zur Klarheit hindrängt). Bei Čechov gibt es keine fest gefügte oder vorhersagbare Meinung über irgend etwas: Frauen, Kinder, Hunde, Katzen, Klerus, Lehrer, Bauern, Militär, Geschäftsleute, Regierungsbeamte, Ehe, ganz Rußland. Und wenn irgend etwas bei ihm »typisch« ist, dann seine beharrliche Aufforderung an den Leser, aufmerksam auf die Nuancen des Lebens, die vertrauten Gesten und kleinen moralischen Fußnoten zu achten. »Ungeliebt und unglücklich zu sein – wie reizvoll das war!« denkt die sechzehnjährige Nadja Zelenina in *Nach dem Theater,* nachdem sie eine Aufführung von *Evgenij Onegin* gesehen hat. »In der Tatsache, daß der eine liebt, der andere aber gleichgültig ist, liegt etwas Schönes, Rührendes und Poetisches.«

Čechovs Erzählungen sind nicht etwa mit inhaltsschweren Beobachtungen überfrachtet. Čechov ist kein berühmter Aphoristiker und betont meistens lieber die Art und Weise, wie das Leben unheroisch um Normalität ringt, statt uns Szenen zu servieren, in denen es außergewöhnlich ist oder dank scharfsinniger Betrachtung so dargestellt wird. Und so prall an Lebenserfahrungen die Geschichten auch sind, Čechov achtet, wenn es um ihre Komplexität geht, auf das rechte Maß und die rechte Mischung, so als könnte der Leser nur eine bestimmte Dosierung an literarischer Bedeutungsauflagung verkraften. Die Erzählungen enden selten in hochdramatischen Auflösungen. Und dadurch verweisen sie auf die oft unspektakulären Details ihres Innenlebens. Dort sollen wir zuvor übersehene, inhaltlich entscheidende Facetten noch einmal in Augenschein nehmen und womöglich zu neuen Einsichten über den Menschen finden. Wir sind also nicht nur bewegt, daß der arme Kellner Nikolaj zum Sterben nach Hause fährt und tatsächlich ziemlich undramatisch stirbt (eben nicht am Schluß der Geschichte), beim zweiten Blick auf die Geschichte berührt uns außerdem, daß Čechov, der Meister der feinen menschlichen Unterscheidungen, genau diese Menschen, diese unwahrscheinlichen Bauern als exemplarische Vertreter der condition humaine ausgewählt hat.

Jalta, 1902.

Čechov hat sich, indem er die Kurzgeschichte zu seiner Haupt-Erzählform machte, im wesentlichen dafür entschieden, nicht die Gesamtheit des Lebens darzustellen, keine großen Effekte zu suchen, sondern eigenständige Teile des Lebens auszuarbeiten, auf die er unsere Aufmerksamkeit und feinste Empfänglichkeit richten will, im Sinne einer unerläßlichen moralischen Unterweisung: Čechov will genau das nicht, was laut Walter Benjamin der Roman immer will: »in der Darstellung des menschlichen Lebens das Inkommensurable auf die Spitze treiben«. Čechov hat seine Erzählungen gerade mit dem Leben vereinbar gestaltet, seinen Blick darauf können wir in fast gemütlicher Weise teilen. Er legt uns so gut wie nie nahe, das Leben sei nicht lebenswert, und wir fühlen uns weder hilflos noch erdrückt von seinem Genie. Vielmehr paßt er sich unserem Niveau an und sorgt dafür, daß wir das als einen Akt der Einfühlung verstehen, dessen Botschaft lautet: Das Leben ist ziemlich genau so, wie wir es kennen, in unserem Bemühen, es hinzunehmen und weiterzumachen.

Um es anders zu formulieren: Čechov gefällt uns heute deshalb so gut, weil seine über hundert Jahre alten Erzählungen uns so modern vorkommen, so sehr zu unserer Zeit und ihrem Geist passen. Seine akribischen Anatomien komplizierter menschlicher Impulse und Reaktionen, seine Einschätzung, was lustig ist und was ergreifend, seine klarsichtige Betrachtung des Lebens als gelebtes – all dies entspricht mehr oder weniger unserer Erfahrung. Es kommt einem so vor, als wären seine Geschichten heutzutage geschrieben worden, erschienen im »New Yorker«, und würden um ihrer Einsichten willen begierig und genüßlich gelesen – es braucht keine Änderungen oder Fußnoten, um den historischen Abstand oder die fremde Herkunft zu überbrücken. Diese Frische bestätigt nicht nur, wie lebendig und kraftvoll der literarische Impuls weiterhin ist, sie bekräftigt auch, daß wir ein stabiler Teil eines Kontinuums sind. Unsere heutigen Gefühle gegenüber einer sterbenden Ehefrau, einem verheirateten Geliebten, einem unpassenden Verehrer, der Treuepflicht zur Familie in Not, gegenüber der überwältigenden Erfahrung, daß das Leben übervoll von Subjektivität und viel zu arm an objektivierbarer Wahrheit ist – das sind genau die Gefühle der Russen damals, als eine Erzählung genau wie heute, eine rettende Antwort liefern konnte. Čechov schenkt uns das Gefühl einer Bekräftigung, einer Rückversicherung innerhalb unserer menschlichen Zerbrechlichkeit, ja sogar die kleine Hoffnung, daß es uns gelingen könnte, mit allem fertig zu werden, es zu ordnen und Klarheit zu finden.

Mit Čechov teilen wir das unumwundene Anerkennen der unveräußerlichen Gegebenheiten des Lebens; die Überzeugung, welch ein Gewinn es wäre, wenn mehr menschliche Empfindungen zu klarer, ausdrucksstarker Sprache destilliert würden; die Ansicht, daß das Leben (insbesondere das Leben mit den anderen) eine Oberfläche ist, unter der wir einen überzeugenden Subtext schaffen müssen, damit wir uns auf mehr stützen können, aber weniger verzweifelt; und die hoffnungsvolle Ahnung, daß sich mehr von uns selbst – vor allem die Teile, von denen nur wir zu wissen glauben – deutlich und nutzbringend ergründen läßt.

Letzteres ist nämlich bei dem traurigen, verletzten, verkommenen Pëtr Michajlyč Ivasin aus Nachbarn der Fall, den Čechov im vollen Rückzug von seiner mißlungenen Bemühung zeigt, seine Schwester Zina aus den Armen ihres aufgeblasenen, verheirateten Verführers Vlasič zu retten. Nicht weit vom Ende der Geschichte haben wir eine der großen, reichen Čechov-Passagen vor uns, bei denen wir Leser, auch wenn wir genau diese Erfahrung vielleicht noch nicht gemacht haben, die Situation und die Gefühlslage erkennen und begreifen, daß sich durchaus eine Lehre ziehen lassen sollte – ein deutlicheres Gefühl davon, wie wir als Menschen tatsächlich sind und welche konventionelle Sprache, welcher Untersuchungsansatz hier nicht weiterführen. Dafür brauchen wir die Literatur.

»Vlasič ging am rechten, Zina am linken Zügel; beide schienen vergessen zu haben, daß sie zurück nach Hause mußten, denn es war feucht und nicht mehr weit bis zu Koltovičs Gehölz. Pëtr Michajlyč spürte, daß sie auf etwas von ihm warteten, auch wenn sie selbst nicht wußten, was, und sie taten ihm plötzlich unsäglich Leid. Jetzt, da sie mit ergebener Miene und in Gedanken versunken neben dem Pferd einhergingen, war er zutiefst davon überzeugt, daß sie nicht glücklich seien und nie glücklich werden könnten, und ihre Liebe erschien ihm als ein betrüblicher, nie wieder gutzumachender Irrtum. Das Bedauern und das Bewußtsein, daß er ihnen mit nichts würde helfen können, versetzten ihn in den Zustand jener seelischen Ermattung, in dem er, nur um das lastende Gefühl des Mitleids loszuwerden, zu jedem Opfer bereit war.«

Als Pëtr Michajlyč zum ersten Mal schwant, daß er Liebe und Lei- denschaft falsch eingeschätzt hat und daß derartige Irrtümer zum Markenzeichen seines Lebens werden, merkt Čechovs Erzähler sogleich und noch schneidender an:

»Ihm war schwer zumute. Als das Gehölz hinter ihm lag, ritt er Schritt, am Teich hielt er das Pferd an. Er wollte reglos dasitzen und nachdenken. Der Mond ging auf und spiegelte sich vom anderen Ufer als roter Pfosten im Teich. Irgendwo grummelte der Donner. Pëtr Michajlyč starrte aufs Wasser und stellte sich die Verzweiflung seiner Schwester vor, ihre leidende Blässe und ihre tränenlosen Augen, mit denen sie den anderen ihre Erniedrigung verbergen würde. Er stellte sich ihre Schwangerschaft vor, den Tod der Mutter, ihre Beerdigung, Zinas Entsetzen... […] Schreckliche Zukunftsbilder malten sich vor seinen Augen auf die dunklen, glatten Wasser […] und während er sich das eigene Leben ins Gedächtnis rief, war er auf einmal überzeugt, daß er bis heute nie gesagt und getan habe, was er dachte, und daß ihm die anderen mit gleicher Münze zurückgezahlt hätten, und deshalb stellte sich ihm das ganze Leben ebenso dunkel dar wie dieses Wasser, in dem sich der Nachthimmel spiegelte und Wasserpflanzen ineinander schlangen. Und ihm schien, als sei dies nie wieder gutzumachen.

Als Leser fiktionaler Literatur suchen wir immer nach Hinweisen und Warnungen: Wo sollten wir im Leben noch gründlicher suchen?

Was dürfen wir nicht übersehen? Wo liegt der Ursprung für diese menschliche Katastrophe oder jene Freude, jenen Genuß? Wie können wir unser Leben so führen, daß wir mehr vom Letzteren und weniger vom Ersteren erleben? Solchen Suchenden weist Čechov einen Weg, vielleicht besser als jeder andere.

Für Schriftsteller des 20. Jahrhunderts hat sein Werk natürlich sämtliche Annahmen darüber beeinflußt, welche Themen sich für fiktionale Texte eignen: darüber, welche Augenblicke im Leben zu entscheidend oder wertvoll sind, um sie der konventionellen Sprache zu überlassen; darüber, wie eine Erzählung beginnen sollte und wie viele Möglichkeiten ein Schriftsteller hat, sie zu Ende zu führen; und ganz wichtig: darüber, wie endgültig das Leben ist und wie unermüdlich wir deshalb in unserer Darstellung davon sein müssen.

Doch mehr als alles andere weiß Čechov uns als Leser mit seiner treffsicheren Reichhaltigkeit zu rühren und zu beeindrucken; von einer Geschichte zur anderen, über das gesamte Spektrum des wahrnehmbaren menschlichen Daseins hinweg, spüren wir, welch perfektes Gefühl fürs richtige Maß er hat. Angesichts der Themen, Figuren und Handlungen, die er ins Spiel bringt, scheint bei Čechov nichts, worauf es ankommt, zu fehlen. Deshalb entzündet sich unsere Phantasie an der Frage, worauf diese treffsichere Reichhaltigkeit eigentlich genau antwortet; woher kommt diese unterschwellige Dringlichkeit, mit der fast jede seiner Erzählungen uns in unserem Leben bestätigt, mal voller Freude, mal voller Mitgefühl? Es ist ja, als würde Čechov uns kennen.

Sydney Harris

Anton Čechov

Kleiner Scherz

Ein klarer Wintertag, um Mittag… Der Frost ist stark, er klirrt, und Nadjenka, die sich an meinen Arm klammert, hat silbrigen Reif an den Schläfenlöckchen und Flaum über der Oberlippe. Wir stehen auf einem hohen Berg. Vor unseren Füßen bis hinab zur Erde erstreckt sich eine abschüssige Fläche, in der sich die Sonne betrachtet wie in einem Spiegel. An unserer Seite ein kleiner Schlitten, mit hellrotem Stoff ausgeschlagen.

»Fahren wir hinunter, Nade da Petrovna!« bettle ich. »Nur ein Mal! Ich versichere Sie, wir kommen heil unten an.«

Aber Nadjenka hat Angst. Der gesamte Raum vor ihren kleinen Galoschen bis zum Ende des Eisbergs erscheint ihr als ein schrecklicher, unermeßlich tiefer Abgrund. Es erstirbt ihr Denken, es verschlägt ihr den Atem, wenn sie nach unten blickt, wenn ich ihr nur vorschlage, sich in den Schlitten zu setzen, denn was wird geschehen, wenn sie es riskiert, in den Abgrund zu fliegen! Sterben wird sie, den Verstand verlieren.

»Ich flehe Sie an!« sage ich. »Sie brauchen keine Angst zu haben! Begreifen Sie doch, das ist Kleinmut, ist Feigheit!«

Endlich gibt Nadjenka nach, und ich sehe in ihrem Gesicht, sie gibt nach, den Tod vor Augen. Ich setze sie, bleich, zitternd, in den Schlitten, umfasse sie mit einem Arm und stürze mich mit ihr in den Höllenschlund.

Der Schlitten fliegt wie eine Kugel. Die durchschnittene Luft schlägt ins Gesicht, heult, pfeift in den Ohren, kneift schmerzend vor Wut, will einem den Kopf von den Schultern reißen. Vor dem Ansturm des Windes läßt sich nicht atmen. Es scheint, als halte uns der Teufel leibhaftig in den Tatzen und zerre uns unter Geheul in die Hölle. Die Gegenstände ringsum verschwimmen zu einem langen, dahinrasenden Band... Noch einen Augenblick, und wir sind, so scheint es, verloren!

»Ich liebe Sie, Nadja!« sage ich halblaut.

Dann fährt der Schlitten immer langsamer und langsamer, das Heulen des Windes und das Surren der Kufen sind nicht mehr so schrecklich, der Atem erstirbt nicht länger, und schließlich sind wir unten. Nadjenka ist mehr tot als lebendig. Sie ist bleich, atmet kaum... Ich helfe ihr beim Aufstehen.

»Noch einmal fahre ich um keinen Preis«, sagt sie und schaut mich mit großen, vor Entsetzen geweiteten Augen an. »Um nichts in der Welt! Ich wäre fast gestorben.«

Etwas später kommt sie zu sich und blickt mir bereits fragend in die Augen: habe ich diese vier Worte gesagt, oder hat sie sie nur gehört im Brausen des Windes? Und ich stehe neben ihr, rauche und mustere eingehend meine Handschuhe.

Sie hakt sich bei mir unter, und wir gehen lange am Fuß des Berges spazieren. Das Rätsel läßt ihr, wie ich sehe, keine Ruhe. Sind diese Worte gesagt worden oder nicht? Ja oder nein? Das ist eine Frage der Eitelkeit, der Ehre, des Lebens, des Glücks, eine sehr wichtige Frage, die wichtigste auf Erden. Nadjenka schaut mir ungeduldig, traurig, mit forschendem Blick ins Gesicht, gibt unpassende Antworten, wartet, ob ich nicht beginnen würde zu sprechen. Oh, was für ein

Spiel in diesem netten Gesicht, was für ein Spiel! Ich sehe, sie kämpft mit sich, sie muß etwas sagen, muß etwas fragen, aber sie findet nicht die Worte, ihr ist es peinlich, sie hat Angst, die Freude hindert sie...

»Wissen Sie was?« sagt sie, ohne mich anzusehen.

»Was?« frage ich.

»Lassen Sie uns noch einmal... rodeln.«

Wir steigen die Treppe hinauf auf den Berg. Wieder setze ich die bleiche, zitternde Nadja in den Schlitten, wieder fliegen wir in den schrecklichen Abgrund, wieder heult der Wind und surren die Kufen, und wieder, im schnellsten und lautesten Moment des Fluges, sage ich halblaut:

»Ich liebe Sie, Nadjenka!«

Als der Schlitten anhält, läßt Nadjenka den Blick über den Berg schweifen, den wir eben heruntergerodelt sind, dann schaut sie mir lange ins Gesicht, horcht auf meine Stimme, die gleichgültig und leidenschaftslos ist, und ihr ganzer Körper, sogar ihr Muff, ihre Kapuze, ihre ganze kleine Gestalt drücken äußerstes Befremden aus. Und ins Gesicht geschrieben steht ihr:

»Was ist nur? Wer hat jene Worte gesprochen? War er es, oder hat es sich nur so angehört?«

Dies Ungewißheit beunruhigt sie, raubt ihr die Geduld. Das arme Mädchen antwortet nicht mehr auf Fragen, wird mürrisch, fängt gleich an zu weinen.

»Wollen wir nicht nach Hause gehen?« frage ich.

»Mir... mir gefällt dieses Rodeln«, sagt sie, errötend. »Wollen wir nicht noch einmal fahren?«

Ihr »gefällt« dieses Rodeln, dabei ist sie, als sie sich in den Schlitten setzt, wie die vorigen Male bleich, atmet kaum und zittert vor Angst.

Wir fahren zum dritten Mal hinunter, und ich sehe,

wie sie mir ins Gesicht blickt, meine Lippen beobachtet. Doch ich halte das Taschentuch an die Lippen, räuspere mich, und als wir die Hälfte des Berges hinter uns haben, gelingt es mir zu sagen:

»Ich liebe Sie, Nadja!«

Das Rätsel bleibt ein Rätsel! Nadjenka schweigt, denkt über etwas nach... Ich begleite sie von der Rodelbahn nach Hause, sie bemüht sich, langsam zu gehen, verlangsamt den Schritt und wartet und wartet, ob ich ihr nicht jene Worte sage. Und ich sehe, wie sie leidet, wie sehr sie sich beherrscht, um nicht zu sagen:

»Der Wind kann sie nicht gesagt haben! Ich will auch nicht, daß der Wind sie gesagt hat!«

Am andern Tag bekomme ich morgens einen Zettel: »Wenn Sie heute rodeln gehen, holen Sie mich ab. N.« Und seit diesem Tage gehen Nadja und ich jeden Tag rodeln, und wenn wir auf dem Schlitten hinunterfliegen, sage ich jedes Mal halblaut dieselben Worte:

»Ich liebe Sie, Nadja!«

Bald gewöhnt sich Nadjenka an diesen Satz, wie an Alkohol oder Morphium. Sie kann ohne ihn nicht mehr leben. Zwar hat sie vor dem Fliegen nach wie vor Angst, doch inzwischen verleihen jene Worte von der Liebe der Angst und Gefahr einen besonderen Reiz, Worte, die nach wie vor ein Rätsel bleiben und das Herz schwer machen. In Verdacht stehen immer dieselben zwei: ich und der Wind... Wer von beiden ihr die Liebe erklärt, weiß sie nicht, aber es ist ihr offenbar auch schon egal; egal ist, aus welchem Glas man trinkt, Hauptsache, man wird betrunken.

Eines Tages ging ich um Mittag allein rodeln; in der Menge verloren, sehe ich, wie Nadjenka zum Berg kommt, wie sie mit den Augen nach mir sucht... Dann steigt sie schüchtern die Treppe hinauf... Sie hat Angst, allein zu fahren, ach, welche Angst! Sie ist bleich wie der Schnee, zittert, sie geht wie zur eigenen Hinrichtung, aber geht, geht ohne sich umzuschauen, entschlossen. Offenbar hat sie beschlossen, endlich die Probe zu machen: werden diese wunderbaren süßen Worte auch zu hören sein, wenn ich nicht mitfahre? Ich sehe, wie sie, bleich, mit vor Schrecken geöffnetem Mund, sich in den Schlitten setzt, die Augen schließt, der Welt für immer Lebewohl sagt und sich abstößt... »Ssss...« – surren die Kufen. Ob Nadjenka die Worte hört, ich weiß es nicht... Ich sehe nur, wie sie sich erschöpft und schwach vom Schlitten erhebt. Und ihrem Gesicht ist anzusehen, sie weiß selbst nicht, ob sie die Worte gehört hat oder nicht. Die Angst, während sie den Berg hinunterfuhr, hat sie der Fähigkeit beraubt zu hören, Laute zu unterscheiden, zu verstehen...

Da naht jedoch der Frühlingsmonat März... Die Sonne beginnt zu liebkosen. Unser Eisberg dunkelt, verliert seinen Glanz, schließlich taut er auf. Wir können nicht mehr rodeln. Die arme Nadjenka wird nirgends mehr jene Worte hören, und es ist auch niemand mehr da, der sie sagen könnte, denn kein Wind ist zu spüren, und ich reise bald nach Petersburg – für lange Zeit, wahrscheinlich für immer.

Irgendwann vor der Abreise, ein, zwei Tage vorher, sitze ich bei Dämmerlicht im Garten, der von dem Hof, auf dem Nadjenka lebt, durch einen hohen Bretterzaun mit Nägeln getrennt ist... Noch ist es ziemlich kalt, unter dem Mist liegt noch der Schnee, die Bäume sind tot, doch es riecht schon nach Frühling, und beim Aufsuchen ihres Nachtlagers krächzen laut die Krähen. Ich trete an den Zaun und schaue lange durch einen Spalt. Ich sehe, wie Nadjenka auf die Freitreppe heraustritt und einen kummervollen, sehnsüchtigen Blick zum Himmel richtet... der Frühlingswind bläst ihr direkt ins bleiche, bedrückte Gesicht... Er erinnert sie an den Wind, der uns damals auf dem Berg entgegenheulte, als sie jene vier Worte hörte, und ihr Gesicht wird traurig, so traurig, über die Wange rollt eine Träne... Und das bleiche Mädchen streckt beide Arme aus, wie um den Wind zu bitten, ihr noch einmal jene Worte zuzutragen. Und ich warte einen Windstoß ab und sage halblaut:

»Ich liebe Sie, Nadja!«

Mein Gott, was geschieht da mit Nadjenka? Sie schreit auf, lächelt, strahlt über das ganze Gesicht und streckt dem Wind die Arme entgegen, voller Freude, glücklich und so schön.

Und ich gehe packen...

Das alles ist lange her. Heute ist Nadjenka verheiratet; ob man sie verheiratet hat oder ob sie selbst gewählt hat – es ist der Sekretär am Vormundschaftsgericht, und sie hat heute drei Kinder. Daß wir damals zusammen rodeln gingen und ihr der Wind die Worte zutrug »Ich liebe Sie, Nadjenka«, ist nicht vergessen; für sie ist das heute die glücklichste, die anrührendste und schönste Erinnerung ihres Lebens...

Und ich kann heute, da ich älter bin, nicht mehr begreifen, warum ich jene Worte gesagt habe, wozu ich mir diesen Scherz erlaubt habe...

I. I. Levitan, ›Winterlandschaft, Friedhof‹

»Es schneit.
Was hat das für einen Sinn?«

Aus dem Stück ›Die drei Schwestern‹

Irina legt eine Patience.
Veršinin Ja nun? Wenn man uns keinen Tee gibt, lassen Sie uns wenigstens philosophieren.
Tuzenbach Philosophieren wir. Worüber?
Veršinin Worüber? Lassen Sie uns träumen… zum Beispiel von dem Leben, wie es nach uns sein wird, in zweihundert, dreihundert Jahren.
Tuzenbach Ja nun? Nach uns wird man in Luftballons fliegen, die Jacketts werden sich ändern, vielleicht wird man den sechsten Sinn entdecken und ihn entwickeln, aber das Leben wird dasselbe bleiben, das es war – mühsam, geheimnisvoll und glücklich. Auch in tausend Jahren wird der Mensch seufzen: »Ach, wie schwer ist es zu leben!« – und zugleich wird er, genau wie heute, sich vor dem Tode fürchten und nicht sterben wollen.
Veršinin nach kurzem Nachdenken Wie soll ich Ihnen sagen? Mir scheint, alles auf Erden muß sich nach und nach verändern und verändert sich bereits vor unseren Augen. In zweihundert, dreihundert, schließlich in tausend Jahren – es

geht nicht um den Zeitraum – wird ein neues, glückliches Leben anbrechen. An diesem Leben teilnehmen werden wir natürlich nicht, aber wir leben heute dafür, arbeiten, ja leiden, wir erschaffen es – allein darin liegt der Zweck unseres Daseins und, wenn Sie so wollen, unser Glück.
Maša lacht leise.
Tuzenbach Sie lachen?
Maša Ich weiß nicht. Ich lache heute schon den ganzen Tag, seit dem Morgen.
Veršinin Ich habe dort aufgehört wie Sie, an der Akademie war ich nicht; ich lese viel, aber weiß nicht unter den Büchern zu wählen und lese, vielleicht, genau die falschen, doch je länger ich lebe, desto mehr will ich wissen. Meine Haare werden grau, ich bin schon fast ein Greis, aber ich weiß wenig, ach, wie wenig! Und dennoch, scheint mir, das Wichtigste, die Hauptsache weiß ich, weiß ich mit Bestimmtheit. Und wie gern möchte ich Ihnen beweisen, daß es für uns das Glück nicht gibt, nicht geben kann und nicht geben wird… Wir müssen nur arbeiten und arbeiten,

Selbstportrait von A. Čechov.

das Glück wird unseren fernen Nachkommen zuteil.
Pause.
Wenn nicht mir, so zumindest den Nachkommen meiner Nachkommen.
Fedotik und Rode erscheinen im Saal; sie setzen sich und singen leise zur Gitarre.
Tuzenbach Ihnen zufolge darf man vom Glück nicht einmal träumen! Aber wenn ich glücklich bin!
Veršinin Sie sind es nicht.
Tuzenbach schlägt die Hände zusammen und lacht Offenbar verstehen wir einander nicht. Ja, wie soll ich Sie überzeugen?
Maša lacht leise.
Droht ihr mit dem Finger. Lachen Sie nur! *Zu Veršinin.* Nicht nur in zweihundert, dreihundert, sondern auch in einer Million von Jahren wird das Leben bleiben, wie es war; es ändert sich nicht, bleibt beständig, seinen eigenen Gesetzen folgend, mit denen Sie nichts zu tun haben oder die Sie zumindest nie erkennen werden. Die Zugvögel, die Kraniche zum Beispiel, fliegen und fliegen, und welche Gedanken sie auch umtreiben mögen, erhabene oder kleine, sie werden weiter fliegen und nicht wissen, wozu und wohin. Sie fliegen und werden fliegen, was für Philosophen auch unter ihnen auftreten mögen; sollen die philosophieren, soviel sie wollen, wenn sie nur fliegen können....
Maša Aber es hat doch einen Sinn?
Tuzenbach Einen Sinn... Bitte, es schneit. Was hat das für einen Sinn?

Über Čechov

Mit Zeichnungen und Skizzen von Tatjana Hauptmann

Peter Altenberg

– Kennen Sie A. Čechov? – sagte er. – Der ist außerordentlich, ein Genie! Ich habe ein Bändchen für Sie mitgebracht, Fräulein - - -.

– Lesen Sie uns vor! – sagte die angebräunte Meeresschaumprinzessin.

Er las *la mort du matelot* und *les ennemis* –.

Was ging es sie an, daß es sehr traurig war und vielleicht nicht herpasste?!

Aber alle waren begeistert.

– Sie lesen wie Coquelin –, sagte das junge Mädchen.

Der junge Mann sagte:

– Begeisterung und Deklamation sind Mittel, unseren Stoffwechsel zu beschleunigen, also unser Menschentum zu steigern. Man verjüngt sich dabei. Es ist wie ein Turnen von innen.

Die weißen Hände der Frau lagen auf dem Schoße von schwarzer Seide ausgebreitet. Sie vergaß, sie zu verbergen - - -.

Der junge Mann sagte:

– Mein A. Čechov! Mit wenigem viel sagen, das ist es! Die weiseste Ökonomie bei tiefster Fülle, das ist auch beim Künstler alles - - - wie beim Menschen. Auch der Mensch ist ein Künstler, sollte es sein... ein ›Lebenskünstler‹. Die Japaner malen einen Blütenzweig, und es ist der ganze Frühling. Bei uns malen sie den ganzen Frühling, und es ist kaum ein Blütenzweig. Weise Ökonomie ist alles! Und dann, sehen Sie - - - die feinste Empfänglichkeit haben für Formen, Farben, Düfte ist schön. Dieses dem anderen so beibringen, daß er es ebenso spüre, ist eine Kunst.

Aber dieselbe Empfänglichkeit haben, denselben zarten Sinn für die Formen und Farben der Seele, des Geistes - - - ist mehr! Die wahre Kunst beginnt erst mit der Darstellung geistiger, seelischer Ereignisse. Das Leben muß durch einen Geist, durch eine Seele hindurchgehen und da sich mit Geist und Seele durchtränken wie ein Badeschwamm. Dann kommt es heraus, größer, voller, lebendiger! Das ist Kunst!

Marcel Reich-Ranicki

Dieser Russe Čechov – ein Stürmer und Dränger war er nicht, auch kein Ketzer und kein Rebell und ein Revolutionär schon gar nicht. Er war kein Prediger wie der Graf Tolstoj, kein Besessener wie Dostoevskij. Er hat sich auch nie duelliert, er nahm an keiner Verschwörung teil, er ist nie ins Ausland geflohen, er wurde nie verhaftet oder nach Sibirien verbannt, von etwaigen Liebesgeschichten ist so gut wie nichts bekannt.

Um diesen vielen Negativbefunden noch die Krone aufzusetzen: Čechov gehört nicht – wie Tolstoj oder Dostoevskij – zu den größten Schriftstellern, die je auf Erden lebten; aber vielleicht, wer weiß, zu den beliebtesten, den sympathischsten, den liebenswürdigsten. Ja, ich will es nicht verbergen: Ich liebe Čechov, und mich verbindet mit ihm geradezu eine Liebesgeschichte, eine uralte. Nur weiß ich auch genau, daß es eine ganz und gar unoriginelle Geschichte ist. Denn ihn lieben beinahe alle und überall.

»Alles, was ich geschrieben habe«, sagte er kurz vor seinem Tod, »wird in wenigen Jahren vergessen sein.« Und man soll ja nicht seine Bücher übersetzen, sie seien doch für Ausländer unverständlich.

Wie hoch ist jetzt Čechovs Gesamtauflage? Fünfzig Millionen oder sechzig Millionen? In wie viele Sprachen wurde er übersetzt – sind es siebzig oder achtzig oder noch viel mehr? Seine Forderung, ein Schriftsteller müsse so objektiv sein wie ein Chemiker, hat er natürlich – und glücklicherweise – nie beachtet. Er hatte Mitleid mit der Kreatur, mit den verliebten Mädchen und den gescheiterten Intellektuellen, mit den ehrgeizigen Geschäftsleuten und den vom Leben enttäuschten Frauen, auch mit den Sündern und Halunken, mit den Säufern und Betrügern.

Čechovs Gestalten machen nicht die geringste Entwicklung durch, eine Zentralfigur gibt es bei ihm nicht und einen richtigen Konflikt ebenfalls nicht, die Handlung ist in

der Regel dürftig. Nicht ihre Taten charakterisieren die auftretenden Gestalten, sondern ihre Untätigkeit. Sie trinken Tee und reden miteinander, oft belangloses oder dummes Zeug, manchmal flirten sie ein wenig, manchmal versuchen sie zu philosophieren. So ist das bei Čechov: Man langweilt sich, und man ist unglücklich. Alle langweilen sich, und alle sind unglücklich – nur nicht das Publikum.

Was immer er schrieb, es hat einen doppelten Boden. Diese Szenen aus dem Leben Rußlands um die Jahrhundertwende werden, ob es der Autor wollte oder nicht, zu Sinnbildern des menschlichen Daseins.

Im *Kirschgarten* geht es um nichts anderes als um einen Garten, der sich von unzähligen Kirschgärten auf dieser Welt überhaupt nicht unterscheidet. Aber für die Gutsbesitzerin Ranevskaja, die dort ihre Kindheit verbracht hat, ist es ein Ort der Reinheit und Unschuld. Für den Studenten Trofimov zeugt der Garten von blutiger Despotie, denn er ist von Leibeigenen gepflanzt worden. Für den Kaufmann Lopachin, einen Parvenü, wird er zum Zeichen seines raschen gesellschaftlichen Aufstiegs, seines Triumphs. Er kauft den Garten wie Hagenström das Haus in der Lübecker Mengstraße.

Auch im *Kirschgarten* verbirgt sich die Geschichte vom Verfall einer Familie, die Ranevskaja ist eine Cousine der Tony Buddenbrook.

Vielleicht wollte Čechov in den *Drei Schwestern* nichts anderes zeigen als die russische Provinz des Elends. Aber wir sehen zugleich das Elend der Provinz schlechthin und die Sehnsucht nach einem besseren Leben, nach Liebe. So geriet ihm alles zum Symbol.

Unser Frankfurter Lokalpoet hat für derartiges eine schöne Formulierung gefunden: »Alles Vergängliche ist nur ein Gleichnis.« Aber Čechov hatte – wie er gelegentlich bekannte – »eine Abneigung gegen die Poesie«. Und er schrieb die poetischsten Prosadramen der russischen Literatur, die poetischsten Geschichten. Das Wichtigste in seinen Dialogen hört man in den Pausen zwischen den meist nichtssagenden Äußerungen der Gesprächsteilnehmer. Das Fundament dieser Stücke ist das Schweigen. Denn Čechov war der Erfinder des gellenden Flüsterns, der schreienden Stille. Er zeigte den Menschen, der in seiner Qual verstummt.

Alexander Sinowjew

Die Literaturkritik hat so viel über Anton Čechov hervorgebracht, daß man von einer Wissenschaft sui generis sprechen kann: von der Čechovologie. Ich beabsichtige keinesfalls Weiteres beizutragen. Ich halte mich nicht für einen Čechov-Spezialisten, nicht einmal für einen Spezialisten der Literaturkritik im allgemeinen. Meine Beziehung zu Čechov ist ganz anderer Art. Neben Lermontov, Saltykow-Ščedrin, Dostoevskij und anderen russischen Schriftstellern ist Čechov seit meiner frühesten Kindheit ein nicht trennbarer Bestandteil meines geistigen Lebens gewesen, ein Komplize, der mir geholfen hat, die mich umgebende Menschheit und meine Beziehung zu ihr zu verstehen. Seither ist er der ständige Begleiter auf meinem Lebensweg geblieben, eine mir sehr nahe Gegenwart. Dies bedeutet nicht, daß ich sein überschwenglicher Bewunderer gewesen oder geblieben bin. Ich habe eben mit Čechov wie mit einem Nachbarn gelebt, der zum Kreis jener Menschen gehört, die mir so nahe sind wie meine Eltern, meine Brüder und Schwestern, meine Kinder, meine Freunde, meine Kollegen, Mitarbeiter und geistigen Gefährten. Solchen Menschen gegenüber kann man die verschiedensten Gefühle haben, die sich je nach Situation und Zeit ändern. Doch trotz aller Wechselfälle bleibt das Gefühl der Affinität und des geteilten verflossenen Lebens.

Das Werk Čechovs ist immens, reich und vielgestaltig, es erkundet alle Pfade der Literatur. Man nähere sich ihm mit Leidenschaft, und man wird darin alles entdecken, was man zu finden hoffte, und sogar das, woran der Autor nie gedacht hatte.

Roger Grenier

An Čechov, der manchmal närrisch vergnügt war, spüren und lieben wir vor allem die Traurigkeit.

Ich habe eines Tages eine jener alten russischen Damen besucht, wie man sie im sechzehnten Arrondissement antraf. Im selben Viertel bin ich ein anderes Mal bei Alexeij Remisov gewesen, der so etwas wie der russische Henri Michaux war. Einem Kinde gleich schnitt er goldenes und silbernes Schokoladepapier zu, um damit seine Wohnung zu schmücken. Jene alte Dame war die Witwe von Ivan Bunin. Auf einer uralten Schreibmaschine mit kyrillischen Buchstaben hatte sie sich daran gemacht, ihre Memoiren zu schreiben.

»Mein Mann«, hat sie mir erzählt, »war sehr unterhaltsam. Und er war der einzige, dem es gelang, Čechov zum Lachen zu bringen.«

Eine Aussage, die Stanislavskij bestätigte, als er sich eines Aufenthalts auf Jalta erinnerte:

»Wo Bunin ist, da ist sicher Anton Pavlovič, der lacht, der nicht

mehr kann vor Lachen. Niemand vermochte Anton Pavlovič so zum Lachen zu bringen wie Bunin, wenn er guter Laune war.«

Wird das Lachen Čechovs, das Lachen Kafkas erwähnt, sind wir gerührt. Sie, die uns mit ihrer Offenheit, mit ihrer Aufrichtigkeit gegenüber der Lebensangst so nahe sind, sie sind uns plötzlich noch näher, läßt doch ein Augenblick des Lachens sie alles vergessen.

Madame Bunin hat weiter erzählt: »Ich habe ein Photo, auf dem beide zu sehen sind. Es ist das einzige Photo, auf dem Čechov lacht.«

Ein schwerer Pappkoffer lag auf einem Schrank. Wir haben ihn heruntergeholt, auf den Tisch gestellt. Er war voller Briefe, Photos. Wir haben in diesem Durcheinander, in diesem Schatz gewühlt. Nach so vielen Bildnissen von Anton Pavlovič, auf denen sein Blick ernst ist oder von Traurigkeit, manchmal von Ironie verschleiert, sollte sich nun ein anderes Antlitz abzeichnen. Aber wir haben vergeblich gesucht. Wir haben sein Lachen nicht gefunden.

W. Somerset Maugham

Gorkij gegenüber blieb ich gleichgültig. Seine Themen waren ausgefallen und fremdartig, aber sein Talent empfand ich als mittelmäßig: er war durchaus lesbar, solange er ohne Prätentionen die Schicksale der untersten Bevölkerungsschicht schilderte, doch erlahmte mein Interesse für die Petersburger Elendsviertel nach kurzer Zeit; und wenn er zu philosophieren begann, fand ich ihn trivial. Die Wurzeln seines Talents lagen in seiner Herkunft. Er schrieb als Proletarier über die Proletarier, nicht als Bourgeois, wie dies die meisten Autoren tun, die sich diesem Gebiet zugewandt haben. In Čechov jedoch begegnete mir ein Geist, der mir außerordentlich zusagte. Hier war ein Schriftsteller mit wirklichem Charakter; keine wilde Kraft wie Dostoevskij, die den Leser verblüfft, inspiriert, erschreckt und verwirrt, sondern jemand, mit dem man rasch vertraut wurde. Ich hatte den Eindruck, daß er besser als irgendein anderer das Geheimnis Rußlands offenbarte. Er besaß eine große Spannweite und eine unmittelbare Lebenskenntnis.

Bei Čechov denkt man nicht daran, daß man Erzählungen liest. Es fällt nichts offensichtlich Konstruiertes darin auf, und man wäre versucht zu glauben, daß jedermann sie schreiben könnte, wenn es nicht in der Tat keinem gelänge. Der Autor geht von einer Empfindung aus und vermag sie so in Worte zu fassen, daß sie auf den Leser übergreift. Man wird zu seinem Mitarbeiter. Der abgedroschene Ausdruck »ein Stück Leben« läßt sich auf Čechovs Geschichten nicht anwenden; denn ein Stück ist ein abgetrennter Teil, und gerade diesen Eindruck gewinnt man beim Lesen nicht; jede seiner Erzählungen ist eine Szene, von der man weiß, daß sie so oder anders weitergeht, obwohl man nur einen Ausschnitt davon sieht.

Vladimir Nabokov

Mr. Karlinskys *N. and Chekhov* ist ein bemerkenswerter Essay, und ich finde es wunderbar, zusammen mit A. P. in einem Boot zu sitzen – auf einem russischen See, bei Sonnenuntergang, er fischt, und ich beobachte die Schwärmer über dem Wasser. Mr. Karlinsky hat den Finger auf eine geheime Sinneszelle gelegt. Er hat recht, ich liebe Čechov innig. Dennoch will es mir nicht gelingen, mein Gefühl für ihn rational zu fassen: Bei dem größeren Künstler, Tolstoj, gelingt mir das ohne weiteres; dann fällt mir blitzartig diese oder jene unvergeßliche Stelle ein (»… wie lieb sie sagte« ›und sogar sehr‹ – Wronskijs Erinnerung an Kittis Antwort auf irgendeine unwichtige Frage, die wir nie erfahren werden); denke ich aber an Čechov aus der gleichen Distanz nach, erscheint nur ein Mischmasch aus schrecklichen Prosaismen, stereotypen Epitheta, Wiederholungen, Ärzten, wenig überzeugenden Vamps und so weiter; dennoch wären es seine Werke, die ich auf eine Reise zu einem anderen Planeten mitnehmen würde.

Thomas Mann

Dies Dichtertum hat es mir angetan. Seine Ironie gegen den Ruhm, sein Zweifel am Sinn und Wert des Tuns, der Unglaube an seine Größe …

Frank Kafka

Tschechow aber liebe ich sehr, manchmal ganz unsinnig.

Samuel Beckett

I don't think I ever uttered my admiration for Chekov. There was never a smile like his.

Woody Allen

Für mich bleibt Čechov unerreicht: Er schrieb Komödien der Verzweiflung über das Leiden und die Sehnsüchte der Menschen. Und weil man davon gleichzeitig amüsiert ist und zerrissen wird, wirkt seine Kunst so eindringlich.

»Lebe dein Leben und Amen«

Eine kleine Schule der Lebenskunst von Anton Čechov
Mit Vignetten von Tomi Ungerer

Der Sinn des Lebens – das ist das Leben selbst...« oder »Ich glaube an das Leben, an seine lichten Augenblicke, um deretwillen man nicht nur leben kann, sondern sogar leben muß, ich glaube an den Menschen, an die guten Seiten seiner Seele« usw. Ist das nicht alles unehrlich, und bedeutet es auch nur irgend etwas? Das ist keine Anschauung, das sind saure Drops.

Das ist die gemeinste Faulheit: die des Denkens.

Arbeiten muß man, alles andere – zum Teufel damit. Hauptsache, man ist gerecht, alles andere ergibt sich daraus.
Man muß an Gott glauben, und wenn man den Glauben nicht hat, dann soll man an seine Stelle keinen Sensationsrummel setzen, sondern suchen, suchen, einsam suchen, allein mit sich und seinem Gewissen...

Professoren, Leuchten der Wissenschaft... Ich glaube nicht an unsere Intelligenz, die heuchlerisch, verlogen, hysterisch, ungebildet und faul ist, ich glaube nicht an sie, selbst wenn sie leidet und sich beklagt, denn ihre Unterdrücker kommen aus ihren eigenen Reihen. Ich glaube an den einzelnen Menschen, ich sehe die Rettung in Einzelpersönlichkeiten. Wenn du wenig Zeit haben willst, dann tue nichts.

71

Ich wünschte mir, ich könnte im Jenseits von diesem Leben denken: es waren schöne Visionen.

Das Schlimme ist, daß wir die einfachsten Fragen mit Tricks zu lösen versuchen, darum machen wir sie auch so ungewöhnlich kompliziert. Man muß nach einfacheren Lösungen suchen.

Du fragst: was ist das Leben? Das ist, als wollte man fragen: was ist eine Mohrrübe? Eine Mohrrübe ist eine Mohrrübe, mehr ist darüber nicht zu sagen.

Bei den Insekten wird aus der Raupe ein Schmetterling, bei den Menschen ist es umgekehrt: aus dem Schmetterling eine Raupe.

Eine Kleinigkeit, einverstanden, aber an solchen Kleinigkeiten geht die Welt zugrunde.

Es gibt keinen größeren Genuß auf Erden als den Schlaf, wenn man schlafen will.

Gestiegen ist nicht die Zahl der Nervenkrankheiten und Nervenkranken, sondern die Zahl der Ärzte, die imstande sind, diese Krankheiten zu beobachten.

Man sollte ein Bad in Schwefelsäure nehmen, sich die Haut abziehen und sich ein neues Fell wachsen lassen.
Fang an zu philosophieren, und dir wird schwindlig.

Liebe, Freundschaft, Achtung können nicht so verbinden wie der gemeinsame Haß auf etwas.

Die Blattlaus frißt Pflanzen, der Rost Metalle und die Lüge die Seele.

Hunderte von Verst öder, eintöniger, verbrannter Steppe können einen nich so anöden wie ein einziger Mensch.
Die Universität entwickelt alle Fähigkeiten, unter anderem auch – die Dummheit.

Apropos Erfolg und Ovationen. All das ist laut und befriedigt so wenig, daß man in Endeffekt nichts verspürt als Ermüdung und den Wunsch, wegzulaufen, wegzulaufen …

Mein Kopf ist voll von Gedanken an den Sommer und an die Ferien. Tag und Nacht träume ich von dem Bauernhof. Ich bin nicht Potemkin, sondern Cincinnatus. Im Heu zu liegen und einen Barsch an der Angel zu haben, befriedigt mein Gefühl weit mehr als Rezensionen und die applaudierende Galerie. Ich bin offenbar eine Mißgeburt und ein Plebejer.

Die Natur ist ein sehr gutes Beruhigungsmittel. Sie stimmt friedlich, d.h. sie macht den Menschen gleichgültig. Und man muß auf dieser Welt unbedingt gleichgültig sein. Nur die Gleichgültigen sind imstande, die Dinge klar zu sehen, gerecht zu sein und zu arbeiten – das bezieht sich natürlich nur auf die klugen und anständigen Menschen; Egoisten und Hohlköpfe sind ohnehin schon gleichgültig.

Und schließlich und endlich kann keine Literatur in puncto Zynismus das wirkliche Leben übertrumpfen, mit einem Glas macht man den nicht betrunken, der bereits ein ganzes Faß ausgetrunken hat.

Wenn Sie Vorwärts! rufen, dann zeigen Sie unbedingt auch die Richtung an, nämlich vorwärts wohin. Sie werden zugeben, wenn man dieses Wort, ohne die Richtung anzuzeigen, gleichzeitig einem Mönch und einem Revolutionär zuriefe, so gingen beide völlig verschiedene Wege.

Sie schreiben – mein Ideal sei die Faulheit. Nein, es ist nicht die Faulheit. Ich verachte die Faulheit, so wie ich Schwäche und Trägheit der seelischen Regungen verachte. Ich habe nicht von Faulheit gesprochen, sondern von Müßiggang, und habe dabei gesagt, daß Müßiggang kein Ideal sei, sondern nur eine der unabdingbaren Voraussetzungen für persönliches Glück.

Man sagt, am Ende triumphiert die Wahrheit, aber das ist nicht wahr.

Wegen einer Frau sollte man sich natürlich nicht erschießen; man muß nicht, aber man kann. Die Liebe ist kein Scherz. Wenn man sich ihretwegen erschießt, so nimmt man sie ernst, und das ist wichtig.

Menschen mit Erziehung müssen, meiner Meinung nach, folgenden Bedingungen genügen:
1) Sie achten die menschliche Persönlichkeit, sind darum stets nachsichtig, weichherzig, höflich, nachgiebig ... Sie machen keinen Aufstand wegen eines Hammers oder eines verlorenen Radiergummis. Und wenn sie mit jemandem zusammenleben, so tun sie das nicht aus Gefälligkeit und sagen nicht, wenn sie gehen: mit euch kann man nicht leben! Sie verzeihen Lärm und Kälte und angebrannten Braten und Witze und die Anwesenheit Fremder in ihrer Behausung...
2) Sie haben Mitleid nicht nur mit Bettlern und Katzen. Ihnen tut auch das in der Seele weh, was man mit bloßen Augen nicht sehen kann. So z.B. wenn Pëtr weiß, daß Vater und Mutter vor Sehnsucht graue Haare bekommen und nächtelang nicht schlafen können, weil sie Pëtr so selten sehen (und wenn, dann betrunken), dann eilt er zu ihnen und pfeift auf den Vodka. (...)

3) Sie achten fremdes Eigentum und zahlen deshalb auch ihre Schulden zurück.
4) Sie sind reinen Herzens und fürchten die Lüge wie das Feuer. Sie lügen selbst in Kleinigkeiten nicht. Die Lüge beleidigt den Zuhörer und setzt ihn in seinen Augen herab. Sie zieren sich nicht, benehmen sich auf der Straße so wie zu Hause, streuen den geringeren Brüdern keinen Sand in die Augen ... Sie sind nicht schwatzhaft und halten mit Offenheiten zurück, wenn sie nicht gefragt sind... Aus Achtung vor fremden Ohren schweigen sie meistens.
5) Sie erniedrigen sich nicht, um beim anderen Mitleid zu erwecken. Sie spielen nicht auf den Saiten fremder Seelen, um als Antwort darauf Seufzer zu hören und von anderen bemuttert zu werden. Sie sagen nicht: »Die anderen verstehen mich nicht!« oder: »Ich habe auf kleines Geld gesetzt! Ich bin am Arsch!« weil das auf billige Effekt zielt, platt ist, alt und verlogen...

6) Sie sind uneitel. Sie sind nicht interessiert an falschen Brillanten wie etwa Bekanntschaften mit Berühmtheiten, Händedrucken des betrunkenen Plevako, Entzückungsbezeugungen eines Wildfremden im Salon, an Bekanntheit in Bierhallen ... Sie lachen über den Satz: »Ich bin ein Vertreter der Presse!!«, der nur zu Leuten wie Rodzevič und Levenberg paßt. Wenn sie etwas tun, was einen Groschen wert

ist, geben sie damit nicht an, als hätten sie etwas für hundert Rubel getan, und brüsten sich nicht damit, daß man sie dort eingelassen habe, wo andere nicht eingelassen werden... Die wirklichen Talente sitzen immer im Dunkeln, in der Menge, fernab der Ausstellung... Selbst Krylov hat einmal gesagt, ein leeres Faß sei besser zu hören als ein volles...

7) Wenn Sie Talent besitzen, so haben sie Achtung davor. Sie opfern ihm die Ruhe, Frauen, Wein, Eitelkeit... (...) Außerdem empfinden sie leicht Ekel...

8) Sie erziehen sich zur Ästhetik. Sie können nicht in Tageskleidern schlafen, in den Tapetenritzen Wanzen sehen, schlechte Luft atmen, über bespuckte Fußböden gehen, sich von einem Petroleumkocher ernähren. Sie versuchen nach Möglichkeit den Geschlechtstrieb zu bändigen und zu veredeln (...) Was sie brauchen ist mens sana in corpore sano.

Usw. So sind Menschen mit Erziehung. Um sich zu erziehen und nicht unter das Niveau der Umwelt, in die man geraten ist, zu sinken, reicht es nicht, die Pickwickier zu lesen und den Monolog aus dem »Faust« auswendig zu lernen. Es reicht nicht, sich in eine Droschke zu setzen und in die Jakimanka zu kommen, um eine Woche später wieder abzuhauen... Hier ist ununterbrochene Arbeit nötig, tags und nachts, ewiges Lernen, Studium, Wille. Hier ist jede Stunde teuer...

Anton Čechov
Kleine Geschichten

Ehegatten leben seit 18 Jahren zusammen im Streit. Schließlich gesteht er ihr einen Seitensprung, den er nie begangen hat, und beide trennen sich zu seiner großen Freude und zum großen Ärger der ganzen Stadt.

Frau N., die mit ihrem Körper Handel treibt, sagt zu jedem: ich liebe dich, denn du bist nicht so wie die anderen.

Und vor Freude darüber, daß die Gäste endlich gingen, sagte die Frau des Hauses: Bleiben Sie doch noch ein wenig.

»Kaut, wie es sich gehört«, sagte der Vater. Und sie kauten gut, gingen täglich zwei Stunden spazieren, wuschen sich kalt, und wurden trotzdem unglückliche, unbegabte Menschen.

Schreiben Sie ein Stück: ein alter Chemiker hat das Elixier der Unsterblichkeit erfunden – 15 Tropfen davon, und man lebt ewig. Aber der Chemiker zerschlägt die Fiole mit dem Elixier, aus Angst, daß so ein Aas wie er oder seine Frau ewig leben könnten.

Ein Theaterdirektor und Regisseur liest, im Bett liegend, ein neues Stück. Hat 3–4 Seiten gelesen und warf es voller Ärger zu Boden, löschte die Kerze, deckte sich zu, eine

Weile später, nach einigem Überlegen, griff er wieder zu dem Stück, begann zu lesen, und wütend über das unbegabte lange Werk warf er es wieder zu Boden, löschte die Kerze. Eine Weile später begab er sich erneut an das Stück usw. Dann inszenierte er es, es fiel durch.

Ein Mensch im Futteral, in Galoschen, den Schirm in einer Hülle, die Uhr in einem Futteral, das Messer in einer Hülle. Als er im Sarg lag, schien er zu lächeln: er hatte sein Ideal gefunden.

Briefwechsel. Ein junger Mann träumt davon, sich der Literatur zu widmen, schreibt darüber ständig seinem Vater, quittiert schließlich den Dienst, fährt nach Petersburg und widmet sich der Literatur – er wird Zensor.

Eine Dame von 35 Jahren, Spießerin mittleren Zuschnitts. Und als er sie verführt hatte und schon in seinen Armen hielt, dachte sie daran, wieviel er ihr im Monat geben würde und wie teuer derzeit das Rindfleisch sei.

N. erfährt, daß seine Frau ihn betrogen hat. Ist empört, gekränkt, zögert jedoch, schweigt. Schweigt, und es endet damit, daß er sich von dem Liebhaber Geld leiht und sich weiterhin für einen ehrbaren Menschen hält.

Ein Mord. Eine Leiche in der Schlucht. Der Untersuchungsrichter jung, unerfahren. Kleinstadt. Sucht lange nach dem Mörder und kann ihn nicht finden. Der Nachbar, Ladenbesitzer, kommt und sagt: »Gib mir tausend Rubel, ich finde den Mörder, ich habe viele Bekannte.« Hat die Tausend Rubel bekommen: ich bin der Mörder... Und lacht. Der Untersuchungsrichter kann nicht beweisen, daß er der Mörder ist, und reicht seinen Abschied ein.

Das Dienstmädchen wirft, beim Bettenmachen, die Pantoffeln jedesmal unters Bett bis hinten an die Wand. Der Hausherr, sehr dick, fährt schließlich aus der Haut und will das Mädchen davonjagen. Wie sich herausstellt, hatte der Arzt ihr aufgetragen, die Pantoffeln so weit wie möglich dorthin zu werfen, um den Dicken zu kurieren.

Rezensent N. lebt mit der Schauspielerin X. Benefizvorstellung. Das Stück erbärmlich, das Spiel unbegabt, aber N. muß loben. Er schreibt kurz: »Stück und Benefiziantin hatten großen Erfolg. Einzelheiten morgen.« Hat die letzten beiden Worte geschrieben und atmet erleichtert auf. Am folgenden Tag kommt er zu X., die öffnet die Tür, läßt sich küssen und umarmen und sagt dann mit giftiger Miene: »Einzelheiten morgen.«

Ein junger Mann hatte eine Million Mark beisammen, legte sich darauf und erschoß sich.

Otto A. Böhmer

Der Verwalter seines Lebens

Um die eigene Person machte Čechov gern einen Bogen; sie war für ihn nicht der Rede wert. Ein Lebenslauf, den der damals 32jährige Čechov 1892 verfaßte, fällt bereits entsprechend wortkarg aus: »Geboren wurde ich 1860 in Taganrog. 1879 beendete ich das Gymnasium in Taganrog. 1884 beendete ich das Studium an der Medizinischen Fakultät der Universität Moskau. 1888 bekam ich den Puškin-Preis. 1890 unternahm ich eine Reise nach Sachalin durch Sibirien und zurück übers Meer. 1891 unternahm ich eine Tournee durch Europa, wo ich sehr guten Wein getrunken und Austern gegessen habe... Zu schreiben begann ich 1879... Ich habe auch im dramatischen Fach gesündigt, wenn auch mit Maßen... In die Mysterien der Liebe eingeweiht wurde ich, als ich 13 Jahre alt war. Mit meinen Kollegen, Medizinern wie Literaten, pflege ich ausgezeichnete Beziehungen. Junggeselle.«

Damit ist alles gesagt, was Čechov, mit Blick auf die eigene Person, die ihm dennoch wertvoll war, für mitteilenswert hält. Sein Ich bleibt bedeckt, er nennt es sein ›Departement‹, in dem er die dezente Selbstverwaltung probt. Für andere ist sein Departement uninteressant, glaubt er; das Ich, das sich auch bei intensivstem Grübeln nie ganz begreifen und durchschauen kann, hat genug mit sich selbst zu tun. Es ist vermintes Gelände; auf ihm muß man seine Schritte vorsichtig setzen und sich nicht unnötig in Gefahr begeben. Daß Čechov lieber die Welt in den Blick nimmt als sich selbst, hat nicht nur mit persönlicher Disposition, sondern auch mit Herkunft und Erfahrung zu tun. Seine Kindheit findet praktisch nicht statt, seine Jugend ist hart, entbehrungsreich, freudlos; dennoch entwickelt er eine Art sonniges Gemüt. Er ist witzig, versteht sich darauf, auch der unwürdigsten Situation noch etwas Komisches abzugewinnen. Dabei hat er im Grunde nichts zu lachen: Zu Hause herrscht der Vater, ein unablässig frömmelnder, ehemaliger Leibeigener, der seine Frau und die sechs Kinder verprügelt, vor den Reichen und Mächtigen aber buckelt und kriecht. In Taganrog,

81

dem Geburtsort Čechovs am Asowschen Meer, betreibt er einen Kramladen, der weniger als das Nötigste abwirft; die Familie lebt in bitterster Armut, was Čechov nie vergessen hat. Einem Schriftsteller, der ihn um Rat fragt, empfiehlt er: »Schreiben Sie doch mal eine Erzählung darüber, wie ein junger Mensch, Sohn eines Leibeigenen, seinerzeit Ladenschwengel, Kirchensänger, Gymnasiast und Student, erzogen zur Ehrfurcht vor Ranghöheren, zum Küssen von Popenhänden, zur Verbeugung vor fremden Gedanken, zur Dankbarkeit für jedes Stückchen Brot, oft verprügelt, ohne Galoschen zum Unterricht gegangen..., der ohne Notwendigkeit geheuchelt hat vor Gott und den Menschen, nur aus dem Bewußtsein seiner Minderwertigkeit – schreiben Sie, wie dieser junge Mensch tropfenweise den Sklaven aus sich herauspreßt und wie er eines schönen Morgens aufwacht und spürt, in seinen Adern fließt kein Sklavenblut mehr, sondern echtes, menschliches...«

Čechov hätte diese Erzählung selbst schreiben können, aber das wäre ihm zu nah am Departement seines Ich gewesen. Er wählt, mit zeitlichem Abstand und beträchtlichem Wiedererkennungswert, die literarische Verfremdung, um die Qualen der Kindheit in prägnante Bilder zu fassen, die mehr sind als Erinnerungsstückwerk. In seinem 1895 erschienenen Kurzroman *Drei Jahre* heißt es: »Ich entsinne mich: Mein Vater begann mich zu unterrichten oder, einfacher gesagt, zu prügeln, da war ich noch keine fünf Jahre. Er züchtigte mich mit Ruten, zog mich an den Ohren, schlug mich auf den Kopf, und jeden Morgen, wenn ich aufwachte, dachte ich zuallererst: Wird man mich heute prügeln? Zu spielen und ausgelassen zu sein war mir verboten; wir mußten zur Frühmesse und zum Mittagsgottesdienst gehen, den Popen und Mönchen die Hände küssen, zu Hause Lobgesänge lesen... Wenn ich an einer Kirche vorbeigehe, fällt mir meine Kindheit ein und mir wird unheimlich zumute.«

Tullio Pericoli

Es ist erstaunlich, wie Čechov seine unheimliche Kindheit gemeistert hat. Er läßt sich kaum je unterkriegen, wappnet sich mit scharfsichtigem Frohsinn, aus dem heraus er die Leute ins Visier nimmt und gleichzeitig in Deckung bleibt. In der Familie ist er der ruhende Pol; sogar der jähzornige Vater kapituliert auf Dauer vor der als Gutmütigkeit getarnten

Charakterstärke seines drittältesten Sohnes. Anton Čechov schließt die Schule ab und beginnt ein Medizinstudium in Moskau. Da sein Witz und seine Wortfertigkeit inzwischen bekannt geworden sind, schreibt er, und zwar in schnellem Ausstoß, pointierte Kurzgeschichten und Humoresken. Die Honorare, die er dafür einstreicht, sind karg, aber die Menge macht's: Čechov wird zum Ernährer der Familie, die schon vor ihm nach Moskau gezogen ist. Der Vater hat nämlich in Taganrog mit seinem Kramladen, trotz illegalen, gut gehenden Wodkaausschanks, Pleite gemacht und gibt sich nun zusehends kleinlauter; auch seine Wutanfälle lassen, krankheits- und altersbedingt, nach. Im Mai 1884 wird Čechov zum Doktor der Medizin promoviert, und obwohl er dieses Ereignis allenfalls scherzhaft kommentieren möchte, ist er doch stolz darauf. Die Medizin bedeutet ihm viel; von ihr hat er gelernt und lernt er weiterhin, auch für die Literatur. So ist es für ihn selbstverständlich, daß er zwei Haupterwerbszweigen nachgeht, die sich, wie er glaubt, trefflich ergänzen: »Die Medizin ist meine gesetzliche Ehefrau, die Literatur meine Geliebte. Wenn mir die eine auf die Nerven fällt, nächtige ich bei der andern. Das ist meinetwegen unanständig, aber dafür nicht langweilig. Und darum verlieren auch beide nicht durch meinen Treuebruch. Hätte ich nicht meine Medizin, so würde ich in meinen

Mußestunden meine überflüssigen Gedanken wohl kaum der Literatur widmen...«

Die eigentliche Wende in Čechovs Leben tritt ein, als er im März 1886 einen Brief des damals berühmten Schriftstellers Dimitrij Grigorovič erhält, der zur literarischen Hochkultur zählt, während Čechov, mit Hang zum Understatement, sich bestenfalls für einen wendigen Witzblatt-Autor hält. Grigorovič aber sieht das ganz anders; er glaubt an Čechovs Fähigkeiten und legt ihm nahe, endlich etwas Vernünftiges daraus zu machen. Čechov ist begeistert von diesem Brief. So sehr hat es ihm die Ermutigung angetan, daß er seinen nüchternen Realitätssinn für einen Moment vergißt und sich zu einem überschwenglichen Antwortschreiben hinreißen läßt: »Ihr Brief, mein guter, heißgeliebter Freudenkünder, hat mich getroffen wie der Blitz. Ich hätte beinahe angefangen zu weinen, wurde ganz aufgeregt und spüre jetzt, daß er eine tiefe Spur in meiner Seele hinterlassen hat... Sie wissen, mit welchen Augen normale Menschen auf die Auserwählten sehen, wie Sie es sind; dann können Sie ermessen, was Ihr Brief für mein Selbstgefühl bedeutet. Er ist mehr als jedes Diplom, für einen angehenden Schriftsteller ist er ein Honorar auf die Gegenwart und Zukunft... Ich habe nicht die Kraft zu beurteilen, ob ich diese hohe Belohnung verdient habe oder nicht... Bisher habe ich mich gegenüber meiner literarischen Arbeit überaus leichtsinnig, sorglos, unbesonnen verhalten. Ich erinnere mich an keine einzige Erzählung, an der ich länger als vierundzwanzig Stunden gearbeitet hätte... Wie Reporter ihre Berichte über Feuersbrünste schreiben, schrieb ich meine Erzählungen: mechanisch, halb bewußt, ohne an den Leser zu denken oder an mich selbst.«

Damit soll nun Schluß sein. Čechov, von einem verehrten Kollegen ermuntert, den heute kaum einer noch kennt, ist entschlossen, ein ernsthafter, mit Bedacht arbeitender Literat zu werden. Das aber ist leichter gesagt als getan. Seine bisherige Betätigung als Humorist und Künstler der kleinen, Effekt haschenden Form war er nicht freiwillig, sondern aus wirtschaftlichen Erwägungen eingegangen. Čechov hat eine Familie zu unterhalten. Auch als Arzt verdient er nicht viel; da er am liebsten die Ärmsten der Armen behandelt, verbietet es ihm sein Anstand, Rechnungen auszustellen. Er selbst ist vor Krankheit nicht gefeit, im Gegenteil: Obwohl er die Diagnose verdrängt, ahnt er längst, daß er Schwindsucht hat; gegen sie gibt es nur tapfere Gegenwehr, aber noch kein Allheilmittel. Čechov hat zeit seines Lebens mit der Tuberkulose zu kämpfen, und er weiß, daß er am Ende unterliegen wird. Wenn man sich nach seinem Befinden erkundigt, antwortet er betont munter; das Thema ist ihm,

mit Blick auf sein abgeschottetes Ich, suspekt.

Die äußere Anerkennung nimmt kontinuierlich zu; im Herbst 1888 erhält er den angesehenen Puškin-Preis, was er gewohnt bescheiden kommentiert: »Der Preis ist für mich natürlich ein Glück, und wenn ich sagen würde, daß er mich nicht in Aufregung versetzte, so würde ich lügen. Ich fühle mich, als hätte ich ein Studium abgeschlossen... Gestern und heute laufe ich von einer Ecke in die andre, wie ein Verliebter, arbeite nicht und denke nur nach. Natürlich, das steht außer jedem Zweifel, habe ich den Preis nicht mir zu verdanken. Es gibt junge Schriftsteller, die besser und nützlicher sind als ich...«

Čechov gehört nun zu den angesehensten Schriftstellern Rußlands. Man sieht in ihm nicht mehr den literarisch versierten Witzbold, der das Menschliche, Allzumenschliche zu ansehnlichen Miniaturen verwebt, sondern erkennt auch seine sonstigen Qualitäten. Dabei ist nicht zu verkennen, daß die Botschaft, die der Autor Čechov vermittelt, eigentlich enttäuschend genannt werden muß; sie besagt nämlich, daß es keine Wahrheit gibt, die ganz zweifelsfrei wäre. Der Mensch ist für sich selbst verantwortlich, sein Wissen, auch wenn es von höherer Warte aus abgesegnet erscheint, verhilft ihm weder zu dauerhafter Würde noch zu einer respektablen Lebensstellung auf Erden. Gerade das aber, der Umgang mit einem brandbeschleunigten und zugleich brüchigen Wissen, ist unter Umständen nur die russische Variante einer speziellen Intellektuellenkrankheit, die man als aufgeklärten Überdruß, als Langeweile um jeden Preis bezeichnen könnte.

Allerdings hat die Krankheit, um die es geht, eine Ursache, die in der Seele des Menschen liegt, weniger in seinem Intellekt. Ihre zeitlose Zustandsbeschreibung liest sich so: »Wir haben weder Nah- noch Fernziele, unser Herz ist wie leergefegt. Wir haben keine Politik, an eine Revolution glauben wir nicht, wir haben keinen Gott, wir haben keine Angst vor Gespenstern…, nicht einmal Angst vor dem Tod oder dem Erblinden… Ob dies eine Krankheit ist oder nicht – es geht nicht um die Bezeichnung, sondern um das Eingeständnis unserer Lage… Für unsereinen ist diese Zeit brüchig, sauer, langweilig… Uns fehlt das ›Etwas‹…«

Anton Čechov stirbt am 2. Juli 1904 im sehr deutschen Kurort Badenweiler. Der Kampf gegen die Tuberkulose, der längst ein ungleicher Kampf geworden war, geht mit zwei Herzanfällen zu Ende; das Departement seines Ich wird endgültig geschlossen. »Ich bin nur der Verwalter, nicht der Herr meines Lebens gewesen«, hat er zuvor noch gesagt, und das gilt für jeden für uns, auch wenn wir uns gern

herrschaftliche Attitüden zulegen. Čechov ist ein wunderbarer, sparsam wirtschaftender Sprachkomponist gewesen, der nicht nur das eine, oft variierte Lied von der Lethargie des denkenden Menschen schrieb, sondern auch die Wehmütigkeit nachzeichnete, wie sie über der Steppe, über russischem Land, ja: überm Seelenland liegt und sich noch immer verbreitet: »Kaum ist die Sonne untergegangen und die Erde in Finsternis gehüllt, da ist die Schwermut des Tages vergessen und verziehen, und die Steppe atmet leicht, aus voller Brust. Wohl weil das Gras im Dunkeln sein eigenes Alter nicht gewahrt, stimmt es ein heiteres und frisches Zirpen an, wie niemals am Tage… In der Dämmerung ist alles zu sehen, nur die Farben und Umrisse der Gegenstände sind schwer zu unterscheiden. Alles scheint anders, als es ist. Man fährt und sieht plötzlich vorn am Wege eine Silhouette stehen, die an einen Mönch erinnert, er bewegt sich nicht, hält etwas in der Hand und scheint zu warten… Die Gestalt nähert sich, wächst, schon hat sie die Kalesche erreicht und man sieht, es ist kein Mensch, sondern ein einzelner Strauch oder ein großer Stein. Solche unbeweglich wartenden Gestalten stehen auf den Hügeln, verstecken sich hinter den Hünengräbern oder schauen aus dem Gestrüpp hervor, und alle haben sie Ähnlichkeit mit Menschen und erwecken Mißtrauen.«

Erinnerungen an Čechov
Zweiter Teil: Von Maksim Gorkij und Aleksej Suvorin

Ich hatte den Eindruck, als ob jeder Mensch in Anton Pavlovičs Gegenwart unwillkürlich das Bestreben in sich fühlte, einfacher und aufrichtiger, mit einem Wort – mehr er selbst zu sein, und ich konnte öfter beobachten, wie die Leute, die ihn besuchten, im Gespräch mit ihm all den bunten Tand ihrer Bücherphrasen, Modewörter und sonstigen billigen Zierate von sich warfen, mit denen der Russe, in dem Bestreben, als Europäer zu erscheinen, sich so gern schmückt wie der Wilde mit Muscheln und Fischzähnen. Anton Pavlovič war ein entschiedener Feind jedes solchen Ausputzes; alles Bunte, Schreiende, Fremdartige – alles, mit einem Wort, was den Leuten dazu dienen soll, die Wichtigkeit ihrer Person zu unterstreichen, beunruhigte ihn, und ich habe bemerkt, daß er jedesmal, wenn er einen Menschen in solcher Maskierung vor sich sah, ihn am liebsten von dem überflüssigen Flitter befreit hätte, der sein wahres Wesen, sein wahres Gesicht verbarg. Sein ganzes Leben lang ist Čechov sich selbst treu geblieben, stets war er innerlich frei und unabhängig, nie hat er auf das Rücksicht genommen, was die andern von Anton Čechov erwarteten oder gar forderten. Er war ein Feind aller Gespräche über sogenannte »höhere« Fragen, mit denen der gute »russische Mensch« sich gar zu gern tröstet und erquickt, wobei er nur das eine vergißt, daß es lächerlich ist und durchaus nicht geistreich, über die Samtkostüme der Zukunft zu disputieren, wenn man in der Gegenwart nicht einmal ein Paar ordentliche Hosen am Leib hat.

Wie er selbst in seinem ganzen Wesen von einer schönen, natürlichen Schlichtheit war, so liebte er auch alles Schlichte, Echte, Aufrichtige, und er besaß ein eigenes Geschick, die Menschen auf das Schlichte und Echte hinzuleiten.

Ich erinnere mich noch, wie ihn eines Tages drei elegant gekleidete Damen besuchten: das Knistern ihrer seidenen Röcke und der starke Duft ihrer Parfüms erfüllte sein Arbeitszimmer; geziert nahmen sie dem Hausherrn gegenüber Platz, taten, als ob sie sich Gott weiß wie sehr für die Politik interessierten, und begannen ihm »Fragen zu stellen«:

»Wie denken Sie über den Krieg, Anton Pavlovič? Wie wird er enden?«

Anton Pavlovič hustete, dachte ein Weilchen nach und antwortete dann ernst und freundlich:

»Vermutlich – mit einem Friedensschluß ...«

»Nun ja ... natürlich! Aber wer wird siegen? Die Griechen oder die Türken?«

»Ich glaube – der Stärkere wird siegen ...«

»Und wer ist nach Ihrer Ansicht der Stärkere?« fragten die drei Damen, sich förmlich überstürzend.

»Derjenige, der besser genährt und gebildeter ist ...«

»Ach, wie geistvoll!« rief die eine von den dreien.

»Und wen lieben Sie mehr – die Griechen oder die Türken?« fragte die zweite.

Anton Pavlovič sah sie freundlich an und versetzte mit liebenswürdigem, feinem Lächeln:

»Ich liebe... Marmelade. Und Sie – lieben Sie auch Marmelade?«

»Sehr!« rief die Dame lebhaft.

»Sie hat so ein feines Aroma!« bestätigte die andere ernst.

Und alle drei wurden nun ganz gesprächig und bekundeten in der Marmeladenfrage eine bewundernswerte Sachkenntnis und Erfahrung. Sie waren offenbar sehr zufrieden, daß sie ihren Verstand nicht anstrengen und ein besonderes Interesse für die Türken und Griechen, die ihnen bisher völlig gleichgültig gewesen waren, an den Tag zu legen brauchten. Und als sie fortgingen, versprachen sie vergnügt, Anton Pavlovič Marmelade zu schicken.

»Sie haben entzückend geplaudert«, sagte ich zu ihm, als wir allein waren.

Čechov in Jalta, 1900.

Er lachte still und sagte:

»Man braucht die Leute nur dahin zu bringen, daß sie reden, wie ihnen der Schnabel gewachsen ist...«

In seinen schwermütigen grauen Augen flimmerte es fast immer wie ein feiner Spott. Bisweilen jedoch nahmen diese Augen einen kalten, herben Ausdruck an; in solchen Momenten bekam seine geschmeidige, zu Herzen gehende Stimme einen härteren Klang, und ich glaube wohl, daß dieser bescheidene, sanfte Mensch nötigenfalls einer ihm feindlichen Macht mit dem gehörigen Nachdruck entgegen-zutreten gewußt hätte.

Ich habe keinen Menschen gesehen, der die Bedeutung der Arbeit als Grundlage der Kultur so tief und vielseitig empfunden hätte wie Anton Pavlovič. Dies kam bei ihm in allen Kleinigkeiten des Alltags zum Ausdruck, bei der Wahl von Gebrauchsgegenständen und in der edlen Liebe zu ihnen, die nicht müde wird, sich daran als an einem Erzeugnis des schöpferischen Geistes des Menschen zu ergötzen und dabei das Streben nach Anhäufung völlig ausschaltet. Er liebte es zu bauen, Gärten anzulegen, die Erde zu verschönern, er fühlte die Poesie der Arbeit. Mit welcher rührenden Sorge beobachtete er, wie die von ihm gepflanzten Obstbäume und Ziersträucher in seinem Garten wuchsen!

Die Krankheit rief manchmal bei ihm eine schwer-mütige Stimmung hervor, ja sogar die eines Misanthropen. An solchen Tagen war er launisch in seinem Urteil und schwierig im Verhalten zu den anderen Menschen.

Einmal lag er auf dem Diwan, trocken hüstelnd und mit dem Thermometer spielend, und sagte:

»Es ist überhaupt nicht amüsant zu leben, nur um zu sterben; aber zu leben, wenn man weiß, daß man vorzeitig sterben muß – das ist schon ganz dumm...«

Čechov in Melichovo, April 1897.

Ein anderes Mal, als er am offenen Fenster saß und in die Ferne, auf das Meer schaute, sagte er auf einmal böse:

»Wir sind gewöhnt, von Hoffnungen auf schönes Wetter, gute Ernte, einen angenehmen Roman zu leben, von Hoffnungen, reich zu werden oder die Stelle eines Polizeimeisters zu bekommen; aber ich merke bei den Menschen nichts von der Hoffnung, klüger zu werden. Wir denken: unter dem neuen Zaren wird es besser, und nach zweihundert Jahren – noch besser, und niemand bemüht sich darum, daß dieses Bessere morgen eintritt. Übrigens wird das Leben mit jedem Tag komplizierter und bewegt sich von selbst irgendwohin, aber die Menschen verdummen merklich, und immer mehr Menschen bleiben abseits vom Leben.«

Er war Arzt, und die Krankheit eines Arztes ist stets schwerer als die seiner Patienten; die Patienten fühlen nur, aber der Arzt weiß auch einiges darüber, wie sein Organismus sich zersetzt. Dies ist einer von den Fällen, wo man sagen kann, daß das Wissen dem Tod näherbringt.

Gorkij zu Gast bei Čechov, 5. Mai 1900.   Zu Gast bei Tolstoj, Gaspra auf der Krim, 12. September 1897.

Einmal äußerte sich Tolstoj in meiner Gegenwart begeistert über eine Erzählung von Čechov, ich glaube *Herzchen*. Er sagte:

»Das ist wie Spitze, die ein keusches Mädchen geklöppelt hat; in der alten Zeit gab es solche Mädchen, Spitzenklöpperinnen, ›alte Mädchen, die ihr Leben guten Werken geweiht haben, aber nicht im Kloster leben‹; sie haben ihr ganzes Leben, alle ihre Träume von Glück in das Muster hineingelegt. Mit den Mustern träumten sie vom Liebsten, sie flochten ihre ganze unklare, reine Liebe in die Spitzen hinein.«

Tolstoj sprach sehr aufgeregt, mit Tränen in den Augen.

Čechov aber hatte an diesem Tag erhöhte Temperatur, er saß mit roten Flecken auf den Wangen da und neigte den Kopf und wischte seinen Kneifer. Lange schwieg er, endlich sagte er aufseufzend leise und befangen:

»Es sind – Druckfehler drin...« (Maksim Gorkij)

Er war eine feinfühlige, stolze und unabhängige Natur. Tief in ihr verborgen lag etwas Selbstaufopferndes. Zu schreiben begonnen hatte er noch als Student; seine Eltern, denen noch andere Söhne und eine Tochter auf der Tasche lagen, lebten in armen Verhältnissen, und ihn hat es furchtbar bekümmert, daß für den Namenstag der Mutter nichts im Hause war, um eine Torte zu backen. Er schrieb eine Erzählung und brachte sie fort, ich glaube, zum *Budilnik.* Die Erzählung wurde gedruckt, und für die wenigen Rubel Honorar wurde der Namenstag der Mutter begangen.

Als seine Krankheit noch nicht erkannt war, zeichnete er sich durch außergewöhnliche Lebensfreude aus, durch den Wunsch zu leben und sich zu freuen. Obgleich sein erstes Buch, die *Dämmerungen,* und das zweite, die *Mürrischen,* bereits andeuteten, welche Struktur sein Werk annehmen würde, äußerte er selbst noch keinerlei Melancholie, nicht die leiseste Neigung zu Pessimismus. Alles Lebendige, Erregende und sich Erregende, alles Grelle, Fröhliche, Poetische liebte er, in der Natur wie im Leben. Ständig träumte er von Reisen, und hätte er einen Reisegefährten gehabt, er wäre nach Amerika und nach Afrika gereist. Wir waren zweimal zusammen im Ausland. Beide Male haben wir Italien gesehen. Die Kunst, Statuen, Bilder und Tempel interessierten ihn wenig, aber gleich nach der Ankunft in Rom wollte er in die Stadt, sich ins grüne Gras legen. An Venedig fesselte ihn dessen Originalität, aber mehr noch das Leben, die Serenaden, nicht der Dogenpalast usw. In Pompeji ging er gelangweilt durch die freigelegte Stadt – sie ist in der Tat langweilig –, aber sofort ritt er voller Vergnügen auf den Vesuv hinauf, eine äußerst schwierige Strecke, und wollte dem Krater so nahe wie möglich kommen. Friedhöfe haben ihn im Ausland überall interessiert – die Friedhöfe und der Zirkus mit seinen Clowns, in denen er die wahren Komiker sah. Dies bestimmte gleichsam die zwei Charakteristika seines Talents – das Traurige und das Komische, Kummer und Humor, Tränen und Lachen über die Lebenden und über sich selbst.

Ich habe ihn einmal in einem Brief (1894) gefragt: »Was soll der russische Mensch heute wünschen?« – »Hier meine Antwort«, schrieb er, »wünschen. Er braucht vor allem Wünsche, Temperament. Die Sauertöpfigkeit habe ich satt.« Das ist kurz und meinetwegen vage, aber ausdrucksstark und wahr. Er selbst hat immer gewünscht – den Fortschritt des russischen Lebens, starke Charaktere, Begabungen, er hat sein kurzes Leben lang immer die Sonne gewünscht und gesucht, und er starb, ohne je ein echtes Strahlen gesehen zu haben.« (Aleksej Suvorin)

Peter Urban

»*Entscheidend ist der Ton*«

Über die Kunst, Čechov zu übersetzen

Die Notwendigkeit, prominente Werke der Weltliteratur neu zu übersetzen, wird niemand ernstlich bestreiten. Diese Notwendigkeit gründet sich nicht auf dem oft dahergeplapperten Satz, daß sich jede Generation die ihr gemäße Übersetzung neu anfertigen müsse, sondern hat tiefere Gründe, zumal im Fall der russischen Klassiker.

Der deutsche, des Russischen nicht mächtige Leser kann, wenn er vergleicht, unmöglich entscheiden, was Tolstoj auf Seite 1 von *Anna Karenina* gemeint hat: ist der ›postojalyj dvor‹ des Originals nun ein ›Wirtshaus an der Landstraße‹ (Arthur Luther, Malik 1928); ein ›Gasthof‹ (Fred Ottow, Winkler 1955), gar ein ›Hotel‹ (Bruno Goetz, Manesse, 1952, 2003) oder, wie es bei Gisela Drohla (Insel 1966) richtig heißt, eine ›Herberge‹?

Einen Teil des Problems benannte schon der alte Turgenev in einem – deutsch geschriebenen – Brief an seinen Verleger Erich Behre 1874: »Der Herr Übersetzer hat eine höchst oberflächliche Kenntnis der russischen Sprache; jedes nicht ganz gewöhnliche Wort, jede etwas originelle Wendung ist ihm wildfremd, und er stürzt sich dann in das so mißliche Reich des ›Ungefähr‹, wobei die wunderlichsten, unglaublichsten Sachen herauskommen!! Z. B. da ist das Wort ›sajelka‹ – kleiner Teich, Pfütze. Der Herr Übersetzer kennt es nicht, aber das heißt pflanzen – also wahrscheinlich ist das Ding ein Baum. Gut. Man spricht aber von Enten… in einem Baum könnten Enten nicht plätschern… Also machen wir Tauben daraus. Und so wird getrost geschrieben: ›Tauben sitzen auf einem schattigen Baum‹ – anstatt ›Enten plätschern in einer schmutzigen Pfütze‹, et sic infinitum!«

Ein anderer Teil des Problems ist die selbstherrliche Arroganz deutscher Übersetzer aus dem Russischen, das, was Dieter E. Zimmer »Kulturchauvinismus« genannt hat. So ist Anton Čechovs berühmte Humoreske *Smert' cinovnika* bis 1904 unter fünf verschiedenen Titeln erschienen: *Der Tod des Beamten, Der Tod des Tschniwik, Bureaukratentod, Tragikomisch* und *Hatschi!!* Von »Genauigkeit«, die schon Puškin von der Prosa verlangte und auf der auch Čechov bestand, kann da keine Rede sein.

Wenn Ottow, dessen Puškin-Übersetzung, vormals Winkler, heute noch bei DTV lieferbar, aus dem schlanken Satz: »Pelze und Mantillen blinkten an dem majestätischen Portier vorüber«, macht: »die Gäste in kostbaren Pelzen und Mänteln eilten die Treppenstufen hinauf und verschwanden hinter dem gravitätischen Portier im Portal«, wird klar: Der deutsche Leser kann bis heute noch nicht wissen, wie die Klassiker der Russen geschrieben haben. Mit dem Übersetzen ihres Stils, ihrer Formen und Strukturen stehen wir erst ganz am Anfang.

Wie konnte Čechov in nur 100 Jahren zu einem weltweit anerkannten Klassiker der Bühne werden?

Ich denke, er ist nach Shakespeare der wahrhaftigste Menschendarsteller in der ganzen Dramenliteratur – und wir haben seit Čechov auch viel dazu gelernt. Noch Ende der 60er Jahre meinte jeder, den Erzähler Čechov zu kennen. Das hat sich inzwischen total umgekehrt: Als Erzähler ist er weniger präsent, aber als Bühnenautor allgegenwärtig. Deswegen beginnen wir die Diogenes-Neuausgabe im nächsten Jahr auch mit Čechovs Prosa.

Wie kamen Sie zu Čechov?

Ich war als Lektor beim Suhrkamp Verlag tätig, und 1966 wurde da über den 10. *Spectaculum*-Band gesprochen. Unseld wollte ein Spectaculum ›Theater des 20. Jahrhunderts‹ herausgeben. Da sagte ich als Jüngster mit leiser Stimme: »Dann muß das erste Stück darin *Der Kirschgarten* sein.« Und Karlheinz Braun und alle guckten mich an, als wäre ich vom Mond gefallen. Einige von Suhrkamp, Karlheinz Braun, Wolfgang Wiens, darunter auch ich, haben dann 1969 den Verlag der Autoren gegründet. Das war die Zeit, wo Čechov vom Theater gerade entdeckt wurde. (Damals haben sich die Theater auch noch seriös um neue Übersetzungen gekümmert und neue Übersetzungen in Auftrag gegeben. Das ist ja heute ganz anders; da schreibt sich der Regisseur aus acht vorhandenen Übersetzungen seine neunte zusammen.) Da fragte mich Karlheinz Braun: »Du hast doch damals etwas von Čechov gesagt. Willst du den jetzt nicht überset-

F. W. Bernstein

zen?« So fing das bei mir mit Čechov an – ausgerechnet mit dem *Kirschgarten*, dem kompliziertesten und beziehungsreichsten Stück.

Aber Čechov wurde doch auch schon vorher gespielt.

In den 50er und 60er Jahren haben viele Regisseure gesagt: »Das ist nicht spielbar. Eine so merkwürdige Sprache!« Und Noelte hat sich selber, zusammen mit dem Übersetzer, für seine Inszenierungen die Guenther-Übersetzungen zurecht gestöpselt. Man dachte damals, diese seltsame Sprache sei Ausdruck der komischen, verqueren russischen Seele. Dabei lag es an den Übersetzern: Nach 1917 kamen Baltendeutsche nach Deutschland; die waren ohne philologische Ausbildung und sagten sich: »Was kann ich? Ich kann Russisch, ich kann Deutsch, also kann ich übersetzen.« Zum großen Teil waren es auch selbst Schriftsteller. Guenther hat Romane geschrieben, auch Bergengruen. Sie haben den übersetzten Originalen ihren eigenen Stil übergestülpt.

Welche Mängel hatten Ihre eigenen Čechov-Übersetzungen?

In der ersten Variante, der Übersetzung aus den 70er Jahren, habe ich es noch nicht geschafft, die Struktur seiner Sprache zu übersetzen. Vor allen Dingen in bezug auf Čechovs Hauptanliegen: der Kürze. Als ich dann merkte, daß ich im Dialog, der eben sehr einfach und karg ist, mit weniger Wörtern auskomme, sah ich die Notwendigkeit, diese Übersetzung (in den 90er Jahren) zu revidieren.

F. W. Bernstein

Die Sprache in Čechovs Stücken wirkt relativ unauffällig: keine prägnanten Verse wie Sophokles oder Shakespeare, keine poetischen Verknappungen wie bei Beckett oder Sprachmusik wie bei Thomas Bernhard. War er seiner Zeit voraus schon beim Fernsehspiel angelangt? Oder hat er eine umgangssprachlich wirkende, differenzierte Kunstsprache geschaffen?

Es ist ein schlichtes, gepflegtes Salon-Russisch, das bei ihm vorherrscht. Mit vielen Witzen und versteckten Zitaten, aber ein ganz schlichtes Russisch. Die Sätze sind sehr rhythmisch gegliedert. Čechovs Prosa ist so gebaut, daß das letzte Wort eines Satzes den logischen Anschluß für den Beginn des nächsten Satzes bildet. Und wenn man das in der Übersetzung nicht mitmacht, dann zerstört man die ganze Struktur. Die innere Logik des Textes muß man zu bewahren versuchen, und das ist möglich. Entscheidend ist der Ton. Die Wiederholungen, von Akt zu Akt, sind im Dialog Čechovs konstitutiv. Die können, wenn herumgeschmiert wird, verloren gehen.

Sie meinen eine Art leitmotivisch gebrauchter Worte?

Ja, genau. Einzelne Worte werden durch den Text geführt. Und diese Struktur muß man natürlich erhalten. Da kann man nicht mit dem Synonyma-Lexikon herangehen. Sowohl in den Theaterstücken als auch in den Erzählungen gibt es kaum ein Wort, das nur einmal, gleichsam zufällig vorkommt. Ich habe gerade ein Buch mit Kindergeschichten Čechovs zusammengestellt. Und auch da konnte ich wieder feststellen, wie geschickt und unauffällig er Worte durch den Text führt und manchmal auch in einer anderen Bedeutung verwendet – davor steht der Übersetzer dann natürlich machtlos. Diese Struktur ist Teil der Form, des Stils und muß in der Übersetzung erhalten werden. In gewisser Weise sind Korrespondenzen auch ein besonders Phänomen innerhalb der russischen Literatur: Da bezieht sich jeder Autor auf jeden. Seien es indirekte Zitate oder eine Namensnennung. Das hat alles eine große Bedeutung.

Wie ist Čechov politisch einzuordnen?

Er war ein unheimlich aufmerksamer und neugieriger Beobachter. In einem Brief beschreibt er sein künstlerisches Programm: »Ich möchte ein freier Künstler sein und nichts weiter…« 1892 hat er geschrieben: »Wenn die Sozialisten die Cholera für ihre Zwecke einspannen, dann sind das verächtliche Menschen.« Ich glaube, es gibt keinen unabhängigeren Menschen dieser Zeit als ihn.

Lebensrezepte hielt der Arzt Čechov in seinen Stücken und Erzählungen also nicht parat.

Čechov wollte, daß die Theaterzuschauer begreifen, daß das Leben, das sie führen, nicht das Richtige ist. Er selbst war immer dagegen, Literatur mit Tendenz oder Anklage zu verfassen. Er wollte vorführen, wie die Menschen leben. Privat hat er eine Antwort gegeben, indem er unablässig als Arzt tätig war. Bei den Bauern in seinem Wohnort Melichovo hat sich bald herumgesprochen: »Wir haben hier einen Doktor, einen besseren findest du in ganz Moskau nicht.« Seine Schulneubauten waren vor Ort eine große Sache. Und in Jalta hat er Sammlungen für mittellose Tuberkulose-Kranke veranstaltet.

Erinnerungen an Čechov

Dritter Teil: Von Ivan Bunin

Ich fragte seine Mutter und seine Schwester: »Sagen Sie, hat Anton Pavlovič jemals geweint?« – »Nie«, erwiderten beide bestimmt. Bemerkenswert.

Ich habe ihn in Moskau kennengelernt, Ende des Jahres 95. Wir sahen uns damals nur sporadisch, und ich würde es nicht erwähnen, wären mir nicht einige seiner bezeichnenden Sätze in Erinnerung geblieben. »Schreiben Sie viel?« fragte er mich einmal. Ich antwortete, ich schriebe wenig. »Falsch«, sagte er beinahe unwirsch mit seiner tief aus der Brust kommenden Stimme. »Man muß arbeiten, wissen Sie ... ohne die Hände ruhen zu lassen ... das ganze Leben lang.«

Er schwieg eine Weile und setzte ohne ersichtlichen Zusammenhang hinzu: »Meiner Meinung nach sollte man, wenn man eine Erzählung geschrieben hat, den Anfang und den Schluß streichen. Da schwindeln wir Belletristen am meisten ...«

In Jalta gingen wir schweigend die Uferpromenade entlang und setzten uns in den Anlagen auf eine Bank. »Lieben Sie das Meer?« fragte ich. »Ja«, antwortete er. »Es ist nur schon

Spazierfahrt in Aksënovo, 1901.

sehr menschenleer.« »Das ist ja gerade das Gute«, sagte ich. »Ich weiß nicht«, antwortete er, durch die Gläser seines Pincenez irgendwohin in die Ferne blickend und offenbar seinen Gedanken nachhängend. »Meiner Meinung nach ist es gut, ein Offizier zu sein, ein junger Student... irgendwo an einem belebten Platz zu sitzen und fröhliche Musik zu hören...«

Wie es seine Art war, schwieg er eine Weile und setzte unvermittelt hinzu: »Es ist sehr schwer, das Meer zu beschreiben. Wissen Sie, welche Beschreibung des Meeres ich neulich in einem Schulheft gelesen habe? ›Das Meer war groß.‹ Nur das. Meiner Meinung nach ist das wunderbar.«

Böse habe ich ihn nie gesehen; er ärgerte sich selten, und wenn er sich doch einmal ärgerte, war er staunenswert imstande, sich zu beherrschen. Doch auch kalt habe ich ihn nie gesehen. Kalt war er, nach seine Worten, nur bei der Arbeit, an die er sich immer erst machte, wenn die Idee und die Figuren seines künftigen Werks ihm bereits vollkommen klar waren, und die er fast immer in einem Zug zu Ende brachte.

»Zum Schreiben hinsetzen soll man sich, wenn man sich kalt fühlt wie Eis«, sagte er einmal.

Von Zeit zu Zeit dachten wir uns zusammen Erzählungen aus: mal über einen heruntergekommenen despotischen Beamten, mal eine sentimentale Novelle mit Heldinnen namens Irlandija, Australija, Neuraligija, Hysterija – alles in dieser Art –, er glänzte mit Einfällen.

Manchmal zog er sein Notizbuch aus der Schreibtischschublade, schwenkte es in der Luft und sagte, den Kopf erhoben und mit den Gläsern des Pincenez funkelnd: »Genau hundert Sujets! Ja, gnädiger Herr! Da kommt ihr jungen Schriftsteller nicht mit! Wir sind Arbeiter! Wenn Sie wollen, verkaufe ich Ihnen ein paar!«

Er aß wenig, er schlief wenig. In seinen Zimmern herrschte eine erstaunliche Sauberkeit, sein Schlafzimmer ähnelte dem eines jungen Mädchens.

Ein Wintertag auf der Krim, grau, kühl, verschlafene dichte Wolken über dem Jailagebirge. Im Čechovschen Haus ist es still. Er sitzt ohne Pincenez am Schreibtisch im Arbeitszimmer und notiert etwas, säuberlich und ohne Eile. Dann steht er auf, zieht die Lederhalbschuhe und den Mantel an und geht irgendwohin, wo die Mausefalle steht. Er kommt zurück, eine lebende Maus an der Schwanzspitze haltend, tritt auf die Vortreppe hinaus und geht langsam durch den Garten bis zur Einfriedung, hinter der auf einer steinigen Anhöhe ein tatarischer Friedhof liegt. Behutsam wirft er die Maus dorthin und geht, aufmerksam die jungen Bäume betrachtend, zu der Bank mitten im Garten. Der Kranich und die beiden kleinen Hunde laufen hinter ihm her. Er setzt sich und neckt einen von ihnen, der sich zu seinen Füßen niedergeworfen hat, leicht mit dem Spazierstock und lächelt: auf dem rosigen Bäuchlein krabbeln Flöhe… Dann lehnt er sich zurück, hebt den Kopf und sieht in die Ferne, auf das Jailagebirge, und denkt nach. So sitzt er eine Stunde, anderthalb. Wieder beim Tee auf der Terrasse:

»Viele werfen mir vor, sogar Tolstoj hat mir vorgeworfen, daß ich über Unwesentliches schreibe, daß es bei mir keine positiven Helden gibt: Revolutionäre, Gestalten wie Alexander der Große oder zumindest, wie bei Leskov, einfach ehrliche Kreisrichter... Aber woher nehmen? Unser Leben ist provinziell, die Städte sind ungepflastert, die Dörfer arm, das Volk ausgelaugt... in der Jugend zwitschern wir alle begeistert, und wenn es auf die vierzig zugeht – sind wir schon Greise und denken an den Tod... Was sind wir schon für Helden!«

»Da sagen Sie, Sie hätten in meinen Stücken geweint... Und nicht nur Sie allein... Aber dazu habe ich sie doch nicht geschrieben. Ich wollte den Leuten nur ehrlich sagen: ›Seht euch an, seht, wie schlecht und langweilig ihr lebt!...‹ Die Hauptsache ist, daß die Leute das begreifen, und wenn sie es begriffen haben, werden sie sich auf jeden Fall ein neues, besseres Leben schaffen... Ich werde es nicht erleben, aber ich weiß, es wird ganz anders und dem heutigen nicht ähnlich sein... und solange es dieses Leben nicht gibt, werde ich den Leuten wieder und wieder sagen: ›Begreift doch, wie schlecht und langweilig ihr lebt!‹ Was gibt es da zu weinen?« Er erhob sich und sagte, das Gespräch beendend: »Gehen wir schlafen... Ein Gewitter zieht auf...«

Während des Gewitters erlitt er einen Blutsturz. Ich erinnere mich an eine Nacht im Vorfrühling auf der Krim. Es war schon spät; plötzlich werde ich ans Telefon gerufen. Ich gehe an den Apparat und höre Čechovs Stimme: »Gnädiger Herr, nehmen Sie sich einen guten Kutscher, und holen Sie mich ab. Lassen Sie uns spazierenfahren.« »Spazierenfahren? In der Nacht?« sagte ich verwundert. »Was ist los mit Ihnen, Anton Pavlovič?« »Ich bin verliebt.« »Das ist gut, aber es ist schon nach neun... Und nachher... Sie können sich erkälten...« »Junger Mann, sparen Sie sich Ihre Bedenken!«

Antka, die ›weiße Villa‹.

Zehn Minuten später war ich in Antka. In dem Haus, das Čechov im Winter nur mit seiner Mutter bewohnte, herrschten wie immer Totenstille und Dunkelheit – nur aus Jevgenija Jakovlevnas [Čechovs Mutter] Zimmer drang Licht durch den Türspalt, und im Arbeitszimmer brannten trübe zwei kleine Kerzen, die sich im Halbdunkel verloren. Wie stets krampfte sich mir das Herz zusammen beim Anblick dieses stillen Arbeitszimmers, in dem er so viele einsame Winterabende verbracht hatte.

»Was für eine Nacht!« sagte er mit selbst für ihn ungewöhnlicher Weichheit und einer Art trauriger Freude, als er mich auf der Schwelle des Arbeitszimmers begrüßte. »Und zu Hause – eine solche Langeweile! Lassen Sie uns nach Oreanda fahren. Und wenn ich mich erkälte – ich pfeife drauf!«

Die Nacht war warm, still, mit einem klaren Mond, leichten weißen Wolken und einigen wenigen strahlenden Sternen am tief dunkelblauen Himmel. Der Wagen rollte leicht über die weiße Chaussee, wir schwiegen und blickten auf die in mattem Gold glänzende Meeresfläche. Dann kam

Čechov und L. B. Javorskaja, Melichovo, 1893.

der Wald, schon frühlingshaft zart, schön und traumverloren, mit seinen feinen, einem Spinnennetz ähnlichen Schattenmustern. Schwarz tauchten die zu den strahlenden Sternen emporstrebenden Zypressen auf. Wir ließen den Wagen stehen und schritten still unter ihnen dahin, als Čechov plötzlich zu mir sagte: »Wissen Sie, wie viele Jahre man mich noch lesen wird? Sieben.« »Warum sieben?« fragte ich. »Nun, siebeneinhalb.« »Nein«, sagte ich. »Dichtung lebt lange, und je länger sie lebt, desto stärker wird sie.«

Er antwortete nicht, aber als wir uns irgendwo auf einer Bank niederließen, von der sich der Blick auf das im Mondlicht glänzende Meer öffnete, nahm er das Pincenez ab, sah mich mit seinen guten, müden Augen an und sagte: »Als Dichter, gnädiger Herr, gelten nur diejenigen, die Wörter benutzen wie ›silbrige Ferne‹, ›Akkord‹ oder ›in die Schlacht, in die Schlacht, auf zum Kampf gegen die finstre Nacht!‹«

»Sie sind heute traurig, Anton Pavlovič«, sagte ich und blickte in sein einfaches, gutmütiges, wunderbares Gesicht, das ein wenig blaß vom Mondlicht war.

Er hatte die Augen niedergeschlagen und grub gedankenverloren mit der Stockspitze kleine Steinchen aus, doch als ich sagte, daß er unglücklich wirke, sah er mich scherzhaft von der Seite an. »Der Unglückliche sind Sie«, entgegnete er. »Denn Sie haben sich für den Kutscher in Unkosten gestürzt.«

Dann fügte er ernst hinzu: »Lesen wird man mich trotzdem nur noch sieben Jahre, und zu leben habe ich noch weniger: sechs. Aber sagen Sie das bloß den Reportern aus Odessa nicht.«

Hierin irrte er: Er lebte keine sechs Jahre mehr.

Mit Olga Knipper in Jalta, 1902.

Györgos Dalos

Čechov in Badenweiler

Stanislavskij hatte die Idee, eine Büste des Schriftstellers an seinem letzten Aufenthaltsort aufstellen zu lassen. Dieses Čechov-Denkmal, ein Werk des Rußlanddeutschen Nikolaj von Schleifer, wurde 1908 in Badenweiler enthüllt, und selbst noch im Juli 1914 gedachten vor dieser bronzenen Büste Deutsche und Russen gemeinsam des zehn Jahre zuvor gestorbenen Autors. Drei Wochen später standen Deutschland und Rußland im Krieg miteinander, und die 40 Kilogramm Bronze wurden, wie ein streng vertrauliches Dokument kundtut, als »Kupfer für Heeresbedarf« eingeschmolzen. Sicherlich ist das keinem Denkmal von Friedrich dem Großen widerfahren, und vielleicht blieben sogar Goethe und Schiller verschont, aber der Schriftsteller aus dem Feindesland fand keine Gnade. Übrig blieb einzig das Fundament, und dies war bald von Unkraut überwuchert. Als Verlegenheitslösung stellte man 1964 »dem gütigen Menschen und Arzt, dem großen Schriftsteller Anton Čechov« einen Gedenkstein im Kurpark auf. Erst achtzig Jahre nach der Zerstörung der Büste machte sich jemand über die Wiederherstellung des Čechov-Denkmals im Schwarzwald Gedanken, und zwar der sachalinensische Lokalhistoriker Georgij Miromanov (1935-1992). Nach einem Besuch in Badenweiler 1989 startete er, bereits Direktor des von ihm gegründeten Čechov-Museums in Jushno-Sachalinsk, eine Kampagne für das Denkmal. Man sammelte Geld, damit das Museum dem sachalinensischen Bildhauer Čebotarjov einen Auftrag erteilen konnte.

Die Büste war bald fertig und die Stadt im Schwarzwald zum Empfang gerüstet. Allerdings fehlte zunächst ein geeignetes Transportmittel für die 15 000 Kilometer. Schließlich war ein Sponsor aus dem südrussischen Krasnodar bereit, dem Museum einen alten Militärjeep zur Verfügung zu stellen. Alles andere hat mir Temur erzählt, der Sohn von Miromanov und Leiter des Čechov-Museums der Stadt Aleksandrovsk:

»Aus Jushno-Sachalinsk flogen wir nach Moskau, und hier haben wir die Büste in unser Auto geladen. Im Jahr 1990 galt eine derartige Reise als durchaus exotisch. […] Wir fuhren über Kiew, Csop, Budapest, Wien und Salzburg. Am 3. Oktober 1990 um fünf Uhr morgens kamen wir in Badenweiler an. […] Wir parkten an einer Straße und warteten. Bald kam uns ein älterer, grauhaariger Herr entgegen. Er fragte auf englisch, ob ich Herr Miromanov sei. Es war Herr Bauert, der damalige Bürgermeister der Stadt, der uns gleich zu dem Ort führte, wo wir die Büste ausladen konnten. Ich erkundigte mich, woher er überhaupt von unserer Ankunft erfahren hätte. Er antwortete: Seit einer halben Stunde bekomme er aufgeregte Anrufe der Einwohner von Badenweiler, die wissen wollten, warum ein russischer Militärwagen im Zentrum der Stadt stehe. Erst anderthalb Jahre später, im Mai 1992, hat der neue Bürgermeister Karl-Eugen Engler das Denkmal in der Nähe des ursprünglichen Fundaments enthüllt.«

So wurde nach zwei Weltkriegen, zwei totalitären Staaten, nach Eisernem Vorhang und Mauer wenigstens symbolisch, wie man in Deutschland sagt, »ein Stück Normalität« wiederhergestellt – nicht mehr, aber auch nicht weniger.

Die letzte Unterkunft Čechovs in Badenweiler.

»Lieber Herr Keel, ich muß Ihnen etwas sagen, das mich derart empört und entsetzt, daß ich Sie sozusagen um Hilfe bitte. Ich lese kürzlich ein Inserat in der Basler Zeitung, in dem die Direktion des Park-Hotels in Badenweiler zum Besuch in die Tschechow-Bar einlädt. Das Park-Hotel in Badenweiler ist das Haus, in dem der Dichter 1904 starb.

Ich meine, wir müssen uns wehren gegen diese unüberbietbare Geschmacklosigkeit, wir müssen Tschechow, der in seinem Werk immer wieder auf die zerstörerische Wirkung des Alkohols hinwies (z.B. in der Möwe, 2. Akt, aber auch in Erzählungen), schützen.

Sie sind der Verleger Tschechows, vielleicht haben Sie eine Macht oder wissen einen Weg, diese Bezeichnung »Tschechow-Bar« verbieten zu lassen. Oder wenigstens in der Öffentlichkeit darauf hinweisen, was der Direktor dieses Hotels mit Tschechows Namen treibt.

Tschechow-Bar, das ist schlimmer als Mozart-Kugeln oder Schiller-Locken.

Brief an den Verlag von Hilde Z., vom 8. Oktober 1985

»Das Leben, das wir führen, ist idiotisch.«

Zitate aus Stücken von Anton Čechov

»Offen und direkt gesagt, das Leben, das wir führen, ist idiotisch…«
Lopachin in ›Der Kirschgarten‹

»Ich bin ein entwickelter Mensch, lese die verschiedensten bemerkenswerten Bücher, kann aber einfach nicht die Richtung begreifen, was ich im Grunde möchte, ob ich leben soll oder mich erschießen.«
Epichodov in ›Der Kirschgarten‹

»Als ich heute aufwachte, aufstand und mich wusch, da schien mir plötzlich, mir sei alles klar auf dieser Welt und ich wüßte, wie man leben soll.« *Irina in ›Die drei Schwestern‹*

»Das Leben! Warum leben wir nicht so, wie wir könnten?« *Platonov in ›Die Vaterlosen‹*

»In zweihundert, dreihundert Jahren wird das Leben auf der Erde unvorstellbar schön, wunderbar sein.«
Veršinin in ›Die drei Schwestern‹

»Oh, wo ist sie, wohin ist sie entschwunden, meine Vergangenheit, als ich jung war, froh und klug, als ich noch träumte und Schönes dachte, als Gegenwart und Zukunft noch von Hoffnung erhellt waren? Wovon werden wir, kaum daß wir angefangen haben zu leben, so langweilig, grau, uninteressant, träge, gleichgültig, nutzlos, unglücklich…« *Andrej in ›Die drei Schwestern‹*

»Sie sagten eben, Baron, man werde unser Leben groß nennen; aber die Menschen sind immer noch klein… Sehen Sie, wie klein ich bin. Also muß man mir zum Trost sagen, mein Leben sei groß, klarer Fall.« *Čebutykin in ›Die drei Schwestern‹*

»Die, die in ein-, zweihundert Jahren nach uns leben werden, werden sie mit einem guten Wort an uns denken? Njanja, sie werden nicht an uns denken!« *Astrov in ›Onkel Vanja‹*

»Oh, wenn das alles doch bald vorüber wäre, wenn es sich bald verändern würde, unser ungereimtes, unglückliches Leben.« *Trofimov in ›Der Kirschgarten‹*

»Ob du willst oder nicht, leben mußt du nun einmal…« *Sorin in ›Die Möwe‹*

Raymond Carver
Gedichte nach Čechov
Mit Vignetten von Tomi Ungerer

Raymond Carver verehrte Čechov. Als er mit Tess Gallagher, seiner zweiten Frau, späte Gedichte und Prosastücke, viele davon im Angesicht des Todes geschrieben, zu seinem letzten Buch, ›A New Path to the Waterfall‹, ordnete, stellte er mitten zwischen die eigenen Arbeiten Zitate aus Čechov-Erzählungen, die er beim Lesen angestrichen hatte.

Wie Diamanten

Der Morgen war herrlich. Die Sonne leuchtete hell, ihre Strahlen fielen wärmend auf die hier und da zurückgebliebenen, weißschimmernden Schneereste. Der Schnee, der von der Erde Abschied nahm, funkelte wie ungezählte Diamanten, so daß einem vom Hinsehen die Augen schmerzten. Daneben aber schossen bereits die grünen Halme des jungen Wintergetreides auf. Schwerfällig flogen Saatkrähen über die Felder. Ließ sich eine dieser Krähen in vollem Flug auf die Erde nieder, so hüpfte sie erst noch ein paarmal, ehe sie sicher auf dem Boden stand.

Ein Alpdruck

Vorahnung

»Ich habe so eine Vorahnung... Mich bedrückt eine seltsame, dumpfe Vorahnung. So, als erwarte mich der Verlust eines geliebten Menschen.«

»Sind Sie verheiratet, Doktor? Haben Sie Angehörige?«

»Keine Menschenseele. Ich bin allein und habe nicht einmal Bekannte. Sagen Sie, gnädige Frau, glauben Sie an Vorahnungen?«

»O ja, ich glaube an Vorahnungen.«

Perpetuum mobile

Fliehen Sie nicht

Rosig, glücklich, mit tränenfeuchten Augen, in Erwartung von etwas Ungewöhnlichem drehte sich Nadja im Tanz, ihr weißes Kleid bauschte sich und ließ ihre kleinen, schönen Füße in den fleischfarbenen Strümpfen sehen... Varja war sehr zufrieden, nahm Podgorins Arm und sagte halblaut und mit bedeutungsvoller Miene:

»Miša, fliehen Sie nicht vor Ihrem Glück. Ergreifen Sie es, solange es sich selbst in Ihre Hand begibt; später werden Sie ihm nachlaufen, aber dann wird es zu spät sein, und Sie holen es nicht mehr ein.«

Bei Bekannten

Zwei Schlitten

Wieder die schnelle Fahrt, die sonderbare Stimme des betrunkenen Nikanor, der Wind und der lästige Schnee, der in Augen, Mund und alle Falten des Pelzes drang... Der Wind pfiff, die Kutscher schrien, und bei diesem wilden Lärm erinnerte ich mich an alle Einzelheiten dieses seltsamen, stürmischen, in meinem Leben einzigartigen Tages, und es kam mir vor, als hätte ich tatsächlich den Verstand verloren oder aber sei ein anderer Mensch geworden. Es war, als sei derjenige, der ich bis heute war, schon fremd geworden...

Meine Frau

Gesang aus der Ferne

Weil Sonntag war, wurde in der Schenke ein Hering gekauft und aus dem Heringskopf eine Suppe gekocht. Um die Mittagsstunde setzten sich alle zusammen und tranken Tee, und sie tranken lange, bis ihnen der Schweiß ausbrach und sie ganz aufgedunsen schienen; erst dann aßen sie die Suppe, alle aus einem Topf. Den Hering aber hatte die Babka weggestellt.

Am Abend brannte der Töpfer sein Geschirr am Abhang. Unten auf der Wiese tanzten dei Mädchen Reigen und sangen dazu. Jemand spielte auf der Ziehharmonika. Auf der anderen Flußseite brannte ebenfalls ein Ofen, und die Mädchen sangen, aus der Ferne erschien dieser Gesang harmonisch und lieblich. In der Schenke und davor lärmten die Bauern; sie sangen mit trunkenen Stimmen jeder für sich und beschimpften einander... Und die Kinder und Mädchen hörten sich das wüste Schimpfen ohne Verlegenheit an, man merkte, daß sie es von der Wiege an gewohnt waren.

Die Bauern

Nach dem Feuer

In die Stube trat ein kleiner, glatzköpfiger Alter, der Koch des Generals Żukov, dessen Mütze verbrannt war. Er setzte sich, hörte zu und begann ebenfalls Erinnerungen auszukramen und allerhand Geschichten zu erzählen. Nikolaj, der auf dem Ofen saß und die Beine herunterbaumeln ließ, hörte zu und fragte nur immer nach den Gerichten, die für die Herrschaften gekocht wurden. Es wurde von Klopsen, Koteletts, von verschiedenen Suppen und Soßen gesprochen, und der Koch, der sich ebenfalls gut an alles erinnerte, nannte Gerichte, die man heute gar nicht mehr kannte; da war zum Beispiel eins, das wurde aus Ochsenaugen zubereitet und hieß ›Früh aufgewacht‹.

Die Bauern

Fünf Uhr morgens

Als er am Zimmer des Vaters vorüberging, schaute er durch die Tür.

Der Vater war noch angekleidet, er hatte sich noch nicht schlafen gelegt. Er stand am Fenster und trommelte gegen die Scheiben.

»Leben Sie wohl, ich fahre ab«, sagte der Sohn.

»Leb wohl, das Geld liegt auf dem runden Tisch...« sagte der Vater, ohne sich umzudrehen.

Als der Knecht ihn zur Bahnstation fuhr, fiel ein unangenehmer, kalter Regen... Das Gras schien noch dunkler geworden.

Schwere Naturen

Lug und Trug

Als sich Tatjana Ivanovna nach dem Essen still in eine Ecke setzte und zu stricken begann, wandte er kein Auge von ihren kleinen Fingern und redete unaufhörlich.

»Sie dürfen keine Zeit verstreichen lassen, meine Freunde. Genießen Sie Ihr Leben!« sagte er. »Gott bewahre Sie davor, die Gegenwart der Zukunft zu opfern. Die Gegenwart – das ist Jugend, Gesundheit, Leidenschaft; die Zukunft ist nichts als Lug und Trug! Wenn Sie Ihre zwanzig Jahre voll haben, dann hinein ins Leben!«

Tatjana Ivanovna fiel eine Stricknadel herunter.

Der Geheimrat

Anton Čechov

Etwas mit Pferd

Zeichnungen von Tatjana Hauptmann

Der Generalmajor außer Dienst Buldejew bekam Zahnschmerzen. Er spülte den Mund mit Wodka, mit Kognak, behandelte den kranken Zahn mit gestoßenem Tabak, Opium, Terpentin, Petroleum, rieb die Wange mit Jod ein, in die Ohren steckte er sich spiritusgetränkte Watte, aber all das half entweder nichts, oder rief Brechreiz hervor. Der Doktor kam. Er stocherte in dem Zahn herum, verschrieb Chinin, aber auch das half nicht. Den Vorschlag, den kranken Zahn zu ziehen, lehnte der General ab. Alle im Haus – die Frau, die Kinder, die Dienstboten, sogar der Küchenjunge Petjka – jeder schlug sein Mittel vor. Unter anderen kam auch Buldejews Verwalter Iwan Jewssejitsch zu ihm und riet, den Zahn durch Besprechen heilen zu lassen.

– Hier, in unserm Landkreis, Euer Exzellenz, diente vor zehn Jahren der Steuerinspektor Jakow Wassiljitsch. Der besprach Zähne – erstklassig. Er dreht sich zum Fenster, flüstert etwas, spuckt aus – und alles ist wie weggeblasen! Solch eine Kraft ist ihm gegeben …

– Und wo ist er jetzt?

– Seit man ihn als Steuerinspektor entlassen hat, lebt er in Saratow bei der Schwiegermutter. Jetzt ernährt er sich überhaupt nur noch von Zähnen. Wenn dort jemand Zahnschmerzen bekommt, geht er zu ihm und hilft … Leute aus

Saratow empfängt er bei sich zu Hause, und wenn es welche aus andern Städten sind, dann per Telegraf. Schicken Sie ihm eine Depesche, Euer Exzellenz, dass es so und so steht… Gottes Knecht Aleksej hat Zahnschmerzen, ich bitte um Behandlung. Das Geld für die Behandlung schicken Sie per Post.

– Unfug! Scharlatanerie!

– Sie sollten es versuchen, Euer Exzellenz. Er trinkt zwar gern einen über den Durst, lebt nicht mit seiner Frau, sondern mit einer fremden, der Lotterbube, aber man kann sagen, er ist ein wundertätiger Herr!

– Schick nach ihm, Aljoscha! – flehte die Generalin. – – In Ordnung –, pflichtete Buldejew bei. – So wie es ist, schickt man nicht nur einem Steuerinspektor Depeschen, sondern sogar dem Teufel persönlich… Oh! Ich halte es nicht aus! Also, wo wohnt dein Inspektor? Wie kann ich an ihn schreiben?

Der General setzte sich an den Tisch und griff zur Feder.

– In Saratow kennt ihn jeder Hund –, sagte der Verwalter. – Belieben Euer Exzellenz also in die Stadt Saratow zu schreiben… An Seine Wohlgeboren Jakow Wassiljitsch… Wassiljitsch…

– Nun?

– Wassiljitsch… Jakow Wassiljitsch… und mit Nachnamen… Den Nachnamen hab ich vergessen!… Wassiljitsch… Zum Teufel…

Iwan Jewssejitsch hob die Augen zur Zimmerdecke und bewegte die Lippen. Buldejew und die Generalin warteten ungeduldig.

– Na, was ist? Denk schneller!

– Gleich… Wassiljitsch… Jakow Wassiljitsch… Vergessen! Dabei ist es ein ganz einfacher Name… etwas mit Pferd… Stutlinskij? Nein, nicht Stutlinskij. Warten Sie… Vielleicht

Hengstjew? Nein, auch nicht Hengstjew. Ich weiß, es ist ein Name mit Pferd, aber welcher – ist mir total entfallen...

– Hengstlowskij?

– Nein, so nicht, warten Sie... Stutinin... Stutjatnikow... Welpinin...

– Das ist etwas mit Hund, nicht mit Pferd. Hengstjatnikow?

– Nein, auch nicht Hengstjatnikow... Pferdlitskij... Pferdewistkij... Hengstlowkin... Das ist es alles nicht!

– Wie soll ich ihm denn nun schreiben? Denk nach!

– Gleich. Pferdnikow... Stutlowskij... Gaulowskij...

– Gaulkowskij? – fragte die Generalin.

– Nein, so nicht. Spannanskij... Nein, das ist es nicht! Vergessen!

– Was kommst du dann, hol dich der Teufel mit deinen Ratschlägen, wenn du es vergessen hast? – erboste sich der General. – Scher dich raus!

Iwan Jewssejitsch ging langsam hinaus, der General hingegen hielt sich die Backe und ging in den Zimmern auf und ab.

– Oj, du meine Güte! – jammerte er. – Oj, du gütiger Himmel! Och, ich kann vor Schmerzen nicht mehr aus den Augen schauen!

Der Verwalter ging in den Garten und begann, die Augen zum Himmel erhoben, den Familiennamen des Steuerinspektors zu erinnern:

– Fohljankin... Fohlankin... Fohlenko... Nein, das ist es auch nicht! Pferditschewitsch... Pferdowkin... Füllskij... Hengstenberg...

Wenig später wurde er zur Herrschaft gerufen.

– Ist er dir wieder eingefallen?

– Nein, Euer Exzellenz.

– Vielleicht Rosskin?... Pferdinin? Nein?

Und alle im Haus fingen an, im Wettstreit Familiennamen zu erfinden. Alles nahmen sie durch: Alter, Geschlechter
und Rassen, dachten nach über Mähne, Hufe, Geschirre…
Im Haus, im Garten, in der Gesindestube und der Küche gingen die Leute auf und ab, kratzten sich an den Stirnen und
suchten Familiennamen.

Dauernd wurde der Verwalter im Haus verlangt.

– Koppelow? – fragte man ihn. – Hufkow? Fohlen-
kowskij?

– Nein, so nicht –, antwortete Iwan Jewssejitsch und
fuhr sogleich, die Hände in die Höhe erhoben, fort, laut
nachzudenken. – Rossowskij… Rossnikowskij… Gaulkin…
Stutejkin…

– Papa! – rief es aus dem Kinderzimmer. – Kutschkin!
Zügelkin!

Der gesamte Landsitz war in Aufruhr. Der ungeduldige,
gepeinigte General versprach demjenigen fünf Rubel, der den
richtigen Namen fände, und zu Iwan Jewssejitsch kamen die
Leute in hellen Scharen…

– Fuchskin! – sagten sie zu ihm. – Trabkin! Galoppow-
skij!

Doch der Abend brach an, und der Name war noch immer nicht gefunden. Also legte man sich schlafen, ohne das
Telegramm abgeschickt zu haben.

Der General schlief die ganze Nacht nicht, ging von einer Zimmerecke in die andre und stöhnte… In der dritten
Morgenstunde ging er hinaus und klopfte ans Fenster des Ver-
walters.

– Nicht Wallachowkin? – fragte er mit weinerlicher
Stimme.

– Nein, Wallachowkin nicht, Euer Exzellenz –, antwortete Iwan Jewssejitsch und seufzte schuldbewusst.

– Vielleicht hat der Name ja gar nichts mit Pferd zu tun, sondern mit etwas andrem!

– Auf Ehre und Gewissen, Euer Exzellenz, er hat etwas mit Pferd zu tun, daran erinnere ich mich sogar sehr genau.

– Wie kann man nur so vergesslich sein, Freundchen ... Mir ist dieser Name, glaube ich, mehr wert als alles auf der Welt. Ich bin am Ende!

Am Morgen schickte der General wieder nach dem Doktor.

– Soll er ihn ziehen! – hatte er entschieden. – Ich habe nicht mehr die Kraft, das auszuhalten ...

Der Doktor kam und zog den Zahn. Der Schmerz ließ sofort nach, und der General beruhigte sich. Da er seine Arbeit verrichtet und erhalten hatte, was ihm zustand, setzte sich der Doktor in seine Britschka und machte sich auf den Weg nach Hause. Vor dem Tor, im Freien, begegnete er Iwan Jewssejitsch ... Der Verwalter stand am Wegerand und dachte, den Blick auf die Füße gerichtet, konzentriert über etwas nach. Den Falten, die seine Stirn durchfurchten, und dem Aus-

druck seiner Augen nach zu urteilen, waren seine Gedanken angespannt, qualvoll...

– Falberkow... Schirrmacher... – murmelte er. – Kummetljanin... Pferdelewickij...

– Iwan Jewssejitsch! – wandte sich der Doktor an ihn. – Kann ich bei Ihnen nicht fünf Viertel Hafer bekommen? Unsre Bauern verkaufen mir Hafer, aber der ist schon halb verfault...

Iwan Jewssejitsch sah den Doktor stumpfsinnig an, lächelte irgendwie wild und lief, ohne ein Wort einer Antwort zu sagen, die Hände ineinander schlagend, zum Landsitz zurück, und das mit einer Geschwindigkeit, als sei der tollwütige Hund hinter ihm her.

– Ich habe ihn, Euer Exzellenz! – rief er freudig, nicht mit eigner Stimme, als er ins Kabinett des Generals stürzte. – Ich habe ihn, Gott schenke dem Doktor Gesundheit! Haferbauch! Haferbauch ist der Name des Inspektors! Haferbauch, Euer Exzellenz! Schicken Sie die Depesche an Haferbauch!

– Raus! – sagte der General voller Verachtung und zeigte ihm mit beiden Fäusten die Feige. – Dein Etwas mit Pferd brauche ich nicht mehr! Raus!

Tatjana Hauptmann, deren Vater russischer Emigrant war, als Kind an einer russischen Weihnachtsfeier in Wiesbaden.

»Kürze ist die Schwester des Talents.«

Eine kleine Schule des Schreibens von Anton Čechov, mit Zeichnungen von ihm selbst

Bedingungen des Kunstwerks: 1) Abwesenheit langgezogener Wortergüsse politisch-sozial-ökonomischen Charakters; 2) absolute Objektivität; 3) Wahrhaftigkeit in der Beschreibung der handelnden Personen und Gegenstände; 4) äußerste Kürze; 5) Kühnheit und Originaliät; meide das Klischee; 6) Herzlichkeit.

1) Schreiben Sie soviel wie möglich!! Schreiben Sie, schreiben Sie, schreiben Sie ... bis Ihnen die Finger abfallen. (Die Hauptsache im menschlichen Leben ist die Schönschrift!) Schreiben Sie soviel wie möglich, eingedenk weniger der geistigen Entwicklung der Masse, als vielmehr des Um-

stands, daß in der ersten Zeit gut die Hälfte Ihrer Arbeiten, da Sie die »kleine Presse« nicht gewöhnt sind, der Rücksendung unterliegt. Sie darüber täuschen, heucheln und Sie in irgendeiner Weise beeinflussen werde ich nicht – ich gebe Ihnen mein Wort. Und daß Ihnen Sachen zurückgeschickt werden, soll Sie nicht verwirren. Selbst wenn Ihnen die Hälfte zurückgeschickt werden sollte, so wäre die Arbeit auch dann noch vorteilhafter als die am »Detskij-Bogemskij Otdych«. Und der Ehrgeiz… Ich weiß nicht, wie es Ihnen geht, aber ich bin längst daran gewöhnt…

2) Schreiben Sie über verschiedene Themen, komische und traurige, gute und schlechte. Schreiben Sie Erzählungen, Kleinigkeiten, Anekdoten, Witze, Wortspiel, usw. usf.

3) Das Umarbeiten ausländischer Vorlagen ist eine völlig legitime Sache, aber nur in den Fällen, wo die Sünde wieder das 7. Gebot nicht ins Auge sticht… (Für die »Galoschen« müßten Sie nach dem 22. Januar in der Hölle schmoren!) Meiden Sie populäre Sujets. So stumpfköpfig unsere Hrrn. Redakteure immer sein mögen, der Unkenntnis der Pariser Literatur, insbesondere der Maupassantmode, wird man sie schwerlich überführen können.

4) Schreiben Sie auf einen Sitz, voll Vertrauen auf Ihre Feder. Ich sage ehrlich, ungeheuchelt: acht Zehntel der Autoren der »kleinen Presse« sind im Vergleich zu Ihnen Schuster und Erbsen.

5) Kürze wird in der »kleinen Presse« als erste Tugend anerkannt. Als bestes Maß kann ein Briefbogen dienen (so einer, auf dem ich gerade schreibe). Sowie Sie bei 8–10 Seiten angelangt sind – stop! Außerdem ist Briefpapier leichter zu verschicken… Das sind alle meine Bedingungen.

Am besten meidet man die Beschreibung des Seelenzustandes der Helden; man muß sich bemühen, daß er aus den Handlungen der Helden veständlich wird.

Man kann kein Gewehr auf die Bühne stellen, wenn niemand die Absicht hat, einen Schuß daraus abzugeben.

Kürze ist die Schwester des Talents.

»Talent und Frische wiegen alles auf«. Talent und Frische könnes vieles verderben – das stimmt eher.

Lieber etwas nicht zu Ende sagen als es verschmieren.

Es schadet nichts, manchmal die Wahrheit zu sagen.

Über die Kunst zu sagen, sie sei altersschwach geworden, in eine Sackgasse geraten, sei nicht, was sie sein sollte usw. usf., das ist dasselbe, wie wenn man sagen wollte, der Wunsch zu essen und zu trinken sei veraltet, habe sich überlebt und sei nicht das, was not tue. Natürlich ist der Hunger eine alte Geschichte, natürlich sind wir mit dem Wunsch zu essen in eine Sackgasse geraten, aber essen müssen wir trotzdem, und wir werden weiter essen, gleichgültig, welche Philosophen und bösen Greise uns aufs Glatteis zu führen versuchen.

Ein Schriftsteller muß viel schreiben, aber er darf es nicht eilig haben.

Überhaupt ist es mit allen, die Kontakt zur Literatur haben, langweilig, mit Ausnahme von nur sehr wenigen.

Was für eine Dienerei vor großen Namen, und was für ein väterlich-herablassendes Geschwätz, wenn es sich um Anfänger handelt! Alle diese Kritiker sind Speichellecker und Feiglinge: sie haben Angst, etwas zu loben, Angst, etwas zu tadeln, und bewegen sich in einer erbärmlichen, grauen Mitte. Und vor allem, sie glauben nicht an sich selbst.

Ich habe mit dem Theater so wenig, so wenig Glück, daß, wenn ich eine Schauspielerin heiraten würde, wir sicherlich einen Orang-Utan bekommen würden oder ein Stachelschwein.

Meinung des Professors: nicht Shakespeare ist die Hauptsache, sondern die Anmerkungen dazu.

Das Wort »künstlerisch« fürchte ich wie die Kaufmannsfrau das Schreckgespenst. Wenn man mit mir über das Künstlerische und Antikünstlerische spricht, über das, was der Bühne entspreche und was nicht, über Tendenz, Realismus usw., dann werde ich verlegen, sage unschlüssig ja und antworte mit banalen Halbwahrheiten, die keinen Kupfergroschen wert sind. Ich teile alle Werke in zwei Sorten auf: solche, die mir gefallen, und solche, die mir nicht gefallen. Ein anderes Kriterium habe ich nicht, und wenn Sie mich fragen, warum mir Shakespeare gefällt und Zlatovratskij nicht, so wüßte ich keine Antwort. Vielleicht werde ich mir mit der

Zeit, wenn ich klüger werde, Kriterien aneignen, einstweilen aber ermüden mich nur alle Gespräche über das »Künstlerische« und kommen mir vor wie die Fortsetzung all jener scholastischen Streitgespräche, mit denen sich die Menschen im Mittelalter ermüdet haben.

Sie beschimpfen mich wegen meiner Objektivität, die Sie Gleichgültigkeit gegenüber Gut und Böse nennen, Fehlen von Idealen und Ideen usw. Sie wollen, daß ich, wenn ich Pferdediebe darstelle, sage: Pferdediebstahl ist etwas Böses. Aber das ist doch sowieso längst bekannt, auch ohne mich. Über sie zu Gericht sitzen sollen die Geschworenen, meine Sache ist, zu zeigen, was das für Leute sind. Ich schreibe: Sie haben es mit Pferdedieben zu tun, und dabei müssen Sie wissen, daß das keine Bettler sind, sondern Menschen, die satt zu essen haben, daß diese Menschen einen Kult daraus machen und daß Pferdediebstahl kein einfacher Diebstahl ist, sondern eine Leidenschaft. Natürlich wäre es angenehm, die Kunst mit der Predigt zu verbinden, aber mir persönlich fällt dies überaus schwer und ist es aus Gründen der Technik beinahe unmöglich.

Ich glaube nicht, daß Schriftsteller solche Fragen wie Pessimismus, Gott usw. klären sollten. Sache des Schriftstellers ist es darzustellen, wer wie und unter welchen Umständen über Gott oder über den Pessimismus gesprochen oder gedacht hat. Der Künstler soll nicht Richter seiner Personen und ihrer Gespräche sein, sondern nur ein leidenschaftsloser Zeuge. Ich hörte ein ungeordnetes, nichts klärendes Gespräch über den Pessimismus und muß dieses Gespräch in der Gestalt wiedergeben, wie ich es gehört habe, beurteilen werden es die Geschworenen, d. h. die Leser. Meine Sache ist nur, Talent zu haben, d. h. die Fähigkeit zu besitzen, die wichtigsten Äußerungen von den unwichtigsten zu unterscheiden. Figuren zu beleuchten und ihre Sprache zu sprechen. L. wirft mir vor, daß ich eine Erzählung mit dem Satz beende: »Ja, man begreift nichts auf dieser Welt!« Seiner Meinung nach *muß* der Künstler und Psychologe begreifen, dazu sei er Psychologe. Ich bin nicht seiner Meinung. Die Schreibenden, besonders die Künstler, müssen sich allmählich eingestehen, daß man auf dieser Welt nichts begreifen kann, so wie sich das einst Sokrates und Voltaire eingestanden haben. Die Menge meint, alles zu wissen und alles zu begreifen; und je dümmer sie ist, desto weiter erscheint ihr ihr Horizont. Wenn sich aber der Künstler, dem die Menge glaubt, dazu entschließt, zu erklären, daß er nichts von dem begreift, was er sieht, so stellt das bereits ein großes Wissen dar und einen großen Schritt vorwärts.

An der miserablen Qualität unserer Theater ist nicht das Publikum schuld. Das Publikum ist immer und überall das gleiche: es ist klug und dumm, herzlich und erbarmungslos – je nach Laune. Es ist immer eine Herde gewesen, die gute Hirten und Hunde brauchte, und es ist immer dorthin gelaufen, wohin die Hirten und Hunde es geführt haben. Sie sind empört darüber, daß es über platte Witze lacht und bei klingenden Phrasen applaudiert; aber es ist doch dasselbe Publikum, dasselbe dumme Publikum, das bei *Othello* volles Haus macht und das in der Oper *Evgenij Onegin* weint, wenn Tat-

jana ihren Brief schreibt. Das Publikum, so dumm es immer sein mag, ist noch allemal klüger, aufrichtiger und gutmütiger als K., die Schauspieler und die Dramatiker, nur halten K. und die Schauspieler sich für klüger. Ein wechselseitiges Mißverständnis.

Es hat sich viel Arbeit angesammelt, die Sujets verwirren sich im Gehirn, aber bei schönem Wetter arbeiten, am fremden Tisch, mit vollem Magen – das ist nicht Arbeit, sondern Katorga, und ich suche ihr auf alle erdenkliche Weise aus dem Weg zu gehen.

Sie haben ein Gefühl für Landschaft, Ihre Landschaften sind gut, aber Sie verstehen es nicht, ökonomisch damit umzugehen, dauernd drängt sie sich (die Landsch.) vor, wo sie gar nicht hingehört, und die eine Erzählung verschwindet sogar ganz unter der Masse der Landschaftsausschnitte, die Sie zu Haufen türmen im gesamten Verlauf vom Anfang bis (beinahe) zur Mitte der Erzählung. Dann, Sie arbeiten nicht an Ihrem Satz; er muß gemacht werden – darin besteht die Kunst. Man muß das Überflüssige rauswerfen, muß den Satz reinigen von »nach Maßgabe dessen«, »unter Zuhilfenahme«, man muß sich sorgen um seine Musikalität und darf nicht zulassen, daß in einem Satz beinahe nebeneinander »stand« und »überstand« vorkommen. Liebste, Wörter wie »die Untadelige«, »Auf der Bruchstelle«, »im Labyrinth« sind doch eine einzige Beleidigung. Er »spürte« und er »berührte« nebeneinander will ich noch gelten lassen, aber die »Untadelige« – das ist holprig, klobig und taugt nur in der gesprochenen Sprache, und die Holprigkeit müssen Sie spüren, denn Sie sind musikalisch und feinfühlig, was die *Vergessenen Briefe* bezeugen.

Ohne Frau ist eine Novelle wie eine Maschine ohne Dampf.

Es gibt viele Stellen, die weder Kritik von Publikum verstehen werden; beiden werden sie läppisch, nicht der Beobachtung wert erscheinen, aber ich freue mich schon jetzt, daß gerade diese Stellen von zwei, drei literarischen Gourmands verstanden und geschätzt werden, und das reicht mir schon.

Übrigens ist es keine große Wonne, ein großer Schriftsteller zu sein. Erstens ist es ein trübsinniges Leben... Arbeit vom Morgen bis in die Nacht, und Nutzen – wenig... Geld – soviel die Katze auf dem Schwanz davonträgt... Ich weiß nicht, wie es bei Zola und Ščedrin ist, aber bei mir ist es verraucht und kalt... Zigaretten gibt man mir nach wie vor nur an Feiertagen. Unmögliche Zigaretten! Fest gestopft, feucht, wurstförmig. Bevor ich sie mir anstecke, zünde ich die Lampe an, trockne über ihr die Zigarette, dann rauche ich sie, wobei die Lampe qualmt und rußt, die Zigarette knistert und schwarz wird, ich mir die Finger verbrenne... man könnte sich einfach erschießen!

Katherine Mansfield
Čechovs letzte Briefe

Badenweiler, 2. Juli 1904.

Das ›Scrapbook‹ von Katherine Mansfield, 1939 von J. Middleton Murry aus dem Nachlaß herausgegeben, endet mit einer Zitatencollage aus Čechovs letzten Briefen, die Katherine Mansfield im Juni 1922 zusammengestellt hatte, mit zwei eigenen Bemerkungen. Es folgt eine Liste von Wörtern und Sätzen, für die sie die russische Übersetzung suchte. Sie notierte die Liste im November in der Klinik Gurdjieff in Fontainebleau, kurz vor ihrem Tod im Januar 1923. Der letzte Satz erinnert an Mansfields Äußerung: »Ach, Čechov! Warum bist Du tot! Warum kann ich nicht mit Dir reden...«

Ich bin entwurzelt, ich lebe kein ganzes Leben mehr, trinke nicht, obwohl ich gern trinke; ich liebe den Lärm und höre keinen, mit einem Wort, ich erlebe jetzt den Zustand eines umgepflanzten Baumes, der noch schwankt: soll er anwachsen oder verdorren?« – *10. Februar 1900*

Genau so bin ich.

»Ich wohne in der unteren Etage.« – *12. Juni 1904*

»Meine Gesundheit hat sich gebessert, wenn ich gehe, merke ich nicht mehr, daß ich krank bin, ich gehe wie es sich gehört, das Asthma hat abgenommen, nichts tut mehr weh.« – *16. Juni 1904*

»Aber mit der Eisenbahn zu fahren, habe ich offen gestanden ein bißchen Angst. Im Zugabteil ist es jetzt zum Ersticken, besonders bei meinem Asthma, das sich bei der kleinsten Lappalie verschlimmert.«

»Ich esse sehr schmackhaft, aber nicht gut, dauernd verderbe ich mir den Magen. Die hiesige Butter kann ich nicht essen. Offenbar ist mein Magen hoffnungslos kaputt, wiederherzustellen ist er wohl durch nichts anderes als durch Fasten, d.h. nichts zu essen – und basta. Und gegen Asthma ist die einzige Arznei – sich nicht zu bewegen.« – *28. Juni 1904*

Wer liest hier zwischen den Zeilen? Wenigstens ich. K. M.

★

> *Ich friere.*
> *Bringen Sie Papier, um ein Feuer anzuzünden.*
> *Papier.*
> *Asche.*
> *Holz.*

Streichhölzer.
Flamme.
Rauch.
Stark.
Stärke.
Ein Feuer anzünden.
Kein Feuer mehr.
Weil es kein Feuer mehr gibt.
Weißes Papier.
Schwarzes Papier.
Wie spät ist es?
Es ist spät.
Es ist noch früh.
Gut.
Ich würde gerne Russisch mit Ihnen sprechen.

Jalta, 1894.

Pëtr Kropotkin

Lächeln unter Tränen

Von allen zeitgenössischen russischen Roman-Schriftstellern war A. P. Čechov ohne Zweifel der bei weitem originellste. Er war nicht bloß originell in seinem Stil. Natürlich trägt sein Stil, wie der jedes großen Künstlers, den Stempel seiner Persönlichkeit, aber er versuchte nie, seine Leser mit irgendwelchen besonderen Stileffekten zu verblüffen, die er wahrscheinlich verachtete, und schrieb mit derselben Einfachheit wie Puškin, Turgenev und Tolstoj. Auch wählte er für seine Romane keinen besonderen Inhalt, noch widmete er sich irgendeiner besonderen Menschenklasse. Im Gegenteil: nur wenige Schriftsteller haben eine so lange Reihe der verschiedensten Männer und Frauen aus allen Schichten, Abteilungen und Unterabteilungen der russischen Gesellschaft behandelt wie Čechov. Und bei alledem gibt Čechov in seiner Kunst, wie Tolstoj sagt, etwas von seinem eigenen Selbst. Er hat eine neue Saite angeschlagen, nicht nur für die russische, sondern für die gesamte Literatur und gehört so allen Nationen.

Niemandem gelang es so wie

Čechov, die Fehler der menschlichen Natur in unserer gegenwärtigen Zivilisation und besonders die Verderbtheit, den Bankrott der Gebildeten angesichts der alles infizierenden Niedrigkeit des Alltagslebens, darzustellen. Diese Vernichtung des »Intellektuellen« hat er mit Kraft, Vielseitigkeit und Eindrucksfähigkeit wiedergegeben. Und hierin liegt der Wesenszug seines Talentes.

Čechovs Helden sind nicht Leute, die nie Besseres gehört oder nie bessere Gedanken in sich aufgenommen hätten als die, die in den niedrigsten Schichten der Philister kreisen. O nein, sie haben solche Worte wohl gehört, und es gab eine Zeit, da ihr Herz höher schlug, wenn sie den Klang dieser Worte hörten. Aber das Alltagsleben hat all solche Gefühle ertötet, Apathie hat sich ihrer bemächtigt, und jetzt blieb ihnen nur ein Dahinleben in den Tag hinein, inmitten hoffnungsloser Niedrigkeit. Die Niedrigkeit, die Čechov schildert, beginnt mit dem Verlust des Glaubens an die eigene Kraft und dem allmählichen Verlust all jener glänzenden Hoffnungen und Illusionen, die den Reiz jeder Tätigkeit ausmachen, und dann – Schritt für Schritt – zerstört diese Niedrigkeit alle Quellen des Lebens: gebrochene Hoffnungen, gebrochene Herzen, gebrochene Kräfte. Der Mensch erreicht eine Stufe, wo er nur noch mechanisch alle Tage dieselben Handlungen wiederholt und zu Bett geht, glücklich darüber, daß er seine Zeit irgendwie »totgeschlagen« hat. So verfällt er allmählich in völlige geistige Apathie und moralische Gleichgültigkeit. Das Schlimmste ist, daß die große Reichhaltigkeit der Beispiele, die uns Čechov, ohne sich zu wiederholen, aus den verschiedensten Gesellschaftsschichten gibt, dem Leser zu sagen scheint, daß es der Verfall einer ganzen Zivilisation, einer Epoche ist, den uns der Autor enthüllt.

Umschlagvignette für den zweiten Erzählband von Anton Čechov, 1886.

Čechov hat niemals versucht, lange Novellen oder Romane zu schreiben. Sein Gebiet ist die kurze Erzählung, in der er Großes leistet; er versucht sicherlich niemals, in ihnen die ganze Geschichte seiner Helden von der Wiege bis zum Grabe wiederzugeben – dazu wäre eine kurze Erzählung nicht geeignet. Er greift nur einen Moment, eine Episode aus dem Leben heraus, und er stellt sie in solcher Weise dar, daß der dargestellte Menschentypus für immer im Gedächtnis des Lesers haftet, der, wenn er später einmal ein lebendes Beispiel seiner Typen trifft, unwillkürlich ausruft: »Aber das ist ja Čechovs Ivanov oder Čechovs Dušečka!« Auf dem geringen Raum einiger zwanzig Seiten und in der Beschränkung auf eine einzige Episode werden ein kompliziertes psychologisches Drama und eine Welt gegenseitiger Beziehungen enthüllt. Bei alledem ist Čechov keineswegs ein Pessimist im eigentlichen Sinne des Wortes; wenn er verzweifelt gewesen wäre, so hätte er den Bankrott der »Intellektuellen« als eine Schicksalsnotwendigkeit hingenommen; ein Wort wie z. B. das »fin de siècle« hätte ihn getröstet. Aber Čechov konnte in solchen Worten keine Befriedigung finden, weil er fest daran glaubte, daß ein besseres Leben möglich sei und auch kommen würde. »Von meiner Kindheit an«, schrieb er in einem intimen Briefe, »habe ich an den Fortschritt geglaubt, weil der Unterschied zwischen der Zeit, in der sie mich geprügelt haben, und der, in der sie aufhörten, es zu tun (in den sechziger Jahren), ein ungeheurer war.«

Es gibt von Čechov drei Dramen – *Ivanov, Onkel Vanja* und *Der*

Kirschgarten −, die deutlich zeigen, wie sein Glaube an eine bessere Zukunft mit den Jahren in ihm zunahm. Ivanov, der Held des ersten Dramas, ist die Personifizierung des Bankrotts der »Intellektuellen«, von dem ich oben gesprochen habe. Früher einmal hatte er seine hohen Ideale gehabt, und er spricht noch von ihnen, und das ist der Grund, weshalb Saša, ein Mädchen voll höheren Strebens − einer jener feinen intellektuellen Typen, in deren Schilderung sich Čechov als Turgenevs wahrer Erbe zeigt − sich in ihn verliebt; aber Ivanov weiß selbst, daß er verbraucht ist, daß das Mädchen in ihm liebt, was er nicht mehr ist, daß das heilige Feuer bei ihm nur als eine Erinnerung an bessere Jahre glimmt, die unwiederbringlich dahin sind. Und während das Drama seinen Höhepunkt erreicht hat und die Hochzeit mit Saša eben gefeiert werden soll, erschießt sich Ivanov. Der Pessimismus triumphiert.

Onkel Vanja endet ebenfalls in deprimierendster Weise; aber es ist doch ein leiser Schimmer von Hoffnung darin. Das Drama zeigt einen noch vollständigeren Zusammenbruch der gebildeten »Intellektuellen« und besonders des Hauptrepräsentanten jener Klasse, des Professors, der ein kleiner Familiengott ist, für den alle anderen sich aufgeopfert haben und der sein ganzes Leben lang doch nichts anderes getan hat, als schöne Worte über die geheiligten Probleme der

Kunst zu schreiben, während er zeit seines Lebens der vollendete Egoist geblieben ist. Aber das Ende des Dramas ist anders. Das Mädchen, Sonja, ein Gegenstück zu Saša, die eine von denen war, die sich für den Professor geopfert haben, bleibt mehr oder weniger im Hintergrund des Dramas, bis sie am Schlusse desselben im Glorienschein grenzenloser Liebe erscheint. Sie wird von dem Manne, den sie liebt, nicht beachtet. Dieser Mann, ein Enthusiast, gibt einer schönen Frau (der zweiten Frau des Professors) vor Sonja den Vorzug, die nur eine von jenen Arbeiterinnen ist, die Licht in die Dunkelheit des russischen Dorflebens bringen, indem sie der dunklen Masse helfen, die Mühseligkeiten des Lebens zu ertragen.

Das Drama endet in dem herzzerreißenden Ausklang der Hingebung und Selbstaufopferung Sonjas und ihres Onkels. »Es hilft nichts«, sagt Sonja, »wir müssen leben! Onkel Vanja, wir werden leben. Wir werden eine lange Reihe von Tagen und langen Nächten leben; wir werden geduldig die Leiden ertragen, die das Schicksal uns auferlegt; wir werden für die anderen arbeiten, jetzt und später, und bis in unser Alter hinein, und werden keine Ruhe kennen; und wenn unsere Stunde gekommen ist, so werden wir sterben, ohne zu murren, und dort, jenseits des Grabes, werden wir Ruhe finden!«

Hier ist schließlich ein versöhnender Zug, der durch die

Verzweiflung hindurchscheint. Es bleiben Sonjas Glaube an ihre Fähigkeit zu arbeiten und ihre Bereitwilligkeit, diese Arbeit zu erfüllen, auch ohne persönliches Glück.

Aber in dem Maße, wie das russische Leben an Düsterkeit verliert, wie die Hoffnungen auf eine bessere Zukunft unseres Landes in den ersten Anfängen einer Bewegung unter der Arbeiterklasse der industriellen Zentren, der sich die gebildete Jugend sofort anschloß, wieder zu keimen beginnen, in dem Maße, wie die »Intellektuellen« wiederaufleben und bereit sind, sich selbst aufzuopfern, um der großen Gesamtheit, dem russischen Volke, die Freiheit zu erringen, – in dem Maße beginnt Čechov auch mit Hoffnung und Optimismus in die Zukunft zu schauen. *Der Kirschgarten* war sein Schwanengesang, und die letzten Worte dieses Dramas sind von Hoffnung auf eine bessere Zukunft erfüllt. Der Kirschgarten eines adligen Gutsbesitzers, der ein wahrer Märchengarten war, wenn die Bäume in voller Blüte standen und wenn die Nachtigallen in seinem Dickicht sangen, ist unbarmherzig von einem Geldmenschen verwüstet worden. Keine Blüten, keine Nachtigallen – nur Geld statt dessen. Aber Čechov sieht weiter in die Zukunft: er sieht das Gut wieder in neuen Händen, und ein neuer Garten ersteht auf derselben Stelle, ein Garten, wo alle neues

Glück in neuer Umgebung finden werden. Ihnen, deren ganzes Leben nur ihrer eigenen Person gegolten hatte, konnte niemals solch ein Garten erblühen; aber in nicht zu ferner Zeit wird er von Menschen wie Anja, der Heldin, und deren Freunde, dem »ewigen Studenten«, geschaffen werden…

Der Einfluß Čechovs wird dauern, wie Tolstoj sagte, und er wird nicht nur auf Rußland beschränkt sein. Er hat der Kurzgeschichte und ihrer Art, das menschliche Leben darzustellen, eine solche Bedeutung gegeben, daß er ein Reformer unserer literarischen Mittel geworden ist. In Rußland hat er bereits eine Reihe von Nachahmern, die ihn als das Haupt einer Schule anerkennen; aber – werden sie jemals dasselbe unnachahmlich dichterische Gefühl, denselben intimen Reiz des Erzählens, jene besondere Art der Naturliebe und, vor allem, werden sie die Schönheit von Čechovs Lächeln unter Tränen haben – alles Eigenschaften, die mit seiner Persönlichkeit untrennbar verbunden waren?

Wenn es in der Entwicklung der Gesellschaft irgendeine Logik gibt, mußte ein solcher Schriftsteller wie Čechov erscheinen, bevor die Literatur eine neue Richtung einschlagen und die neuen Typen schaffen konnte, die bereits im Leben sich zu zeigen beginnen. Auf alle Fälle mußte ein eindrucksvolles Abschiedswort gesagt werden, und das hat Čechov getan.

Anton Čechov

Das Leben in Fragen und Ausrufen

*K*indheit. Was hat Gott geschenkt, Sohn oder Tochter? Müssen wir bald zur Taufe? Ein großer Junge! Nicht fallen lassen, Mamka! Ach, ach! So fällt er doch hin!! Sind die Zähnchen schon da? Hat er nicht Skrofulose? Nehmen Sie die Katze weg, sonst kratzt sie ihn! Na, zieh den Onkel am Schnurrbart! Ja, so! Nicht weinen! Sonst kommt der Hausgeist! Er kann schon laufen! Bringen Sie ihn fort von hier – er ist unhöflich! Was hat er Ihnen getan?! Der arme Rock! Ach, macht nichts, wir trocknen ihn wieder! Er hat die Tinte umgeschüttet! Schlaf, meine kleine Seifenblase! Er kann schon sprechen! Ach, welche Freude! Ja, nun sag doch etwas! Fast hätte ihn die Droschke überfahren!! Die Kinderfrau entlassen! Du sollst nicht im Zug stehen! Schämen Sie sich, wie kann man noch ein so kleiner Junge sein? Nicht weinen! Geben Sie ihm einen Pfefferkuchen!

Knabenjahre. Komm mal her, damit ich dich verhaue! Wo hast du dir die Nase aufgeschlagen? Laß Mama in Ruhe! Du bist doch kein kleiner Junge mehr! Komm nicht an den Tisch, du bekommst später! Lies! Du kannst es nicht? Marsch in die Ecke! Fünf! Du sollst keine Nägel in die Hosentaschen stecken! Warum gehorchst du Mamaša nicht? Iß, wie es sich gehört! Bohr nicht in der Nase! Hast *du* Mitja geschlagen? Lausebengel! Lies mir das Gedicht vor! Marsch

vor die Tür! Ohne Essen ins Bett! Es ist schon neun Uhr!
Lustig ist er nur, wenn Gäste da sind! Du lügst! Kämm dich!
Steh sofort vom Tisch auf! Na, zeig mir mal dein Zeugnis!
Du hast die neuen Schuhe schon zerrissen?! Schäm dich zu
heulen, so ein großer Junge! Wo hast du dir die Uniform so
schmutzig gemacht? An euch kann man arm werden! Schon
wieder eine Fünf? Wann endlich werde ich aufhören können, dich zu verprügeln! Wenn du anfängst zu rauchen, jage
ich dich aus dem Haus! Wie lautet der Superlativ von facilis?
Facilissimus? Unsinn! Wer hat hier Wein getrunken? Kinder,
da haben Leute einen Affen auf den Hof gebracht! Warum
haben Sie meinen Sohn nicht versetzt? Großmama ist gekommen!

Jünglingsalter. Für dich ist es noch zu früh, Vodka zu
trinken! Erzählen Sie mir etwas über die consecutio tem-
porum! Zu früh, zu früh, junger Mann! In euerm Alter habe
ich von solchen Dingen noch nichts gewußt! Du hast noch
Angst, vor deinem Vater zu rauchen? Ach, was für eine
Schande! Ninočka läßt dich grüßen! Nehmen Sie Julius
Caesar! Ist das hier ein ut consecutivum? Ach, meine Liebste!
Lassen Sie das, mein Herr, sonst... sag ichs meinem Papa!
Na, na... Spitzbube! Bravo, dir wächst schon der Bart! Wo?
Den hast du dir doch angemalt! Nadine hat ein hübsches
Kinn! In welcher Klasse sind Sie jetzt? Sehen Sie doch ein,
Papa, es ist unmöglich, daß ich kein Taschengeld bekomme!
Nataša? Kenne ich! Ich war bei ihr! Also du bist das gewe-
sen? Ach, bist du bescheiden! Geben Sie mir eine zu rau-
chen! Oh, wenn ich gewußt hätte, wie sehr ich Sie liebe! Sie
ist eine Göttin! Wenn ich das Gymnasium hinter mir habe,
werde ich sie heiraten! Das geht Sie gar nichts an, maman!
Ich widme Ihnen meine Gedichte! Hör auf zu rauchen! Ich
werde schon nach drei Gläsern betrunken! Da capo! da

capo! Braaaavo! Du hast Börne nicht gelesen? Nicht cosinus, sondern sinus! Wo ist die Tangente? Sonjka hat keine schönen Beine! Darf ich Sie küssen? Trinken wir? Hurrrraaaa, das Abitur! Schreiben Sies an! Borgen Sie mir 25 Rubel! Vater, ich will heiraten! Aber ich habe ihr mein Wort gegeben! Wo bist du über Nacht gewesen?

Zwischen 20 und 30. Borgen Sie mir hundert Rubel! Welche Fakultät? Ist mir alles gleich! Was kostet die Vorlesung? Ist aber billig! Nach Strelna und zurück! Da capo, da capo! Wieviel schulde ich Ihnen? Kommen Sie morgen! Was gibt es heute im Theater? Oh, wenn Sie wüßten, wie sehr ich Sie liebe! Ja oder nein? Ja? Oh, meine Wunderbare! In den Hintern! Bedienung! Trinken Sie Jerez? Marja, gib mir mal einen Schluck Gurkenlake! Ist der Redakteur zu Hause? Ich habe kein Talent? Merkwürdig! Wovon soll ich denn leben? Borgen Sie mir fünf Rubel! In den Salon! Meine Herrschaften, es wird schon hell! Ich habe sie sitzengelassen! Borgen Sie mir einen Frack! Den Gelben in die Ecke! Ich bin sowieso schon betrunken! Doktor, ich sterbe! Ins Jar, oder? Das ist es wert! Geben Sie mir doch Arbeit! Bitte! Ääh... Sie sind doch ein Faulpelz! Wie kann man sich nur so verspäten? Geld ist nicht alles! Doch! Ich werde mich erschießen!! Basta! Zum Teufel mit ihm, mit allem! Lebe wohl, jammervolles Leben! Mein Lied ist ausgesungen, maman! Ich habe mein Leben gelebt! Geben Sie mir eine Stelle, Onkel! Ma tante, der Wagen ist vorgefahren! Merci, mon oncle! Nicht wahr, ich habe mich verändert, mon oncle? Verbändert? Ha-ha! Schreiben Sie dieses Papier! Heiraten? Niemals! Sie ist – o weh! – sie ist verheiratet! Euer Exzellenz! Stell mich deiner Großmutter vor, Serge! Sie sind bezaubernd, Fürstin! Alt? Hören Sie auf! Fishing for compliments! Gestatten Sie, ich nehme zweite Reihe! Parkett!

Zwischen 30 und 50. Geplatzt! Sie haben eine freie Stelle? Neun ohne Trumpf! Sieben Cœur! Sie sollten aufgeben, votre excellence! Sie sind schrecklich, Doktor! Fettleber? Unfug! Wieviel diese Ärzte einem abknöpfen! Und wie hoch ist die Mitgift? Wenn Sie sich jetzt noch nicht lieben, mit der Zeit werden Sie sie schon liebgewinnen! Auf die gesetzliche Ehe! Schatz, ich kann das Spielen nicht lassen! Magenkatarrh? Sohn oder Tochter? Ganz der... Vater! Ich versichere dich, ich kenne sie nicht! Hör auf mit deiner Eifersucht! Fahren wir, Merci! Was muß ich tun, um abzunehmen? Ich eine Glatze? Ärgern Sie mich nicht, Schwiegermama! Sohn oder Tochter? Ich bin betrunken, Karolinchen! Laß mich dich küssen, Deutschenkind! Schon wieder diese Kanaille bei meiner Frau! Wie viele Kinder haben Sie? Helfen Sie einem armen Menschen! Was ist Ihre Tochter für ein nettes Mädchen! In den Zeitungen, zum Teufel, ziehen sie über uns her! Komm, ich muß dich verprügeln, du schlimmer Bengel! Hast du meine Perücke zerstrubbelt?

Das Alter. Fahren wir zur Kur? Heirate ihn, meine Tochter! Er ist dumm? Hör schon auf! Sie tanzt schlecht, aber sie hat schöne Beine! Hundert Rubel für... einen Kuß?! Ach, du kleiner Teufel! He-he-he! Haselhuhn will das Mädchen! Du, mein Sohn, bist... charakterlos! Sie vergessen sich, junger Mann! Pst! pst! pst! Ich liebe Musik! Cham... Cham... panjer! Den »Šut« liest du? He-he-he! Ich bringe meinen Enkelchen Bonbons! Mein Sohn ist gut, aber ich war besser! Zeit, wohin bist du entschwunden? Ich habe auch dich in meinem Testament nicht vergessen, kleine Emmy! Da siehst du, wie ich bin! Papaška, gib mir die Uhr! Wassersucht? Wirklich? Gott schenke ihm das Himmelreich! Die Verwandten weinen? Steht ihr gut, die Trauerkleidung! Er riecht so! Friede deiner Asche, ehrlicher Arbeiter!

Sempé

Maurice Sendak

Es muß im Leben mehr als alles geben

Einst hatte Jennie alles. Sie schlief auf einem runden Kissen im oberen und auf einem viereckigen Kissen im unteren Stockwerk. Sie hatte einen eigenen Kamm, eine Bürste, zwei verschiedene Pillenfläschchen, Augentropfen, Ohrentropfen, ein Thermometer und einen roten Wollpullover für kaltes Wetter. Sie hatte zwei Fenster zum Hinausschauen und zwei Schüsseln für ihr Futter. Und sie hatte einen Herrn, der sie liebte.

Doch das kümmerte Jennie wenig. Um Mitternacht packte sie alles, was sie besaß, in eine schwarze Ledertasche mit einer goldenen Schnalle und blickte zum letzen Mal zu ihrem Lieblingsfenster hinaus.

»Du hast alles«, sagte die Topfpflanze, die zum selben Fenster hinaussah. Jennie knabberte an einem Blatt.

»Du hast zwei Fenster«, sagte die Pflanze. »Ich habe nur eines.«

Jennie seufzte und biß ein weiteres Blatt ab. Die Pflanze fuhr fort: »Zwei Kissen, zwei Schüsseln, einen roten Wollpullover, Augentropfen, Ohrentropfen, zwei verschiedene Fläschchen mit Pillen und ein Thermometer. Vor allem aber liebt er dich.«

»Das ist wahr«, sagte Jennie und kaute noch mehr Blätter.

»Du hast alles«, wiederholte die Pflanze.

Jennie nickte nur, die Schnauze voller Blätter.

»Warum gehst du dann fort?«

»Weil ich unzufrieden bin«, sagte Jennie und biß den Stengel mit der Blüte ab. »Ich wünsche mir etwas, was ich nicht habe. Es muß im Leben noch mehr als alles geben!«

Die Pflanze sagte nichts mehr.

Es war ihr kein Blatt geblieben, mit dem sie etwas hätte sagen können.

Maurice Sendak

»Reif sein ist alles«

*Ein Interview mit Bill Moyers
Zeichnungen von Maurice Sendak*

Müssen wir alle, Kinder wie Erwachsene, unsere ungezähmten Leidenschaften in den Griff bekommen und...

O ja, wir sind Tiere. Wir sind gewalttätig, wir sind kriminell. Wir unterscheiden uns gar nicht sonderlich von den Gorillas, den Affen, diesen wunderbaren Tieren. Dabei sollen wir zivilisiert sein. Man erwartet von uns, daß wir täglich zur Arbeit gehen, daß wir nett zu unseren Freunden sind und unseren Eltern Weihnachtskarten schicken.

All das sollen wir tun, und das macht uns ganz schön zu schaffen, da es in heftigem Widerspruch zu dem steht, was wir von Natur aus wollen. Und wenn ich mir überhaupt etwas anrechnen darf, dann vielleicht die Tatsache, daß ich Kinder so sein lasse, wie sie wirklich sind: unhöflich, liebevoll... sie wollen nichts Böses. Sie kennen einfach nur den rechten Weg nicht.

Doch wie sich dann manchmal herausstellt, ist der sogenannte *rechte* Weg der völlig falsche Weg. Was für ein ungeheures Durcheinander.

Ist das Schreiben von Büchern manchmal so wie ein Guerillakrieg?

Ja, gut gesagt. Man kämpft wirklich die ganze Zeit gegen sich selbst. Ich weiß nicht, ich habe mir nie vorgenommen, Kinderbücher zu schreiben. Ich fühle mich nicht berufen, Kinder zu retten; ich habe ihnen nicht mein Leben geweiht. Ich bin auch kein Hans Christian Andersen. Niemand baut mir in irgendeinem Park ein Denkmal, auf dem Kinder herumklettern. Kommt nicht in Frage.

Weshalb trotzdem? Neulich habe ich ferngesehen, und seitdem habe ich so eine Ahnung. Es war eine Sendung über Christa Ludwig, eine großartige Opernsängerin, die ich mal in Europa gehört habe. Jetzt zieht sie sich von der Bühne zurück. Am Ende dieses Konzerts gab sie überraschenderweise ein Interview. Sie sagte: »Es ist gut jetzt.« Daraufhin wurde sie gefragt: »Warum lieben Sie Schubert? Sie singen fast nur Schubert.« Der Moderator schien Schubert nicht besonders zu mögen. »Ich meine, er ist so simpel, fast wie ein Wiener Walzer.« Und sie lächelte und sagte: »Schubert ist groß und sehr zartfühlend, doch hat er sich eine Form gesucht, die verhalten und bescheiden schien, damit er in diese Form gleichsam hineinschlüpfen und emotional explodieren konnte, damit er seine Gefühle in dieser Miniaturform auf jede nur mögliche Weise ausdrücken konnte.« Und ich war plötzlich schrecklich aufgeregt. Schreibe ich vielleicht deshalb Kinderbücher, habe ich mich gefragt. Schließlich habe ich mir auch eine einfache Form gesucht, eine, die in den vierziger und fünfziger Jahren wirklich sehr einfach war. Ich meine, Kinderbücher waren schlicht das unterste Ende der Fahnenstange. Wenn die Erwachsenen eine Verlagsparty feierten, wurden wir nicht mal eingeladen.

Männer schrieben damals sowieso keine Kinderbücher. Das war eine Welt der Frauen, nicht wahr?

Stimmt, es war eine Frauenwelt. In dem Augenblick, in dem man auf eine Party kam, wurde man scheel angesehen. »Was machen Sie denn so?« »Ich schreibe Bücher für Kinder.« »Ach ja? Meine Frau würde sich bestimmt gern mit Ihnen unterhalten.« So war es immer. Immer. Als dann der Erfolg kam, gab man den Frauen den Laufpaß. Denn sobald Geld im Spiel war, kamen die Männer und haben alles vermurkst. Sie haben das Geschäft ruiniert. Ich erinnere mich noch gut an die Zeit. Und ich habe gedacht: »Das hast du getan«. Mein Selbstvertrauen ist nie besonders ausgeprägt gewesen. Also habe ich mich versteckt, ganz wie Christa es gesagt hat, habe mich in dieser bescheidenen, Kinderbuch genannten Form versteckt, um mich ganz ausdrücken zu können.

Ich wollte kein Maler werden, wollte keine ausgefallenen Zeichnungen anfertigen, keine Bilder für irgendwelche Galerien. Ich wollte mich verstecken, wo mich niemand fand, wo ich mich gänzlich zum Ausdruck bringen konnte. In meinen besten Büchern führe ich einen Guerillakrieg.

Warum haben Sie Wo die wilden Kerle wohnen *geschrieben?*

Ich weiß nicht, darauf habe ich keine Antwort. Lassen Sie mich aber kurz erzählen, wie es zu dem Buch kam. Ich hatte bereits eine Reihe von Büchern veröffentlicht, aber damals, in den Fünfzigern, konnte man kein Buch mit eigenen Bildern machen, wenn man nicht schon eine Reihe Bücher geschrieben hatte, die ein wenig Geld einbrachten oder doch zumindest bewiesen, daß man Talent besaß und sich an ein Buch mit eigenen Bildern wagen konnte.

Damals sprang nicht viel Geld dabei heraus. Ich glaube kaum, daß Madonna in den Fünfzigern auf die Idee gekommen wäre, ein Buch zu schreiben. Aber dann war es soweit. Ich hatte zehn Jahre Lehrzeit hinter mir und konnte das Risiko eingehen. Meine Lektorin hieß Ursula Nordstrom, ohne Frage die beste Lektorin überhaupt, eine hinreißende, leidenschaftliche Frau, die Talent auf zehn Meilen entdecken konnte. Ich habe nicht studiert, bin auf keine Kunsthochschule gegangen. Meine Zeichnungen waren so plump, meine Schuhe glänzten wie die von Mutt und Jeff in den Comics von Walt Disney. Aber sie hat über all das hinweggesehen und mich geformt, mich dazu gebracht, erwachsen zu werden. Und dann war es irgendwann Zeit für mein erstes Bilderbuch.

Als Titel hatte ich vorgeschlagen: »Wo die wilden Pferde wohnen«. Sie hat ihn geliebt, diesen Titel, fand ihn poetisch und vielsagend. Also gab sie mir einen Vertrag für *Wo die wilden Pferde wohnen*, doch nach ein paar Monaten stellte sich dann zu ihrem Kummer und Ärger heraus, daß

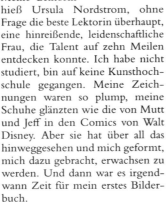

ich keine Pferde zeichnen konnte, dabei mußte das ganze Buch voller Pferde sein, wenn es einen Sinn ergeben sollte.

Ich erinnere mich an ihren ätzenden Ton, als ich die unterschiedlichsten Sachen ausprobierte. »Maurice«, sagte sie schließlich, »was kannst du eigentlich zeichnen?« Sie investierte schließlich in ein Buch mit ausschließlich farbigen Bildern, damals eine enorme Sache.

Ich dachte, na ja, alles Mögliche; ich kann alles Mögliche zeichnen, nur ohne Vertrag kann ich überhaupt nichts zeichnen. Aber dann ist jemand gestorben, und mein Bruder, meine Schwester und ich, wir waren beim Schiwe-Sitzen, einem jüdischen Trauerritual, und wir konnten nicht anders, wir mußten dauernd lachen, wie hysterisch. Ich weiß noch, daß unsere Verwandten aus der alten Heimat gekommen waren, die wenigen, die herüberkommen konnten, ehe sich die Pforten schlossen, alles Verwandte mütterlicherseits. Was haben wir sie verabscheut! Die Grausamkeit der Kinder, Sie wissen ja, Kinder sind unerbittlich. Und diese Leute sprachen kein Englisch, sie waren ungepflegt, hatten scheußliche Zähne. Nasen sprossen aus wirrem Haar, und aus den Nasen sprossen Härchen. Sie hoben uns hoch, umarmten uns, küßten uns: »Ach, fressen könnte ich dich.« Wir wußten, sie würden alles essen, einfach alles. Das waren sie also, die wilden Kerle. Und als ich an die Diskussionen mit meinem Bruder und meiner Schwester dachte, daran, wie wir über diese Leute gelacht haben, die wir später so lieben lernten, da beschloß ich, sie zu zeichnen, die wilden Kerle, meine Onkel, Vettern und Tanten. Und da waren sie.

Diese wilden Kerle sind also ...

Meine Verwandten, meine jüdischen Verwandten.

Das Erscheinen von Wo die wilden Kerle wohnen *war eine Riesensensation. Bibliotheken wollten es nicht ins Regal stellen, ein Bibliothekar sagte sogar: »Das ist kein Buch, das ein sensibles Kind im Dämmerlicht finden sollte.«*

Ja, wie im Chor hieß es: »Gebt das Buch keinen Kindern.«

Aber warum?

Wahrscheinlich war es einfach das erste amerikanische Kinderbuch – weiß der Himmel, ich habe das nicht vorgehabt, es war schließlich mein erstes Buch mit eigenen Bildern, ich habe nur von Kindern erzählt, die ich kannte – und von mir selbst. Ein Buch, ein amerikanisches Buch, in dem das Kind frech zur Mutter ist und sie sogar bedroht. Unmöglich, absolut unmöglich. Und dann sperrt sie den Jungen obendrein auch noch auf sein Zimmer und gibt ihm nichts zu essen. Unmöglich. So was tun Mamas nicht. Und Kinder regen sich nicht über ihre Eltern auf. Unerhört, so was. Aber das Schlimmste ist: Er kommt nach Hause, und sie hat ihm was zu essen hingestellt. Er wird nicht bestraft.

Als Sie erzählten, wie Max sich über seine Mutter ärgert, haben Sie da geahnt, daß man sich so darüber aufregen würde?

Nein. Meine Mutter war oft sauer auf mich. Das war für mich überhaupt nichts Ungewöhnliches. Ich meine, mir kommt es sogar vor, als ob sie ständig sauer auf mich gewesen wäre. Sie hat mich auf jiddisch einen ›wilden Kerl‹ genannt und durch das ganze Haus gejagt. Also habe ich mich auf der Straße versteckt und gehofft, daß sie alles vergessen hatte, wenn ich mich abends wieder ins Haus schlich. Für mich war das normal, so wie man sich duckt, wenn der Vater nach einem ausholt. Die Mutter war hart, sehr hart.

Wurden Sie je ohne Essen ins Bett geschickt?

Ich bin oft ohne Abendessen ins Bett gegangen, weil ich gehaßt habe, was meine Mutter uns ge-

147

kocht hat. Das war für mich keine Strafe. Wenn sie mich bestrafen wollte, hat sie mich zum Essen gezwungen. Das stimmt, wirklich. Na ja, wir hausten in einer ziemlich unordentlichen, wüsten Wohnung, drei Kinder, ein hart arbeitender Vater, eine Mutter, die emotionale und psychische Probleme hatte, von denen wir aber nichts wußten. Mamis sind angeblich immer perfekt. Sie sollen für dich da sein, dich lieben, dich küssen. Filme, die wir sahen – etwa mit Claudette Colbert, die ihre Kinder umarmt – zeigten uns, wie es sein sollte. Aber so war es eben nicht, und dafür hatten wir überhaupt kein Verständnis.

Wenn ich das richtig verstehe, haben Sie keine Geschichte erfunden, sondern beschrieben, was Sie selbst erlebt haben.

Aber genau das ist die Kunst. Ich meine, man erfindet doch keine Geschichten, man lebt sein Leben. Ich bin aber nicht Max. Mir fehlt der Mut, den Max hat. Und ich hatte auch nicht so eine Mutter wie Max, eine Mutter, die geben, die lieben kann. Sie kennen diese kleine Szene, sie ist völlig trivial und findet in jedem Haus statt, an jedem Dienstag oder Donnerstag: Er wird wütend, sie wird wütend. Und so machen sie weiter, bis er fünfunddreißig ist und eine Therapie anfängt, weil er sich fragt, warum er nicht heiraten kann. Ich werde oft gefragt: »Was ist aus Max geworden?« Eine etwas verschämte

Frage, auf die ich gern antworte: »Na, er steckt sein Leben lang in einer Therapie und muß eine Zwangsjacke tragen, wenn er vor seinem Therapeuten sitzt.«

Dies ist vermutlich eine merkwürdige Frage, aber ich muß Sie Ihnen trotzdem stellen: Sie wurden doch 1928 geboren, nicht?

Ja.

Und ich habe gehört, daß Ihnen die Entführung und Ermordung des kleinen Lindbergh schrecklich zu schaffen gemacht hat ...

Ja, natürlich. Sehen Sie, dieser Junge, das war ich, es ging allein um mich ... Das Kind wurde 1932 entführt, am 2. März 1932, also war ich etwa dreieinhalb Jahre alt. Ich kann mich noch genau erinnern. Ich weiß, daß ich nicht lesen konnte, aber das Radio war ständig an.

Ich erinnere mich an die tränenerstickte Stimme von Frau Lindbergh, als sie im Radio sprechen durfte. Sie sagte, ihr Baby habe eine Erkältung, und ob der Mann oder die Männer oder die Frauen, die ihn entführt hatten, ihm bitte die Brust mit Kampfer einreiben könnten. Es sei nur eine leichte Erkältung, aber sie wolle nicht, daß sie schlimmer würde. Daran kann ich mich lebhaft erinnern.

Wenn Sie sagen, Sie seien das gewesen, dann meinen Sie, Sie hätten diese

Angst gekannt? Hatten Sie Angst, entführt zu werden?

Oh ja, und wie. Ich war ein sehr krankes Kind und hatte Angst vor dem Sterben. Meine Eltern waren Immigranten. Sie waren nicht zimperlich, nicht diskret. Sie haben immer geglaubt, ich würde sterben.
Und meine Mutter hatte geweint und geschrieen, weil ich so ein krankes Baby war. Ich habe das alles gehört. Ich wußte bereits sehr früh, daß ich sterblich bin. Meine Großmutter – habe ich Ihnen das schon erzählt? – hat mir einen weißen Anzug genäht, dazu trug ich weiße Strümpfe und weiße Schuhe. So saß ich dann mit ihr auf der Veranda vor dem Haus, damit der Engel des Todes glaubte, ich sei schon ein Engel und deshalb an uns vorbeiflog. Ich war ganz weiß angezogen, und solange ich weiß angezogen war, konnte mir nichts passieren.

Man hat Sie so angezogen, um das Schicksal zu täuschen?

Ja. Ich hatte gerade eine schwere Krankheit überstanden, und in den Nachrichten ging es fast nur noch um das Lindbergh-Baby. Irgendwie gab es da für mich einen seltsamen Zusammenhang. Es hieß, ich würde nicht lange leben, das hatte man mir gesagt – das Baby der Lindberghs wurde entführt, aber es konnte doch nicht sterben, weil es schließlich ein reiches, nichtjüdisches Baby war. Es hatte blaue Augen und blondes Haar, sein Vater war Captain Marvel und die Mutter die Prinzessin des Universums. Außerdem wohnten sie in einem Ort namens Hopewell in New Jersey, wo es Schäferhunde gab, Kindermädchen und Polizei. Wie sollte da jemand unerkannt eine Mauer hochklettern, in ein Zimmer einsteigen und ein Baby stehlen können? Wie schutzlos waren Babys selbst unter den Reichen?

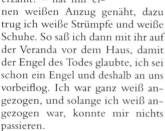

Jedenfalls konnte ich den Gedanken nicht ertragen, daß das Baby tot war. Mein Leben hing davon ab, daß dieses Baby wiedergefunden wurde, denn wenn es starb, hatte ich keine Chance. Ich war schließlich nur das Kind armer Leute. Ich meine, es klingt vielleicht nicht besonders sinnvoll, aber so lautete für mich nun mal die Gleichung. Als aber das Baby tot aufgefunden wurde, ist etwas sehr Wichtiges in mir gestorben... ich weiß nicht, wie ich es nennen soll.

Sie sagen, etwas sei in Ihnen gestorben. Ich bin kein Therapeut, nur ein Journalist, aber für ein paar Penny sage ich Ihnen, was ich davon halte. Ich glaube, damals wurden all diese Bücher in Ihnen geboren, die düsteren Phantasien,

Träume, diese Vorstellungen vom Bösen in der Welt, mit dem sich die Kinder herumschlagen müssen.

Wahrscheinlich sind die Kinder deshalb davon fasziniert. Es gibt sicherlich eine Menge Kinder – zumindest all jene, die sich nicht für meine Bücher interessieren –, die diese Schatten nicht sehen wollen. Ich erzähle nur, wie es für mich gewesen ist. Und ich weiß, daß ich da keine Ausnahme war. Ich kenne viele Kinder, viele unglückliche und verstörte Kinder, die nicht wissen, wie sie darüber reden sollen. Und wissen Sie, was seltsam ist? Die Fan-Post, die Kinder mit schicken. Sie stellen mir nämlich Fragen, die sie ihren Müttern und Vätern nicht stellen. Wenn sie das täten, warum sollten sie mich, einen völlig Fremden, dann fragen: Warum starb das Baby in *Als Papa fort war*? Ich behaupte nicht, die richtige Antwort zu kennen. Ich gebe sie höchstens indirekt, ich formuliere sie nicht aus, aber Kinder müssen wissen, daß es schlimme Dinge gibt. Sie mögen umgeben sein von Menschen, die sie lieben und beschützen, doch darf dies nicht verhehlen, daß es auch Schlimmes gibt.

In Ihren Büchern kommen oft mutige Kinder vor. Was muß ein Kind haben, um mutig sein zu können? Und was meinen Sie genau damit?

Unschuld. Eine große Unschuld, so daß es wirklich nicht weiß, wie böse die Welt sein kann. Wie kann sie denn auch nur so böse sein?

Können Sie etwas über Ihren Freund Lloyd aus Ihrer Kinderzeit erzählen?

Was? Wieso?

Weil ich glaube, daß die Lindbergh-Geschichte dazu paßt, und die Geschichte..., aber wenn ich mich irre und Sie nicht wollen...

Nein, Sie haben recht, es gehört dazu. Mag sein, daß ich noch im Kindergarten war, sechs Jahre, vielleicht auch sieben, jedenfalls habe ich mit meinem Freund Lloyd gespielt. Diese hohen Wohnhäuser in Brooklyn mit den langen Wegen dazwischen, auf denen wir Kinder herumtobten. Der sicherste Ort zum Spielen. Wäsche hing zwischen den Gebäuden. Lloyd und ich spielten Ball. Der Ball war groß – ich meine, mich zu erinnern, daß er groß wie ein Basketball war. Wir haben ihn uns einfach nur zugeworfen, hoch und immer höher, um ihn dann aufzufangen. Ich habe ihn geworfen, sehr hoch, und er hat versucht, ihn zu fangen, was aber nicht gelang, der Ball prallte auf und rollte auf die Straße. Und Lloyd tat, was uns strikt verboten war, er lief nämlich direkt auf die Straße. Man konnte ihn gar nicht kommen sehen. Dann weiß ich noch – ich kann mich an kein Auto erinnern, aber ich sehe Lloyd, wie er lang ausgestreckt durch die Luft fliegt. Vielleicht trügt die Erinnerung, aber ich sehe seine Arme, den Kopf – er fliegt. Dann weiß ich nur noch, daß es passiert ist, daß er gestorben ist. Er war auf der Stelle tot.

Und so viele Kinder fliegen in Ihren Geschichten – Ida, die Kinder auf den Amseln, Mickey… Fühlen Sie sich für Lloyds Tod verantwortlich? (Sendak nickt) *Fühlen Sie sich für die Kinder in Auschwitz verantwortlich?*

Für die Kinder in Auschwitz fühle ich mich nicht verantwortlich – auch wenn mir meine Eltern das einreden wollten. Wenn ich lange draußen blieb und das Essen auf dem Tisch stand, wenn man mich schon dreimal gerufen hatte, ich aber immer noch Stoopball oder sonstwas auf der Straße spielte, dann sagte meine Mutter, ich sollte jetzt lieber raufkommen, denn: »Weißt du, dein Vetter Leo, der ist in deinem Alter, aber er darf nicht Ball spielen, der ist nämlich im Konzentrationslager und vielleicht schon tot. Du hast großes Glück, daß du hier bist, und jetzt kommst du nicht mal rauf, um zu essen. Leo hat nichts zu essen.« So wurde mir ständig ein schlechtes Gewissen eingeredet, weil ich großes Glück gehabt habe – das Glück, daß mein Vater hierhergezogen ist – ich meine, das war doch wirklich einfach nur dummes Glück.

Daß Sie dem Holocaust entkommen sind?

Ja. Mein Vater ist hergezogen, meine Mutter ist hergezogen. Sie waren arm, haben Arbeit gesucht, haben Geld verdient, Leute rübergebracht, blablabla. Aber als sie herzogen, gab es noch keinerlei Anzeichen von einem Holocaust, nur den üblichen, normalen Antisemitismus, den sie gewohnt waren. Also ja, ich habe sie gehaßt. Ich habe diese toten Kinder gehaßt, weil sie mir ständig vorgehalten wurden. Das war so grausam von meinen Eltern. Ich habe mich ständig so gefühlt, als wäre es unverschämt, wenn ich Spaß hatte, während diese Kinder im Ofen gebraten wurden.

Wie beschwichtigen Sie Ihre Dämonen? Wie finden Sie Ihren Frieden in einer Welt, die so voller schauriger Dinge ist?

Ich weiß nicht. Ich lese. Als ich herkam, war ich zum Beispiel schrecklich aufgeregt. Wird alles gut gehen, habe ich mich gefragt, aber ich hatte ein kleines Buch mit Gedichten von Emily Dickinson dabei. Nur so groß (er deutete die Größe an), daß es bequem in jede Tasche paßt. Und ich las drei, vier Gedichte. Sie ist so tapfer, diese aufregende, leidenschaftliche, kleine Frau. Danach habe ich mich gleich besser gefühlt. Kunst ist schon immer meine Rettung gewesen. Herman Melville, Emily Dickinson und Mozart sind meine Götter. Ich glaube an sie mit aller Kraft. Wenn Mozart in meinem

Zimmer ertönt, bin ich mit etwas verbunden, das ich nicht erklären kann und auch nicht zu erklären brauche. Ich weiß, wenn es für mich einen Lebenszweck gibt, dann den, Mozart zu hören. Oder ich gehe im Wald spazieren und sehe ein Tier, dann ist es der Zweck meines Lebens, dieses Tier zu sehen. Ich kann es mir ins Gedächtnis rufen, kann es beobachten. Dazu bin ich hier. Und das ist wichtiger als mein Ego, wichtiger als alles, was mich ausmacht. Ein Beobachter.

Ist die Zeit für eine gewisse Lebensreife gekommen? Ich meine, schließlich werden Sie niemals sterben. Das meine ich ernst. Die meisten von uns leben nur so lang, wie sich ihre Enkel an sie erinnern, aber Sie werden niemals sterben.

Da habe ich eine Neuigkeit für Sie: Auch mich wird's mal nicht mehr geben!

Aber die Bücher bleiben.

Die Bücher bleiben, doch ich werde tot sein. Was ich jetzt sage, ist nicht witzig gemeint und klingt hoffentlich auch nicht dumm, denn es ist einfach ein wunderbares Vermächtnis. Ich habe meinen Erfolg nie selbstverständlich gefunden, er hat mich stets überrascht, und ich habe mich immer darüber gefreut. Manche meiner Bücher liebe ich aufrichtig, andere hasse ich, wieder andere sind mir völlig egal, aber wenn man mir sagt: »Wie kannst du bloß deprimiert sein, Maurice? Deine Bücher wird es immer geben«, dann denke ich: »Ja und? Wen kümmert's? Was solle ich jetzt machen, was soll ich für mich machen, bevor es vorbei ist?« Das ist begründet, das ist nützlich, das ist schön, das ist kreativ. Außerdem möchte ich wieder frei und unbekümmert sein, so wie damals als Kind, als ich mit meinem Bruder Flugzeuge gebastelt und ein vollständiges Wachsmodell der Weltausstellung von 1939 gemacht habe. Wir hatten unseren Spaß. Damit will ich sagen, daß ich eine Karriere und meinen Erfolg gehabt habe – wollte Gott, Herman Melville wäre es so ergangen, er hätte den Erfolg viel eher verdient gehabt.

Stellen Sie sich vor, er säße heute abend in der Bill Moyers' Show. Herman Melville ist im Leben nichts Gutes widerfahren. Ich möchte bis an mein Ende arbeiten, für mich leben, reif sein ist alles. Was aber diese Reife ist, daß muß jeder für sich selbst herausfinden.

Sie zitieren Shakespeare – erinnern Sie sich an das vollständige Zitat aus König Lear?

»Dulden muß der Mensch sein Scheiden aus der Welt, wie seine Ankunft: Reif sein ist alles.«

Reif sein? Fühlen Sie sich denn nicht reif genug?

Ich werde jeden Tag ein bißchen reifer. Damit will ich sagen, daß das Leben für mich mit zunehmendem Alter immer besser wurde. Ich meine, jung sein war doch wirklich eine ungeheure Zeitverschwendung. Ich war ein schrecklich unglücklicher Mensch. Ich werde oft gefragt: »Wie jung möchten Sie wieder sein?« Und ich antworte meist: »Na ja, sagen wir 69?« In der Zeit, die davor lag, war das Lernen so langsam, das Vollenden, die Erfahrung, das Einschätzen dieser Erfahrungen… Erst jetzt fühle ich mich – na ja, vielleicht nicht gerade glücklich, ich weiß nicht, was das ist –, aber zufrieden.

Nehmen wir das als Schlußwort – und wie geht es aus: ›Und er lebte zufrieden bis an sein Ende?‹ Oder ›die Nacht senkte sich herab‹?

Ich bin inzwischen so reif, daß die Leute mich richtig zum Anbeißen finden. Ach, ich weiß nicht. Sagen wir nur: Wenn ich von Reife rede, denke ich an einen Brief, den John Keats an seinen nach Amerika ausgewanderten Bruder schrieb. Er schilderte, wie es für ihn war, ein Stück Pfirsich zu essen. Es gibt kaum eine zweite Textstelle, die so sexy ist: Wie er langsam den Pfirsich in den Mund steckt. Nichts überstürzen. Laß dem Gaumen Zeit, die Frucht zu schmecken, laß sie auf der Zunge liegen, laß ein bißchen zergehen, laß dir den Saft aus den Mundwinkeln rinnen… Es ist, als beschriebe er eine unglaubliche Sexorgie. Und dann, dann beißt man zu. Aber reif muß er sein, der Pfirsich, köstlich muß er sein, keinen Augenblick seiner Köstlichkeit darf man verschwenden.

So war das Leben für ihn, den großen Dichter. Alles genießen, alles, was geschieht. Ich möchte reif werden.

... mag ich, mag ich nicht

Foto: Martin Vukovits

Jakob Arjouni

Was ich mag:

Stinktiere. Tom & Jerry. Clint Eastwood. Den Sportteil der Süddeutschen Zeitung. Lili Boniche. T-Shirts von Eminence. Josef Hader. Markthallen. Märkte. Grüne Soße. Rindswurst. Ödön von Horvath. Witze. Schwalben. Ankommen. Olivenbäume. Entrecôte. Schlafwagen. Aperitive. Bären. Maurice Sendak. Irmgard Keun. Zweifel. Fragen. Einzelhändler. Zur Speise passendes Besteck. Das Meer. Alte Gläser. Altes Hotel-Porzellan. Die Farbe Rot. Bummeln. Sonnenuntergänge. Sternschnuppen. Gartenmöbel. Meeresfrüchte-Risotto. Muscheln. Bitterschokolade. Innereien. Sergio Leone. Fußball. Neugierde. Dashiell Hammett. Straßenbahnen. Bahnhöfe. Austern. Maronencreme. Jean-Luc Godard. Brasserien. Weiße Bohnen. Küchen. Italienischen Kaffee (Kimbo). Frischgepreßten Orangensaft. Arabische Musik. Jacques Brel. Louis Malle. Sam Peckinpah. Hans Christian Schmidt. Reisen. Ferien. Bargeld. Nagellack. Anna Magnani. Isabelle Huppert. Sandrine Bonnaire. Charlotte Gainsbourg. Taxis. Speisewagen. Tobias Wolff. Charles Willeford. Jörg Fauser. Meir Shalev. Kurt Vonnegut. William Faulkner. Jim Thompson. Christopher Walken. Elizabeth Taylor &

Richard Burton. Lino Ventura. Jean Gabin. Philippe Noiret. Michel Serrault. Anrufbeantworter. Eulen. Rote Fahnen. Grillen (die Tiere). Zunge (Rind, Lamm, Schwein). Feigen. Heinrich Heine. Eiskaltes Wasser. Schmetterlinge. Feridun Zaimoglu. Maxim Biller. Holz- oder Kachelböden. Salzige Haut vom Baden im Meer. Čechov. Doppelkopf. Rote Johannisbeeren. Reiser (der Zeichner). Art Spiegelman. Henri Matisse. Pfeffer aus der Mühle. Klatschmohn. Die russische Sprache. Blutwurst. Komfort. Aspirin. Serge Gainsbourg. Bulat Okudjava. Willi Resetarits. Analysen. Alltag. Matjes. Calvados. Weißen Sancerre. Roten Corbieres. Georg Büchner. Joseph Roth. Rohen Knoblauch. Gelbes Licht. Salbei, Rosmarin, Lavendel. Guy de Maupassant. Stendhal. Victor Hugo. Gustave Flaubert. Flipflops. Bademantel. Perlenketten. Tischtennis. Munster, Camembert, Ziegenkäse, Parmesan, Vacherin. Ingwer. Foie gras. Die Frage ›Warum?‹. Taktgefühl. Springbrunnen. Rumsitzen. Theken. Chaiselongue. Blaue Muscattrauben. Felix Mendelssohn. Mozart. Van Morrison. Details. Helmut Qualtinger. Marienkäfer.

Was ich nicht mag:

Filmstars. Nachgemachtes altes Zeug. Lederbekleidung. Taxifahrer. Lehrer. Studenten. Theaterstücke von Kleist. Gebrauchsanweisungen. Internet. Brandenburg. Männer mit Schmuck. H-Milch. Laute Menschen. Feinschmecker. Elektroherde. Autos. Deutsche, die bemüht sind, perfekt englisch zu sprechen. Klugscheißer. Rummel. Fotografiert werden. Erich Kästner. Hemingway. Das Wort ›interessant‹. Die Gruppe 47. Gewißheiten. Italienische Männer. Tibet. Dalai Lama. Gegelte Haare. Keine Zeit. Baseballmützen. François Truffaut. Internet-Cafés. Scorsese. Mütter. Teppichböden. Menschenmassen. Fahrstühle. Berge. Cocktails. Reden. Vorträge. Fun. Krimis. Shorts. Religionen. Fans (egal von was). Deutsche in Zügen. Anekdoten. Deutsches Kino und Theater. Mikrowelle. Sehenswürdigkeiten. Museen. Barbecues. Tunnel. Sekundärtugenden. Grenzkontrollen. Philip Roth. Maschen. Kalkül. Quentin Tarantino. Gespräche darüber, wie wichtig gute Schuhe sind. Cabriolets. Dostoevskij. Das Wort ›Projekt‹. Träumer.

Gläubige. Sentimentalität. Große Momente. Neuinterpretationen von Brecht / Weill-Songs. Pfeffer aus dem Streuer. Thomas Mann. Geburtstag. Scrabble. Heineken-Bier. Amerikanisches Bier. Amerikanische Weine. Supermärkte. Raymond Carver. Generationen. Flaggen. Brusttöne der Überzeugung. Speisebuffets. Fußgängerzonen. U-Bahn. Musik in Restaurants, Cafés. Camping. Steakhäuser. Chips. Karneval. Filterkaffee. Stolz. Fingernägelkauer. Sogenannte geheimnisvolle Frauen. Feines Schreibgerät. Superlative. Kaffeebecher. Stierkampf. Zusammen abwaschen. Schmatzen. Dosengetränke. Unkonzentriertheit. Unachtsamkeit. Mercedes. Beethoven. Wagner. Ballett. Comedy. Krähen. Verbitterung. Die Gegenfrage ›Warum nicht?‹. Männer, die ich kaum kenne, die mir Fickgeschichten erzählen wollen. Hochmut. Uniformen. Leitartikel. Einstimmigkeit. Verbrüderung. Marcel Proust. Hermann Hesse. Nadelbäume. Pizzaservice. Putenbrust. Parolen. Rucksäcke. Sekundärliteratur. Whisky- und Grappa-Kenner. Behauptungen. Fischbesteck.

F. K. Waechter

Jakob Arjouni

Hausaufgaben

Joachim Linde, Deutschlehrer am Reichenheimer Schiller-Gymnasium, sah auf die Uhr.

»...Also dann versucht doch mal in den zwanzig Minuten, die uns noch bleiben – auch ruhig unter dem Eindruck des vorhin gelesenen Walser-Texts –, zu beschreiben, was ihr meint, welchen Einfluß das Dritte Reich heute, fast sechzig Jahre später, auf euer Leben hat.«

Linde verschränkte die Arme, lehnte sich gegen die Tafel und ließ den Blick über die Gesichter des Deutsch-Oberstufenkurses »Deutsche Nachkriegsschriftsteller und ihre Auseinandersetzung mit dem Dritten Reich« streifen. Zweiundzwanzig Mädchen und Jungen im Alter von siebzehn bis zwanzig, die im Moment, wie Linde glaubte, nur im Kopf hatten, wo sie das verlängerte Wochenende verbringen würden. So wie er. Es war Donnerstag, ein warmer, sonniger Frühlingstag, und in zwei Stunden wollte er in den Zug nach Berlin steigen, um am nächsten Morgen zu einer dreitägigen Wanderung durch die Mark Brandenburg aufzubrechen. Ein von ihm seit langem, quasi seit dem Mauerfall vor vierzehn Jahren gehegter Wunsch: die Wiege Berlins, die Heimat Fontanes und nicht zuletzt die Gegend, aus der Lindes Vater stammte, zu Fuß zu »ersinnen« (so hatte er es oft gesagt und auf Nachfragen geantwortet: »Das Land mit allen Sinnen in mich aufnehmen, ertasten, erriechen, erschmecken.« Linde bildete sich auf außergewöhnliche Formulierungen, Wortschöpfungen sowie Umdeutungen bekannter Wörter etwas ein. Je länger seine Zuhörer brauchten, um dahinterzukommen, was er eigentlich meinte, desto zufriedener war er.) Dreimal hatte er die Zugfahrkarte nach Berlin schon gekauft, doch immer war im letzten Moment etwas dazwischengekommen. Einmal hatte Ingrid, seine Frau, am Abend zuvor einen ihrer Zusammenbrüche gehabt, ein anderes Mal war Pablo, sein neunzehnjähriger Sohn, zum Bezirksgruppenreferent bei Amnesty International gewählt worden und hatte ein Grillfest veranstaltet, und vor einem halben Jahr mußte Martina, seine achtzehnjährige Tochter, mit aufgeschnittenen Pulsadern ins Krankenhaus eingeliefert werden. Doch diesmal schien ihn nichts mehr aufhalten zu können: Ingrid saß in der Klinik, Pablo demonstrierte in Mannheim gegen Israels Siedlungspolitik, und Martina war drei Monate nach ihrem Selbstmordversuch von zu Hause abgehauen und lebte zur Zeit mit einem Fotografen in Mailand. Von der Lehrerkonferenz am Abend hatte sich Linde vom Schulleiter befreien lassen, und das allwöchentliche Treffen des Martin-Luther-Gesprächskreises zur aktuellen Deutung des Neuen Testaments fiel an diesem Samstag wegen des Reichenheimer Weinfests aus.

»Ja, Alex?«

»Also...« Alex nahm den Arm herunter und grinste unsicher. Vor drei Tagen hatte ihm Linde gesagt, wenn er sich mündlich nicht mehr beteilige, könne er den Kurs vergessen.

»Ich weiß nicht, aber...« Alex' Knie schlugen einen langsamen Takt. »Wie Sie schon sagten: Das ist fast sechzig Jahre her. Was geht mich das an?«

»Tja, Alex, genau das war die Frage.«

Teresa und Jennifer in der letzten Bankreihe kicherten. Teresa war Klassenbeste, und Jennifer hatte, wie Linde fand und sich dessen immer wieder versicherte, einen ganz außergewöhnlich runden und strammen Hintern.

Auf das Kichern reagierte er mit einem lächelnden »Na, na!«. Dann wandte er sich zurück zu Alex: »Es wäre schön, wenn du noch ein bißchen mehr beitragen könntest, als einfach nur meine Frage zu wiederholen.«

»Aber wenn's mich doch nun mal nichts angeht.« Mit dem Kichern hatte sich Alex' Miene verdüstert. »Sie können mich doch nicht zwingen, daß irgendwas irgendeinen Einfluß auf mich hat.«

»Nein, aber du könntest dich vielleicht mal dazu zwingen, ein bißchen genauer nachzudenken. Wie ist das denn zum Beispiel in den Ferien im Ausland, wenn du den Leuten dort sagst, du seist Deutscher?«

»Was soll da schon sein? Und selbst wenn was wäre: Im Ausland sprechen sie ja wohl ausländisch, also würd ich's eh nicht verstehen.«

Wieder wurde in der letzten Reihe gekichert.

Linde legte die Stirn in Falten und betrachtete Alex betont verzweifelt. Dabei nahm er aus den Augenwinkeln Teresas und Jennifers Schmunzeln über seinen komödiantischen Ausdruck gerne wahr. Schließlich sagte er seufzend: »Wie wir alle wissen, lernst du seit der fünften Klasse Englisch, und wenn deine Erfolge dabei auch bescheiden sein mögen, so sollte das Gelernte doch ausreichen, um dich im Zugabteil oder auf dem Campingplatz wenigstens simpelsätzlich mit jemandem zu unterhalten.«

»Simpel-was?«

»Simpelsätzlich.« Linde sah in Erwartung eines Lächelns kurz zu Teresa und Jennifer, doch die Mädchen flüsterten

"EHRET DIE FRAUEN, SIE FLECHTEN UND WEBEN
HIMMLISCHE ROSEN INS IRDISCHE LEBEN –
Was ist so komisch an diesem Schiller-Wort?"

F. K. Waechter

miteinander. »Wie ›grundsätzlich‹, nur eben ›simpel‹ wie ›einfach‹. Also: Wie geht's, wo kommst du her, wie ist das Wetter bei euch...«

Alex nickte und sagte in gedehntem, leicht spöttischem Tonfall: »How do you do.«

»Zum Beispiel. Und dann fragen die Leute doch wohl oft: Woher kommst du?«

»Klar. Und dann sag ich Germany, und dann sagen die: O wow, Bayern München, Mercedes, Linde...« Alex hielt inne.

Linde begriff nicht gleich. »Bitte?«

»Ja, ich hab mich am Anfang auch gewundert, aber inzwischen... Ich schwör's, jeder zweite, meistens Professoren, Künstler – so Kluge eben – und natürlich die jungen, hübschen Frauen mit den giganto Sitzpolstern...«

Bei ›giganto Sitzpolstern‹ warf Alex Jennifer einen kurzen Blick über die Schulter zu, und Linde entfuhr es wütend: »Alex! Was soll das?!«

Alex hob abwehrend die Arme. »Soll ich nun erzählen, was passiert, wenn ich im Ausland sage, ich sei Deutscher, oder nicht? Die Leute rufen: Germany! Isn't it the homeland of Joachim Linde, the wonderful wordinventor! Let's say it simpelsätzlich: the greatest guy...«

»Alex! Hör sofort auf mit dem Quatsch!«

Inzwischen wurde wieder gekichert, doch diesmal in der ganzen Klasse, und Linde besann sich auf seine Position als Notengeber.

»Und jetzt ist Schluß mit den Albernheiten! Wir reden hier über ein äußerst ernstes Thema, und ich möchte euch bitten, euch in der letzten Viertelstunde noch mal zu konzentrieren.«

Die Klasse verstummte. Linde sah reihum in die Gesichter der Schüler, wobei er Alex', Teresas und Jennifers ausließ. Schließlich meldete sich Oliver.

»Ja, Olli?«

»Also mir ist das früher, als ich noch mit meinen Eltern in die Ferien gefahren bin, ganz oft passiert. Was, du bist aus Deutschland, und sofort: ›Heil Hitler‹, ›Schneller, schneller‹, ›Schnitzel‹, ›Faß, Hasso‹, und der ganze Quatsch, wie in Hollywood-Filmen. Heute versuch ich das Thema meistens zu umgehen. Manchmal sag ich sogar, ich sei Schweizer.«

Nach einer kurzen, beinahe feierlichen Pause, in der sich seine Miene für alle sichtbar aufhellte, sagte Linde: »Womit wir bei einer der prägnantesten Auswirkungen des Dritten Reichs auf unser heutiges Leben wären: der Verleugnung – oder besser: Verneblung oder Verschattung – unserer Herkunft. Wir können immer noch nicht wie ein Franzose oder Engländer stolz und froh erklären, woher wir kommen. Nach wie vor müssen wir aufpassen, was wir äußern, um nicht in den großen Nazitopf geworfen zu werden. Selbst wenn wir deklarierte Humanisten und Internationalisten sind, zum Beispiel Greenpeace oder Amnesty International unterstützen und die Welt als eine einzige begreifen, die es für alle Menschen zu retten und zu bewahren gilt – aus der Sippenhaft, in die uns andere Völker seit nun bald sechzig Jahren stecken, kommen wir nur schwer heraus. Das geht so weit, daß ...«

»Warum?« unterbrach jemand aus der zweiten Reihe, und Linde, der diese kleine Rede vorbereitet hatte und noch lange nicht an ihrem Ende war, schaute unwirsch auf. Sonja. Wie immer. Stellte er Fragen und forderte zur mündlichen Beteiligung auf – von Sonja kein Wort. Sprach er aber zur Klasse, erklärte etwas an der Tafel oder ließ vorlesen – fast konnte er darauf wetten, daß Sonja dazwischenreden würde. Und oft völlig wirres Zeug. Was, zum Beispiel, hieß denn bitteschön in diesem Zusammenhang »Warum«?

»Sonja, würdest du dich bitte melden, wenn du etwas beitragen möchtest, und warten, bis du drangenommen wirst.«

»Aber wenn Sie so ewig reden und eins aufs andere aufbauen und ich schon am Anfang nicht glaube, was Sie sagen – ich meine, Deutschland ist doch 'n Land und hat 'ne Geschichte, und wenn ich nun mal hier geboren bin, dann habe ich eben damit zu tun. Darum muß ich doch nichts verleugnen. Ich hab mir meinen Geburtsort ja nun bestimmt nicht ausgesucht.«

»Siehst du…« Linde lächelte triumphierend. Darauf konnte er Sonja problemlos entgegnen. Das war nicht immer so. »Und trotzdem wirst du in Sippenhaft genommen.«

»Werd ich ja gar nicht! Sippenhaft! Weiß gar nicht, was Sie damit meinen. Und wenn ich an Olivers Eltern denke, fällt mir auch sofort Wurst und Heil Hitler ein.«

»Eh, du blöde Hippieschlampe!«

»Olli!«

»Na, sie hat doch angefangen!«

»Immer mit der Ruhe. Also, Sonja, dann erklär mir doch mal den Widerspruch, daß du eben noch gesagt hast, du hättest etwas mit diesem Land zu tun und andererseits behauptest, du wüßtest nicht, was ich meine, wenn ich von Sippenhaft spreche?«

Was fiel ihr denn jetzt ein, ihn anzugucken, als hätte er nicht mehr alle Tassen im Schrank?

»Meinen Sie mit Widerspruch Widerspruch im üblichen Sinne, nämlich daß sich was widerspricht, oder ist das wieder so eine witzige Wortspielerei?«

Linde sah in die ihn nun völlig ausdruckslos betrachtenden Augen. Mit beherrschter Stimme sagte er: »Ich meine den Widerspruch, wie er im Duden steht.«

»Tja dann… Mit dem Land, in dem man geboren ist, hat ja nun jeder zu tun, und Deutschland hat eben eine besonders beschissene Geschichte, das kann man ja nicht wegzaubern, und darüber wird geredet, und ich finde, sechzig Jahre sind auch keine Zeit, um über was wegzukommen, was so ungeheuerlich war und soviel zerstört hat. Bei Amerika, zum Beispiel, denkt man ja auch nicht nur an Madonna und unbegrenzte Möglichkeiten, sondern auch an Indianer und Sklaverei, und zu Recht, denn das hat ja bis jetzt Auswirkungen.«

Sonja machte eine Pause, die Oliver nutzte, um für alle deutlich hörbar zu murmeln: »Sonja Kaufmann – unsere Negerseele.«

Linde schwieg.

Ungerührt fuhr Sonja fort: »Trotzdem seh ich, wenn ich einen kennenlerne, in einem weißen Amerikaner ja nicht den Sklaventreiber – außer eben, er führt sich so auf, daß ich denken muß: Genau solche werden es wohl damals gewesen sein. Und je weniger er davon wissen will, desto besser paßt er in die Rolle, denn warum sollte einer, der vor sich selber, was solche Schweinereien betrifft, keine Angst haben muß, über die Schweinereien nicht reden wollen…«

Linde unterbrach: »Bitte, Sonja, Amerika und solche Theorien sind ja sehr interessant, aber würdest du jetzt bitte auf meine Frage zurückkommen.« Linde hatte keine Ahnung, wovon Sonja eigentlich sprach. In zehn Minuten begann das verlängerte Wochenende, und er wollte die Stunde mit einer bestimmten These und einer damit verbundenen Hausaufgabe abschließen.

Sonja verzog entnervt den Mund und verstummte.

Linde beugte den Kopf vor und legte erneut auf komödiantische Art die Stirn in Falten. Er benutzte diesen Ausdruck oft. »Sonja?«

»Na gut«, antwortete sie, ohne aufzusehen, »dann ganz einfach: Wenn solche Leute wie Oliver und seine Eltern sich 'ne Deutschlandfahne aufs Auto kleben und jeden, der ihnen mißfällt, anschauen, als wollten sie ihn am liebsten erschießen, und über ihr Land, das sie angeblich so sehr lieben, nur zu sagen wissen, daß es schön und sauber ist, daß gut gearbeitet wird und von mir aus noch Goethe und Schiller – wenn also solche Leute sich in Frankreich oder sonstwo aufführen, als hätte es Auschwitz nicht gegeben, und da ist dann einer, der zum Beispiel seine Großeltern nicht kennenlernen konnte, weil vielleicht Olivers Großeltern sie ermordet haben, dann haben sich Leute wie Oliver und seine Eltern doch von sich aus für eine Sippe entschieden, die ja nun zum allergrößten Glück in Haft genommen wird – selbst wenn Haft doch ein komisches Wort dafür ist, in einem der reichsten Länder der Welt zu leben, alle paar Jahre ein neues Auto zu fahren und so dumm und grausam bleiben zu können wie man will, ohne nämlich tatsächlich eingesperrt zu werden.«

»Weißt du, was du bist?!« Oliver hatte sich über den Tisch in Sonjas Richtung gebeugt, und sein Gesicht war rot angelaufen. »Eine widerliche linke Zecke, und ich bin bestimmt kein Nazi, aber deine Großeltern hätten sie von mir aus gerne mitvergasen können, dann müßten wir uns heute nicht diesen Scheißdreck anhören!«

»Na, aber Olli…!« Linde schaute bestürzt.

»Sie will mich doch ins Gefängnis stecken!«

Linde sah zwischen den beiden hin und her, wußte nicht, wie er reagieren sollte, bis es aus ihm herausplatzte: »Das ist doch völlig unerheblich! In meinem Kurs wird nie-

mandem die Vergasung gewünscht! So eine Ungeheuerlichkeit! So was habe ich noch nicht erlebt!« Und die Hände beschwörend erhoben, wiederholte er: »Ungeheuerlich! Und darum verläßt du jetzt auch sofort den Raum! Wir sprechen später miteinander! Das wird auf jeden Fall Konsequenzen nach sich ziehen!«

Für ein paar Sekunden herrschte Stille. Lindes wütender Blick verharrte auf Oliver, Oliver sah zu Boden, und die meisten Schüler schauten ratlos. Dann stand Oliver auf, und die Klasse verfolgte, wie er mit versteinertem Gesicht Hefte und Bücher in seine Tasche schob, den Reißverschluß seiner Sportjacke zuzog und mit steifen Schritten zur Tür ging. Die Klinke in der Hand, drehte er sich noch mal um.

»Ich finde das ziemlich unfair, Herr Linde. Ich hab das doch nur gesagt, weil sie behauptet hat, meine Großeltern seien Mörder. Sie hat's doch auf so 'ne Ebene gebracht. Und da hab ich halt auf dieser Ebene reagiert. Aber doch nicht ernst gemeint.«

»Das hoffe ich sehr, Olli. Trotzdem werden wir darüber sehr ernsthaft reden müssen.«

»Klar.«

»Oliver?«

Linde fuhr herum. Sonja! Jetzt bitte keinen Ärger mehr. Doch bevor er etwas sagen konnte, fragte sie: »Was waren deine Großeltern denn?«

Oliver sah Sonja einen Moment lang stumm an. Dann antwortete er: »Mein Opa ist als ganz normaler Soldat in Rußland gefallen, und meine Oma hat alleine vier Kinder durchbringen müssen.« Er machte eine Pause, ehe er in bitterem Ton hinzufügte: »Der jüngste Bruder meines Vaters ist dabei an Hunger gestorben.« Daraufhin stieß er, ohne eine Reaktion abzuwarten, die Tür auf und trat hinaus auf den

Flur. Die Tür fiel zu, und die Blicke sämtlicher Schüler, bis auf Sonjas, die vor sich hin starrte, richteten sich auf Linde. Linde spitzte die Lippen, kratzte sich am Kinn, sah zu Boden, ging ein paar Schritte, sah wieder auf, nickte stumm vor sich hin, verschränkte die Arme und wandte sich schließlich an die Klasse: »Damit wir uns da einig sind: Ollis Sätze sind das Schlimmste, was ich je in einem Klassenraum zu hören bekommen habe, und mit nichts zu entschuldigen. Und ich wünsche mir, daß jeder von euch, der mit Olli zu tun hat, ihm deutlich macht, daß so ein Verhalten unter gar keinen Umständen zu tolerieren ist.« Linde seufzte tief und schüttelte den Kopf. »Ich bin wirklich erschüttert.«

Die meisten Schüler nickten. Lucas, ein ausgezeichneter Musiker mit Problemen in sämtlichen anderen Fächern, der um sein Abitur bangen mußte, sagte gerade so leise, daß man glauben konnte, er spräche zu sich selbst: »Und dabei lief's die ganze Zeit so gut mit der Vergangenheitsbewältigung.«

Linde beachtete ihn nicht. Er blieb noch einen Moment lang stehen, dann ging er hinter seinen Tisch, setzte sich schwerfällig, faltete die Hände über der Platte und beugte sich leicht vor. Sein Blick fiel auf Sonja. Zögernd sagte er: »Trotzdem müssen wir wohl einsehen, daß die Geschichte von Ollis Großeltern zeigt, wie kompliziert das Thema ist.«

»Was ist denn daran kompliziert?« fragte Sonja unwirsch. »Im Krieg sterben Soldaten und wird gehungert. Es geht ja wohl darum, wie es zum Krieg kommt.«

Linde befeuchtete sich mit der Zunge die Lippen. »Aber ein individuelles Leid kannst du den Leuten doch kaum absprechen?«

»Nö«, Sonja kratzte sich mit einem Kugelschreiber im Ohr. »Aber Nazileid find ich gut.«

Ein Prusten ging durch die Reihen der Schüler, und

alle waren froh, daß die betretene Stimmung ein Ende hatte. Teresa, die Klassenbeste, meldete sich mit Fingerschnipsen. Linde nickte ihr zu.

»Weißt du, Sonja, was du nicht begreifen willst: daß wir natürlich alle gegen Nazis sind. Sogar Oliver. Diesen Unsinn hat er doch nur gesagt, um zu provozieren. Trotzdem muß man differenzieren. Du machst es dir einfach: da die Bösen, hier die Guten. Aber so funktioniert das nicht. Wenn wir wirklich was verstehen wollen, dann müssen wir versuchen, alle Seiten zu sehen. Und eine Seite ist nun mal – da kannst du noch so lange behaupten, bei dir sei das anders –, daß die Deutschen und sogar noch unsere Generation, und zwar Leute, die mit Faschismus nun wirklich nichts zu tun haben, damit umgehen müssen, daß ein großer Teil der Welt sie immer noch zuallererst als Vertreter eines Volks sieht, das sechs Millionen Juden umgebracht hat.«

F. K. Waechter

»Und Roma, Homosexuelle und Behinderte«, sagte Jennifer und schüttelte den Kopf wie ein Fußballtrainer, der seine Mannschaft zum x-ten Mal den gleichen Fehler machen sieht.

»Aber...«, setzte Sonja an und betrachtete das Ende ihres Kugelschreibers, »...ich krieg hier seit Beginn des Kurses immer nur mit, wie eine Seite gesehen wird, nämlich die der armen, zu Unrecht verurteilten Deutschen. Abgesehen davon: Wenn ihr alle nicht dauernd sagen würdet, daß ihr bestimmt keine Nazis seid, dann könnt man's euch vielleicht sogar glauben.«

Linde runzelte die Stirn – was sollte denn das jetzt? – und sah unauffällig auf die Uhr.

Teresa erwiderte: »Du tust ja gerade so, als könnte es so was wie die Nazis noch mal geben. So was Verrücktes.«

Sonja sah sich zu Teresa um. »Weil die Menschen aus Katastrophen lernen und darum immer klüger und besser werden?«

Das ist doch reine Rhetorik, dachte Linde. Und in Anbetracht der noch verbleibenden Unterrichtszeit und im Hinblick auf die Hausaufgabe, die er stellen wollte, sagte er: »Wartet mal.«

Teresa und Sonja schauten auf. Linde lächelte beiden zu. »Das ist sicher eine spannende Diskussion, aber führt doch jetzt leider etwas zu weit. Trotz des Zwischenfalls mit Olli möchte ich euch bitten, euch in den letzten fünf Minuten noch mal auf unser Thema zu besinnen und mit der Frage zu beschäftigen, welche Auswirkungen das Dritte Reich auf euer Leben heute hat.«

Doch nach all der Aufregung und kurz vor Beginn des Wochenendes war die Konzentration der Klasse hin. Keiner der Schüler reagierte. Viele sahen auf die Uhr, begannen,

Bücher und Hefte in die Taschen zu stecken, oder schalteten Handys an. Teresa schüttelte den Kopf, während Jennifer ihr etwas zuflüsterte. Sonja kratzte sich wieder mit dem Kugelschreiber im Ohr.

»Nun...«, Linde preßte die Lippen zusammen. Hier war wohl nichts mehr zu machen. Trotzdem wollte er den Unterricht so nicht beenden: irgendwie angeschmiert. Als trage er die Schuld für Olivers Aussetzer. Nachher hieß es noch, das Ganze sei nur passiert, weil er die Klasse nicht im Griff habe. Dabei: Wer hatte denn auf Teufel komm raus provoziert und alles erst ins Rollen gebracht?

»Also gut«, sagte er einlenkend, »ihr brennt darauf, ins Wochenende zu kommen, und, ehrlich gesagt, ich auch. Trotzdem würde ich mich, nachdem es eben so hoch hergegangen ist, über ein versöhnliches Schlußwort sehr freuen.« Er sah von einem Schüler zum anderen, bis er sich, als folge er einer plötzlichen Eingebung, unvermittelt an Sonja wandte: »Und da du, Sonja, dich heute so engagiert beteiligt hast, möchte ich das gerne dir überlassen.«

Sonja sah, den Kugelschreiber im Ohr, überrascht auf. Linde lächelte ihr freundlich zu und machte eine auffordernde Geste. »Bitte.«

Ohne Linde aus den Augen zu lassen, nahm Sonja den Kugelschreiber aus dem Ohr und legte ihn auf den Tisch. »Was meinen Sie mit versöhnlich?«

»Wie's im Duden steht, mein ich's.« Lindes Lächeln wurde noch um eine Spur freundlicher. Er wollte Sonja nicht vorführen, aber in gewisser Hinsicht war es ihre Stunde gewesen, fand er, und so sollte die Stunde auch im Gedächtnis der Schüler bleiben.

»Aha.« Sonja senkte den Blick, und einen Augenblick lang schien es, als wollte sie einfach verstummen. »Ich weiß, was versöhnlich heißt, aber was Sie jetzt hören wollen, weiß ich nicht. Doch auf Ihre eigentliche Frage, welchen Einfluß die Nazizeit auf unser Leben hat, da kann ich Ihnen, jedenfalls was mich betrifft, schon noch was antworten.«

»Nur zu«, sagte Linde, wobei er sich fragte, ob es nicht doch besser gewesen wäre, den Unterricht kurz und knapp zu beenden.

»Wie manche von euch wissen, will ich Filmregisseurin werden.«

An mehreren Tischen wurde aufgestöhnt oder gekichert. Einer zischte: »Sonja, allein zu Haus.« Ein anderer: »Manche mögen Scheiß.«

Sonjas Hände klammerten sich an die Sitzfläche ihres Stuhls, und ihre Augen fixierten einen Punkt auf der Tischplatte vor ihr. »Und je mehr ich mich damit beschäftige, desto mehr merke ich, wie mir meine deutschen Lehrer fehlen. Aber auch Freunde und Leute, mit denen ich wahrscheinlich zusammengearbeitet hätte, die gar nicht erst geboren werden konnten, weil ihre Eltern entweder ermordet worden oder weggegangen sind. Das, was mich interessiert – Filme, Bücher, Musik und die Leute, die damit zu tun haben –, ist doch in Deutschland Schrott seit den Nazis.«

»Aber Sonja!« Mit so einer Hokuspokus-Theorie hatte Linde ja nun überhaupt nicht gerechnet. Was ging nur im Kopf dieses Mädchens vor! »So kannst du das doch nicht sagen. Ich meine, es gibt schließlich eine Kinogeschichte nach fünfundvierzig. Von Fassbinder über Wenders bis zu den vielen neuen jungen Regisseuren, die in den letzten Jahren mit wunderbaren Komödien für Furore gesorgt haben.«

»Grauenhaft«, sagte Sonja, »und außerdem wollten Sie doch wissen, welche Auswirkungen die Nazizeit auf mein Leben hat, und ich sehe nun mal, daß es da, wo ich bin oder

Drei Stunden Latein hintereinander sind zuviel.

hinwill, in Deutschland leer ist und vor dreiunddreißig voll war.«

»Weil da, wo du bist, alle 'n Bogen drum machen«, zischte es aus der Ecke.

Linde räusperte sich. »Nun ja, wenn das dein Gefühl ist. Dagegen kann man wohl schlecht argumentieren.« Dabei schoß ihm durch den Kopf, ob Sonja vielleicht Jüdin sei. Aber davon hätte er doch gehört. Kaufmann – klang das jüdisch? Sie war erst vor einem halben Jahr ans Schiller-Gymnasium gekommen, und es war ihr erster Kurs bei ihm. Um Gottes willen, jetzt bloß nichts Falsches sagen.

»Auf jeden Fall ist dein Beitrag sehr interessant. Und in gewissem Maße bin ich sogar deiner Meinung. Nicht vollkommen, aber da ist auf jeden Fall etwas dran, und darüber sollten wir in einer der nächsten Stunden noch mal reden. Jetzt allerdings möchte ich zu unserer Hausaufgabe kommen...«

»Ist doch totaler Scheiß!«

Linde wandte erschrocken den Kopf. Am Fenster war Cornelius aufgestanden. Ein Freund seines Sohnes, begabter Aufsatzschreiber, Schülerparlamentsmitglied, Handballspieler, Amnesty-International-Mitarbeiter, zweimalige Verwarnung wegen Kiffens, Vater Anwalt.

»Das hör ich mir doch nicht an!«

»Bitte, Conni, würdest du hier nicht so rumschreien!« Linde wurde gegen seinen Willen laut. Was war das bloß für eine Stunde! Er wollte nur noch so schnell wie möglich ins Wochenende.

»Aber da wird man doch irre!« Cornelius' ausgestreckter Zeigefinger schoß auf Sonja zu. »Du redest hier von irgendwelchen phantasierten Freunden und Lehrern, die dir fehlen, weil vor über einem halben Jahrhundert möglicherweise deren Vorfahren umgebracht worden sind! Und was ist mit den Freunden und Lehrern, die heute umgebracht werden?! Und was tust du dagegen?! Guck doch mal Nachrichten! Guck mal, was zum Beispiel in Israel los ist! Da werden jeden Tag Familien, Kinder, Frauen, ganze Dörfer massakriert! Es ist doch unglaublich, noch heute immer wieder über die armen Juden zu reden, während Juden zur selben Zeit den größten Staatsterrorismus aufziehen! Frag mal einen Palästinenser, was er von deiner so vermißten Kulturschickeria hält!«

Sonja starrte ihn mit offenem Mund an. Linde sah zwischen ihr und Cornelius, der so herausfordernd dastand und dreinblickte, als spiele er in einer Schultheateraufführung einen französischen Revolutionär, hin und her. Schließlich sagte Linde: »Jetzt hab ich aber genug! Die Hausaufgabe bis nächsten Mittwoch lautet: Wie kommt Deutschland aus der Naziecke? Ihr könnt die Frage in einem Aufsatz beantworten, mit einem Thesenpapier, einer kleinen Erzählung oder sogar mit einer Rede. Formal habt ihr völlig freie Hand. Ich zähle auf eure Phantasie. Und bis dahin wünsche ich euch ein schönes verlängertes Wochenende.«

»Gleichfalls, Herr Linde«, tönte es aus verschiedenen Mündern, während die ersten zur Tür eilten.

Linde beugte sich unter den Tisch, um nach seiner Ledertasche zu greifen, und hoffte, daß Cornelius und Sonja den Klassenraum verlassen würden, solange er wegtauchte. Er ließ sich Zeit, kramte in der Tasche, horchte auf Schritte, Sätze und Gelächter, bis der letzte hinaus auf den Flur getreten zu sein schien, schloß die Tasche, hob den Kopf und sah über die Tischkante. Er atmete erleichtert auf. Der Raum war leer.

Ludwig Marcuse
Allgemein-Bildung

Wer alte Briefwechsel liest (etwa von der Wende des achtzehnten und neunzehnten Jahrhunderts und noch aus manchem Jahrzehnt später), wird ein leidenschaftliches Teilhaben an den großen Werken und Taten der Vergangenheit und Gegenwart spüren. Heute kann die Gleichgültigkeit mit Hilfe der Statistik unsichtbar gemacht werden: es werden enorm Bücher gekauft und Museen besucht; und der Philosoph Wittgenstein wird propagiert, indem man mitteilt, wie viele tausend ihn begehrten. Es kommt aber nicht darauf an, was einer dem Buchhändler abnimmt, sondern was er liest; nicht einmal, was er liest, sondern was ihn nicht langweilt. Es kommt nicht darauf an, wieviel Millionen durch ein Museum geschleust werden, sondern in welchem Zustand sie herausfließen. Man kann ganz gewiß eine Statistik des Kultur-Verbrauchs anlegen, aber nur schwer die Unsumme von Gleichgültigkeit feststellen, die sich hinter jenen Zahlen verbirgt. Wer Seife kauft, benutzt sie auch. Wer ein Buch kauft, verschenkt es vielleicht nicht einmal.

Vielleicht ist das Einnehmen der Kulturgüter wie bittere Medizinen (in den Zwangsanstalten, den niederen und den höheren, auch Allgemein-Bildung genannt) schlimmer als der prinzipielle Verzicht, der dazu führen würde, daß eine Weile nur eine winzige Schar, die es will, mit der Tradition belastet wird. In Amerika, wo Allgemein-Bildung mit glühenden Zungen gepredigt wird, ist die Situation besonders eklatant; europäischer Größenwahn rede sich nicht ein, daß dieser Eklat nur ein amerikanischer Vorfall ist. Es gab drüben den Kampf zwischen den Anhängern der Allgemein-Bildung, die alles, was gut und teuer ist, in die Gedächtnis-

Paul Flora

Kammern armer junger Yankees zu stopfen suchten: das Pathos der großen Bücher, die eilig zerkleinert wurden, um schnell vertilgt zu werden – und dem großen Pädagogen John Dewey, der danach trachtete, die lebenden Kräfte von primitiven Tätigkeiten her langsam zu entwickeln; die angeborenen Kräfte nicht durch die Wucht der angesammelten Schätze erdrücken zu lassen. In der Karikatur, welche für Realität ausgegeben wurde, sah der Konflikt so aus: Dewey wolle, die Studenten sollen lernen, Schreibmaschine zu schreiben – die Gegner hingegen waren für Platon.

Dewey wurde besiegt. Das Erziehungs-System folgte auch in Amerika der gesellschaftlichen Pflicht, ein Kultur-Erbe auf sich zu nehmen, das sich in den Textbüchern der Universitäten ausnimmt wie ein »Wer ist wer in der Kultur?«. Das Schlimmste ist nicht, daß trotz des eingeflößten Wissen-Sie-schon? recht viele nicht wissen, in welchem Jahrhundert Napoleon gelebt hat; schlimmer ist, daß die, welche es wissen, nichts damit anfangen können. Die Gleichgültigkeit gegen die Kultur ist gleich groß, ob man die berühmten Daten parat hat oder nicht. Sie ist ein Fremdkörper, in arme Lebendige hineingezwungen. Sie wird im besten Fall verwendet zum Geldverdienen, öfters in kleinerer Münze: für Wettbewerbe im Rundfunk, zum Gesellschaftsspiel, zu Toasten, vor allem zum Protzen. Wichtig ist, daß beachtet wird, wie wenig, was Kultur genannt wird, den Lebenden nährt. Sie hat viele pompöse Kirchen, jeden Tag mehr – und sehr wenige, in denen einer getröstet, erhoben, angeregt, menschlicher wird. Man kann nicht einmal sagen, daß der schon schleppend gewordene Lippendienst, der den großen Schöpfern und Werken geleistet wird, Heuchelei ist. Es ist viel unpathetischer. Der Respekt vor Homer, Shakespeare und Beethoven gehört zu den guten Manieren... die übrigens von einer ähnlichen Gleichgültigkeit umwittert sind.

René Goscinny

Wir haben uns schiefgelacht

*Eine Geschichte vom kleinen Nick
mit Zeichnungen von Sempé*

Heute Nachmittag, wie ich zur Schule gegangen bin, hab ich Otto getroffen und Otto hat gesagt: »Wie wär's – sollen wir mal einfach nicht hingehn?«

Ich habe gesagt, das können wir nicht machen, die Lehrerin ist bestimmt nicht einverstanden und mein Papa hat gesagt, man muß arbeiten, wenn man im Leben was erreichen will und besonders, wenn man Flieger wird und ich möchte meiner Mama keinen Kummer machen und überhaupt, es ist nicht schön, wenn man nicht die Wahrheit sagt.

Otto hat gesagt: »Heute Nachmittag haben wir aber Rechnen«, und da habe ich gesagt: »Ach so«, und wir sind nicht in die Schule gegangen.

Wir sind auch nicht in die Gegend gegangen, wo die Schule ist, sondern genau entgegengesetzt und wir sind ganz schnell gelaufen. Otto kriegte schon keine Luft mehr, nämlich er kann nicht so schnell. Otto ist sehr dick und er muß dauernd essen, deshalb kann er auch nicht so schnell laufen, klar – und wo ich so gut bin über vierzig Meter, nämlich so lang ist unser Schulhof.

»Schneller, Otto!«, hab ich gerufen.

»Ich kann nicht mehr«, hat Otto gesagt und er hat wieder geschnauft und dann ist er einfach stehen geblieben.

Da habe ich gesagt, wir bleiben besser nicht hier stehen, sonst kommt zufällig einer von zu Hause vorbei und dann gibt's keinen Nachtisch. Außerdem gibt es Schulräte und so, die können uns schnappen und einsperren bei Wasser und Brot. Das mit dem Wasser und dem Brot hat Otto wieder neuen Schwung gegeben und er ist ganz toll losgerannt, ich hab ihn kaum mehr einholen können.

Wir sind ein ziemliches Ende gerannt, bis hinter das Lebensmittelgeschäft von Herrn Compani, der ist sehr nett und Mama kauft die Marmelade bei ihm, besonders Erdbeer, die ist prima, weil keine Steine drin sind wie in der Aprikosenmarmelade.

»Hier sind wir einigermaßen in Sicherheit«, hat Otto gesagt und er hat einen Keks aus seiner Tasche geholt und hat reingebissen, denn er sagt, wenn er gleich nach dem Essen so laufen muß, das gibt Hunger.

»Das war 'ne gute Idee, Otto«, habe ich gesagt. »Weißt du – wenn – ich daran denke, wie die andern jetzt in der Schule sitzen und Rechnen haben, könnte ich mich schieflachen!«

»Ich auch«, hat Otto gesagt und wir haben uns schiefgelacht. Als wir mit dem Lachen fertig waren, habe ich Otto gefragt: »Was machen wir jetzt? Vielleicht können wir auf

den Marktplatz gehen«, habe ich gesagt. »Wir können ein bisschen trainieren, mit einem Papierball.«

Otto hat gesagt, nicht schlecht, aber auf dem Marktplatz ist doch immer ein Schutzmann und wenn der uns sieht, dann fragt er uns bestimmt, warum wir nicht in der Schule sind und dann nimmt er uns mit ins Gefängnis und dann fängt die Sache wieder an mit Wasser und Brot und so. Wie er bloß daran gedacht hat, der Otto, da hat er schon wieder Hunger gekriegt und er hat ein Butterbrot mit Käse aus der Schulmappe rausgeholt. Wir sind weitergegangen und Otto hat sein Butterbrot aufgegessen und dann hat er gesagt: »Die andern in der Schule, die haben jetzt nichts zu lachen.«

Wir sind aber schon etwas müde gewesen vom vielen Rumlaufen und Otto hat vorgeschlagen, daß wir vielleicht auf den Bauplatz gehen, dahinten ist bestimmt kein Mensch und wir können uns auf die Erde setzen und ausruhn. Der Bauplatz ist prima und wir haben mit Steinen nach Konservenbüchsen geschmissen. Nachher hatten wir genug von den Steinen und wir haben uns hingesetzt und Otto hat ein Schinkenbrot aus seiner Mappe geholt – das letzte.

»In der Schule«, hat Otto gesagt, »da sitzen sie jetzt und brüten über den Rechenaufgaben.«

»Nein«, habe ich gesagt, »es ist schon später – jetzt ist Pause.«

»Pöh«, hat Otto gesagt, »Pause ist langweilig.«

»Pöh«, habe ich gesagt und ich habe angefangen zu weinen. Ist auch wahr – es ist gar nicht so lustig auf dem Bauplatz gewesen. Wir sind dagesessen und haben nichts machen können, wir haben uns verstecken müssen und ich habe doch Recht gehabt, daß ich zur Schule gehen wollte, Rechnen oder nicht – egal. Und wenn ich Otto nicht getroffen hätte, dann hätte ich jetzt auch Pause und könnte Knicker spielen und Räuber und Gendarm und ich kann prima Knicker spielen.

»Was hast du denn bloß – warum heulst du?«, hat Otto gefragt.

»Da bist du schuld, daß ich jetzt nicht Räuber und Gendarm spielen kann«, habe ich gesagt und das hat Otto nicht gefallen.

»Ich habe dich nicht gezwungen mitzukommen«, hat er gesagt, »und wenn du nicht mitgegangen wärst, wär ich zur Schule gegangen – also ist es deine Schuld!«

»Ach nee?«, hab ich zu Otto gesagt und ich hab es genauso gesagt, wie Papa es immer zu Herrn Bleder sagt, nämlich Herr Bleder ist unser Nachbar, und er ärgert meinen Papa immer.

»Ach ja«, hat Otto gesagt und er hat es genauso gesagt, wie Herr Bleder zu meinem Papa sagt, und dann haben wir uns gehauen – wie Papa und Herr Bleder.

Wie wir aufgehört haben, uns zu hauen, da hat es geregnet und wir haben gemacht, daß wir runterkamen von dem Bauplatz und wir sind gelaufen, aber wir haben nicht gewußt, wo wir uns unterstellen sollen, damit wir nicht naß werden, nämlich Mama hat gesagt, ich soll nicht draußen bleiben, wenn es regnet, und ich tu fast immer, was Mama sagt.

Otto und ich, wir haben uns beim Uhrmacher vor das Schaufenster gestellt. Es hat ganz toll geregnet und wir sind ganz allein gewesen auf der Straße und es war gar nicht lu-

stig. Wir haben gewartet, bis es spät genug ist und wir nach Hause gehen können.

Wie ich nach Hause gekommen bin, hat Mama gesagt, ich seh so blaß aus und vielleicht bin ich übermüdet und wenn ich will, brauch ich morgen nicht in die Schule. Aber ich habe gesagt, nein, ich will gern in die Schule und Mama hat sich gewundert.

Nämlich morgen werden wir den andern erzählen, was wir gemacht haben und daß es prima war und wir haben viel Spaß gehabt und dann sind unsere Schulkameraden ganz schön neidisch!

Joachim Ringelnatz

Wie abscheulich faßt sich Kreide an!

Wenn ich träume, dann immer Schlimmes, das heißt Beängstigendes, Quälendes. Trostlos und hilflos erlebe ich in dem Zustand unlogische, peinvolle Situationen. Meistens leide ich darin als Soldat unter Vorgesetzten oder als Schüler unter Lehrern.

Mein erster Schultag – in der Vierten Bürgerschule in Leipzig – war durch eine übliche große Zuckertüte versüßt. Der zählt also nicht mit.

Ich lernte das Abc und »Summ summ summ, Bienchen summ herum« und anderes Fundamentale. Aber ich lernte gewiß nicht leicht. Denn bald bekam ich Nachhilfestunden bei einem Lehrer, dem ich im Vorzimmer gebogene Stecknadeln ins Ledersofa einbohrte. Allerdings mehr, um einem zweiten Nachhilfebedürftigen zu imponieren, als um den Lehrer zu schädigen.

Wie abscheulich faßt sich Kreide an! Wie häßlich nimmt sie sich, trocken verwischt, auf einem schwarzen Brett aus. Wie stechend empörend kann ein Schieferstift auf einer Schiefertafel quietschen.

Aber ein Schwamm ist schön. Wenn er naß, richtig naß ist. Und noch schöner ist eine dunkle Schwammdose aus poliertem Holz, zumal sich zu hundert nicht aufoktroyierten Spielereien verwenden läßt. Wundersam sind alte, abgenutzte Schulpulte. Ihre Maserung, ihre Tintenflecke und Astlöcher gaben mir die erste, vielleicht einschneidendste Anregung zu meinen Malerei betreffenden Wünschen. Imposant ist ein neuer Schulranzen aus Seehundsfell. Daß die, die sich an ihn gewöhnen und ihn gar tragen müssen, seine Vorzüge allmählich vergessen und ihn gelegentlich ohne Bedenken als Wurfgeschoß benutzen, das bestätigt ein natürliches Gesetz.

Schwer ist das Einleben in Pünktlichkeit. Bedrückend ist jede ungütige, unbegriffene Überlegenheit. Und häßlich, niederträchtig ist ein Rohrstock, wenn er sadistisch einwillig oder kleinhirnig jähzornig als Strafmittel gebraucht wird. Uns schlug man damals in gewissen Fällen mit dem Lineal auf die spitz hinzuhaltenden Fingernägel. Tat schauderhaft weh.

Ich kam auf das Königliche Staatsgymnasium, wo mein Bruder bereits eine höhere Klasse besuchte. Nicht lange hielt die Freude über eine grüne Mütze mit silberner Litze an. Das große, ernste Schulgebäude und der finstere Rektor im zerknitterten Frack flößten mir gleicherweise Schrekken ein. Nun brach das grausige Latein über mich herein; und andere Fächer, vorgetragen, eingepaukt und abgefragt von respektfordernden Dunkelmenschen, vor denen mein Herz sich von Anfang an verschloß. Der einzige interessante Mann schien mir der Turnlehrer Dr. Gasch. Weil er eine Nase aus Hühnerfleisch hatte, von einem Duell her.

Die Stunden im Gymnasium vergingen so unsagbar freudlos, langsam. Trotzdem ich eine Fülle von Unter-der-Bank-Spielen ersann und hinter dem Rücken des Vordermanns stets eine Sonderbeschäftigung oder Privatlektüre hatte. Mein liebstes Buch war *Der Waldläufer.*

Ich stibitzte meinem Nachbarn das Frühstücksbrot, eine Klappstulle. Zwischen die beiden Brothälften legte ich Papier, das ich dann, so weit es überragte, abschnitt. Worauf ich das Brot zurücklegte, um mich in der Pause zu amüsieren, wenn jener Junge sich während des Kauens Papierstücke aus dem Munde zog.

Keines der Lehrfächer regte mich an. Ich war in allen schlecht. Sogar im deutschen Aufsatz, für den ich durch meinen schriftstellernden Vater mehr mitbekommen hatte als die andern Knaben. Im Zeichnen versagte ich völlig. Ich brachte es nicht fertig, ein einigermaßen sauberes Quadrat zu zeichnen. Fortan durfte ich die allgemeinen Zeichenübungen nicht mehr mitmachen, sondern mußte mich während des Unterrichts unbeteiligt auf eine Sonderbank setzen, wo es mir überlassen blieb, einen häßlichen Gipsdackel abzuzeichnen. Hundertmal habe ich ihn gezeichnet. Er wurde immer unkenntlicher.

Auch der Gesangslehrer wußte nichts mit mir anzufangen. Denn ich hatte mir an dem Tage des Tauchaschen Jahrmarktes als halbnackter Gassensioux den Kehlkopf ein für allemal kaputtgeschrien. – Es kam vor, daß Schüler aus den elterlichen Gärten Sträuße mitbrachten und einem Lehrer überreichten. Um meinen Musikdirektor zu versöhnen, brachte ich auch ihm einmal ein Bukett mit, das ich unterwegs eilig in den städtischen Anlagen gepflückt hatte. Da es aber nach der weit herbstlichen Jahreszeit nur aus blütenlosen Strauchzweigen und kahlen Kräutern bestand, warf es der Lehrer aus dem Fenster, verprügelte mich noch einmal, und von da an war ich vom Gesangsunterricht dispensiert, bekam allerdings durch ein Versehen in den Jahreszeugnissen immer eine 1 in diesem Fach.

In der Schule war's trostlos. Schönschrift und Orthographie brachten mich zur Verzweiflung. Kein Lehrer mochte mich leiden. Meine Hefte waren schmierig. Glaubte ich mich unbeobachtet, so trieb ich Allotria. In den Pausen war ich nicht zu bändigen. Ich wurde verpetzt oder erwischt und immer wieder bestraft. Strafarbeiten, Nachsitzen, Arrest, schließlich Karzer. – Immer neue Lügen erfand ich, um den Eltern das zu verbergen und mein verspätetes Heimkommen zu rechtfertigen. Aber direkte Briefe oder persönliche Rücksprachen brachten alles an den Tag, und die halbjährlichen Zensuren klagten in einer düsteren Sprache.

»... Leider mußten wir sogar einem der Schüler im Betragen eine Fünf erteilen...« sagte der Rektor in seiner feierlichen Aktusrede zu Ostern. Ich hatte der Rede nicht zugehört, aber als der Rex an jene Bemerkung meinen Namen knüpfte und in der Totenstille der Aula sich auf einmal ein paar hundert Menschen nach mir umsahen, versteckte ich schnell und verlegen etwas, worin ich gelesen hatte. Die Fünf im Betragen konnte auf irgendein ehrenrühriges Vergehen

deuten. Man beglaubigte mir, daß zwar so etwas nicht vorläge, daß aber die Unsumme von kleinen Untaten und...

Ich bestand das erste Examen im Gymnasium nicht, mußte deshalb Sexta noch ein zweites Jahr durchmachen. Mein Vater ermahnte mich, erteilte mir Vorwürfe, redete, wie man so sagt »einmal vernünftig« mit mir, drohte. Half alles nichts. Ich war in diesen Angelegenheiten so scheu geworden, daß ich nur noch auf den Ton, nicht auf den Sinn der Worte hörte.

Ich wurde auch in der Quinta nicht versetzt, sondern mußte ein neues Jahr dort bleiben. Das hatte den einzigen Vorzug, daß ich von den neuen Klassengenossen zunächst als Älterer respektiert wurde. – Meine Zeugnisse verschlechterten sich.

Mein Vater beschlagnahmte eine Sammlung von Ansichtskarten, die ich mir angelegt hatte und auf denen halbnackte Mädchen zu sehen waren. Er beschlagnahmte auch ein sehr aufregendes Buch, das ich von einem Freund eingetauscht hatte, und das den Titel trug *Der Frauenhandel in Wisconsin*. Nie habe ich das Buch wiedergesehen und suche es noch heute.

Das zweite Quintajahr ging zu Ende. Meine Aussichten waren hoffnungslos. Es ereignete sich ein Zwischenfall, der dem Faß den Boden ausschlug. Meine Eltern hatten mir ein Jahresabonnement für den Zoo geschenkt. Weil dieser Tiergarten direkt neben dem Gymnasium lag, benutzte ich alle Pausen, um hinüberzulaufen. Nun war dort seit einiger Zeit eine Völkerschau zu sehen, und zwar drei Samoaner mit dreiundzwanzig Samoanerinnen. Herrliche, stattliche Gestalten. Die Frauen trugen nur ein hemdartiges Gewand und steckten sich Blumen ins Haar.

Ich befand mich in den Pubertätsjahren und konnte mich an den bronzefarbenen, dunkelhaarigen Weibern nicht sattsehen. Da mein kleines Taschengeld für Geschenke nicht ausreichte, entwendete ich zu Hause nach und nach unseren gesamten Christbaumschmuck. Bald trugen alle dreiundzwanzig Insula-

nerinnen Glaskugeln, kleine Weihnachtsmänner, Schokoladeherzen und Zuckerfiguren, Wachsengel und Ketten im Haar. Sie dankten mir, indem sie mich anlächelten oder über mein blondes Haar strichen, was mich beseligte. Aber eine von ihnen erfüllte mir eines Tages meinen Wunsch, mir ein »H« auf den Unterarm einzustechen. Das geschah in der großen Unterrichtspause. Die dauerte eine Viertelstunde, das Tätowieren aber einundeinehalbe Stunde. Es tat ein bißchen weh und kostete auch ein Tröpfchen Blut.

»Wo bist du gewäsen?« fragte der Lehrer, als ich unter atemloser und schadenfroher Spannung meiner Klassengenossen den Schulraum betrat. Ich wußte: Nun ist alles aus. Aufrecht ging ich an dem Lehrer vorbei an meinen Platz und sagte, jedes Wort stolz betonend: »Ich habe mich tätowieren lassen!«

Es war aus. Consilium abeundi.

»Der Esel. Er hatte kein ... Corona-Heft«.
Tomi Ungerers erster Werbeauftrag, 1954.

Nichts für ungut

F. K. Waechter

Fatou Diome

Die Bettlerin und
die Schülerin

Mit vier Afrika-Fotografien von Georges Simenon

Ein paar geröstete Erdnußkerne – thiaf – zu kleinen Häufchen geschichtet; eine Hand greift nach ihnen und füllt sie in Tütchen. Sie gleiten sanft hinein wie Lebenstage in den Trichter der Zeit.

Noch ein Tütchen und noch eins. Die geübte Hand dreht sie ohne Hilfe der Augen. Die Finger der Hand sind runzlig, schrundig, zittrig, hart. Ein Muskelstrang tritt am Unterarm hervor, mündet im Daumen und kommt wie ein Schnürsenkel immer wieder zu Tage, um den Papierkegel zu schließen. Ein anderer Muskelstrang läuft von der Ellbogenbeuge den Bizeps entlang und endet unmittelbar vor einem dritten, der zusammen mit einer dicken Ader den Hals bis zum Kiefer durchzieht wie ein Schienenstrang.

Ein Tütchen entsteht in zwei Schritten: Zunächst klemmen die Schenkel ein aufgeklapptes altes Schulheft ein, und die Finger reißen ein Blatt heraus, das wie eine Klinge zum Himmel steht. Dann entläßt der Schraubstock das Heft, schließt sich wieder und wird zur Arbeitsplatte. Nun hält ein Armstumpf das Blatt fest, die Hand glättet es ein wenig, dreht es um sich selbst, schüttet einen Becher geröstete Erdnüsse hinein und knickt die Spitze um.

Die alte Codou lebte mit ihrem Sohn Diokelé, der vom Aussatz entstellt war, im Lepraviertel. Ihrem Mann Guignane hatten die Pfeile der Seuche aus den großen Städten die Augen ausgestochen. Weißliche Tränen voller Staub quollen aus den zwei leeren Höhlen über seiner Nase. Mit seinem Krückstock ging er durch die Straßen von Foundiougne und rief: »Ngir yalla, sarakhelen, ngir yalla – Gott ist barmherzig, gebt im Namen des Herrn!« Wenn ihm jemand eine Münze, einen Kanten Brot, eine Handvoll Reis oder Hirse zusteckte, pries er die gute Seele in den höchsten Tönen und prophezeite ihr das schönste von den sieben Paradiesen Mohammeds.

Er hatte die Körperfresser-Krankheit als erster bekommen. Ohne darüber nachzudenken, folgte ihm Codou als ergebene Ehefrau in die Quarantäne und pflegte ihn. Wenn sie vor der Ansteckungsgefahr gewarnt wurde, sagte sie nur: »Ich fürchte mich nicht. Es geschehe, wie Gott will.«

Und Gott wollte, daß der Aussatz ihre rechte Hand fraß, mit der sie in festem Glauben und voller Liebe Guignane den Ausfluß aus dem Gesicht wischte.

Ohne die Hand konnte sie kein Holz mehr hacken und auf dem Markt verkaufen oder die mageren Fische braten, die Guignane, als er noch Bauer war, gegen ein paar Maß Hirse von den Fischern erstand. Ihm war von seinen Feldern nicht mehr geblieben als die verschwommene Erinnerung an ein herbstliches Bild. Damals, als ihm das Augenlicht schwand, hatte er noch rasch die Ernte eingebracht, und seither lebte er von den Klagerufen, die durch Foundiougne schollen. Daneben gab er seiner Frau ein paar Stunden, die sie bald zu einer gewieften Bettlerin machten.

Sie ging in die Häuser, blieb aber immer nur fünf Minuten. Erst trug sie geistliche Gesänge vor, in denen die Verheißungen Gottes unzweifelhaft Wirklichkeit wurden, dann

sang sie mit ihrer schönen Stimme weltliche Lieder, um die
Bewohner für das ganze Ausmaß ihrer Tragödie, die Gott,
wie sie sagte, jedem auferlegen könne, empfänglich zu machen. Sie trieb ihren Alt in die höchsten Höhen und ließ ihn
so sanft herabsinken, daß noch die verstocktesten Seelen er-
bebten. Eines, das meist die Börsen öffnete, ging so:

Walaye walaye sumako walaye
Yalla ma nattu ma dik di yelwan
Walaye walaye Sumako walaye
Yalla bima binde moye sen boroom
Walaye walaye sumako walaye
Yalla kuko nekh mu tegko ...

Das heißt:

Ich schwöre es euch im Namen Allahs
Gott prüfte mich, nun bettle ich
Ich schwöre es euch im Namen Allahs
Mein Schöpfer ist auch der eure
Ich schwöre es euch im Namen Allahs
Gott prüft, wen er will.

Einige wollten Gutes tun, andere wollten sich vor den gött-
lichen Blitzen schützen. Alle gaben ihr ein paar Münzen oder
etwas zu essen und beteten, daß ihre Gabe die Sorgen von
ihnen nehmen und das Unheil statt ihrer Lieben die Bettlerin treffen möge. Wenn wichtige Ereignisse bevorstanden,
gingen manche sicherheitshalber selbst zu ihr und machten
ihr größere Geschenke, um das Schicksal gnädig zu stimmen. Nicht daß die alte Codou auch nur das geringste Ansehen genossen hätte, aber in dieser abergläubischen Ge-

meinschaft kam ihr eine wichtige Funktion zu: Sie diente der Läuterung. Sie zog den ganzen Schrott, den die anderen loswerden wollten, an wie ein Magnet im Staub einer alten Schmiede. Das war ihr Leben als Bettlerin.

Einen Ellbogen auf dem Schenkel, den Hals gereckt und das Kinn in die einzige Hand gestützt, so sitzt Codou auf ihrer Bank und wartet. Ihr großer, fast leerer Korb verrät, daß der Vormittag erfolgreich war. Die meisten Erdnüsse sind verkauft. Trotzdem sitzt sie noch da, allein und regungslos.

Codou sitzt vor ihrem Haus gegenüber der Schule, die ihr eine treue Kundschaft bringt. Mittags und in den Pausen kommen die Schüler. Für viele sind Erdnüsse das einzige, was sie tagsüber zu beißen kriegen. Codou ist immer da. Man kann sie noch dort sitzen sehen, wenn der Wind das letzte Tütchen aus ihrem großen Korb verweht hat. Sie wartet. Unter der Bank steht noch ein kleinerer Korb mit zwei größeren Tüten, verborgen unter einem karierten Heft. Von Zeit zu Zeit streicht Codou darüber und wartet weiter.

Ich werde vom Strom der Gymnasiasten mitgerissen, der sich zur Hauptschlagader der Stadt ergießt. Eine in die Menge geschleuderte Kalebasse würde nicht am Boden zersplittern, so nah sind sich die Köpfe. Aus der Vogelperspektive muß das aussehen, als wären viele schwarze Wachskugeln in der Hitze zu einer kompakten Masse verschmolzen, die an den Rändern wellenförmig ausläuft wie die Brandung des Meeres am Strand. Aber nicht jedes Ufer wird von denselben Wassern bespült, die Verschmelzung ist Illusion. Auch in einer Zebraherde hat jedes seine eigenen Streifen.

Die Herkunft der Gymnasiasten läßt sich an ihrem Äußeren ablesen: Kinder von Beamten und Akademikern tragen Kleider, Röcke, Hosen oder Hemden von der Stange. Händler und Notabeln stecken ihren Nachwuchs in traditionelle Boubous, die sie von städtischen Schneidern aus Damast oder bunten Batikstoffen nähen lassen. Oft sind es auch religiöse Führer, die sich nicht mit ihrem angemaßten Ehrenplatz bei Gott begnügen, sondern ihre Sprößlinge auf die Eroberung der politischen und ökonomischen Bühne vorbereiten wollen. Noch ist unser Lebenslauf ein unbeschriebenes Blatt, aber die Falten unserer Kleidung prägen schon die Umrisse der späteren Visitenkarten.

In meinen Jeans-Shorts und dem bunten T-Shirt vom Flohmarkt träume ich von der Zeit, in der es Schuluniformen aus meerblauer Baumwolle gab: Shorts und Hemd für die Jungs und für die Mädchen ein geknöpftes Kleid. Léopold Senghor hat sie eingeführt. Heutzutage können sich die häßlichen Entlein nicht mehr so leicht in den Tanz der Pfauen mischen.

Nach ein paar Metern zerstreut sich der Zug. Am eiligsten haben es jene, auf die eine üppige Mahlzeit wartet. Ich schaue nach links: Die Bäckerei auf dem kleinen Platz, der sich schlagartig leert, wenn der Duft der thieboudienne sich mit dem Klingeln der Schulglocke mischt und die letzten Dame-Spieler nach Hause treibt, hat noch auf. Also biege ich wie gewohnt nach rechts ab, zu Codous Haus. Und gleich setzt ein Chor von Stimmen ein, die ich noch heute verfluche: »Schau, schau, die Klassenbeste in ihren löchrigen Sandalen! Huuuh! Sie geht zu Kuddu, der Aussätzigen! Nimm die Seuche doch in dein Dorf mit, wenn du sie kriegst! Huuuh!«

Es sind die Kinder des Doktors und ihre Clique, die als einzige nie etwas bei Codou kaufen. Mutwillig haben sie Codous Namen zu Kuddu verballhornt, was auf Wolof Löffel oder Kelle heißt – eine Anspielung auf ihre verwaiste Hand, die vom vielen Arbeiten groß und krumm ist. Wenn Codou ihre Hand ausstreckt, ist es, als ob sie das ganze Elend ihrer Zeit als Bettlerin darin wiegt. Ich drehe mich um und zeige ihnen den Stinkefinger, bevor ich weitergehe.

Die Sonne legt einen Striptease hin, doch einen Ständer hat nur die Moschee. In meinem Kopf brodelt es wie in einem Schnellkochtopf. Kalkulationen in Francs CFA treiben durch mein verflüssigtes Gehirn. Ich rechne. Ergebnis? Ein Ergebnis! Erstaunlich.

$$55 \times 99 = 4950$$
$$5000 - 4950 = \ldots$$

Und schon bin ich bei Codou.

»Da kommt sie ja endlich, meine Kleine!« begrüßt sie mich. »Ich war heute früher fertig und hab auf dich gewartet.« Und bevor ich ihr guten Tag sagen kann, ermahnt sie mich mit gespielter Strenge: »Hier sind deine dreißig Francs. Lauf, und hol dir dein Brot, bevor der Bäcker zumacht!«

Ich wühle in dem riesigen Beutel, der mir als Reise-

und Schultasche dient. Er hängt mir bis zu den Knien. Großmutter hat ihn aus den Resten eines alten Tergal-Bettuchs
genäht, wofür sie einen ganzen Abend brauchte.

»Was suchst du?« unterbricht mich Codou.

»Meinen Stift, um mir die 50 Francs von heute zu no-
tieren: 30 für das Brot und zweimal 10 für die Erdnüsse, wie
immer.«

»Der Bäcker macht gleich zu, Kleines«, sagt sie noch
einmal. »Lauf, ich warte auf dich, wir machen das nachher.«

Also nehme ich die 30 Francs und sause los.

Unterwegs muß ich an meine Beziehung mit Codou
denken. Unsere Geschicke haben sich verquickt wie zwei
Meeresarme aus verschiedenen Quellen, die zufällig zusam-
menfließen, bis sie ebenso zufällig wieder getrennten Zielen
folgen. Der Zufall wollte es, daß das Gymnasium nicht in
meinem Dorf, sondern in Codous Stadt steht.

Ich war von den Saloum-Inseln gekommen und wohnte in
einem polygamen Haushalt. Zwei Frauen und achtzehn Kinder teilten sich drei Schlaf- und ein Wohnzimmer. Das Ansehen des Hausherrn wächst ja mit der Anzahl hungriger Mäu-
ler, die er zu stopfen hat. Bei den drei mageren Schafen, die im
Hof den Sand abgrasten, bedeckte die Wolle gnädig das Gerippe; bei den Menschen aber stachen die Knochen so scham-
los heraus, als wollten sie den Himmel anklagen. Das Geld, das
meine Großmutter mir regelmäßig schickte, verflüchtigte sich
so schnell wie eine Träne in der Wüste von Chinguetti.

Wer zu spät zum Essen kam, war arm dran. Nicht nur,
daß die Hand dann gar nicht mehr durchkam zu der großen,
flachen Couscous-Schüssel, um die schon alle anderen saßen,
sie fand darin höchstens Reste, manchmal vielleicht einen
Fischkopf. Der glotzte dann mit großen Augen in hoff-
nungslose Gesichter, deren Ovale nur Nullen ergaben.

Codou verließ das Haus oft mit leeren Händen. Sie wußte, daß Tote keine Steuern zahlen und daß leere Scheunen auch keine Almosen hergeben. Doch ihre armen Füße hatten die Stationen auf dem Weg der Hoffnung seit langem fest gespeichert.

Das Gymnasium war drei Kilometer von meiner Unterkunft entfernt. Nach einem Monat gab ich das Rennen um die ersten Bissen auf. Um mir Fragen der Schulaufsicht zu ersparen, verließ ich mittags mit den anderen das Gebäude, als ob ich nach Hause wollte, trennte mich aber ein paar Straßen weiter von der Menge, kaufte mir Brot und thiaf und kehrte auf einem Umweg wieder in die Schule zurück.

Ein Stück Brot abbeißen und kauen, dann wie eine Basketballerin die Erdnüsse eine nach der anderen in den Mund werfen, wo sie sich knackend mit dem Brotbrei vermischen und der Speichel fließt, das ist das Glück: Es schmeckt

wie salzige Schokolade, nach Überleben. Die Enttäuschung, wenn eine Erdnuß von ihrer Bahn abkam und im Sand landete.

Eines Abends war mein alter Pappkoffer durchwühlt und das bißchen Geld, das ich darin versteckt hatte, weg. Das enge Zusammenleben machte Nachforschungen fast unmöglich, aber ich wollte mich nicht damit abfinden, daß meine paar Kröten sich einfach in Nichts aufgelöst hatten wie ein Glas Wasser in einem Misttrog. Der Schweiß meiner Ferienarbeit klebte noch an ihnen. Während die Touristen sich in der Sonne aalten, war ich Haussklavin bei einer Familie aus Dakar. Ein Schuljahr zu überstehen war ziemlich mühsam.

Der Löwe sättigt sich an der Beute, die Kleinen lecken am blutigen Gras: Ich befragte die sechs ältesten Kinder, die Zeter und Mordio schrien über meine ehrenrührigen Verdächtigungen. Nach der Mahlzeit leckt der Löwe sich die Lefzen: Der Hausherr erfand für mich eine Strafe, die einem Zuchthaus zur Ehre gereicht hätte. Die vier ältesten Söhne dienten als Folterknechte. Sie stellten sich im Rechteck um mich auf, packten mich an den Gliedmaßen und hoben mich hoch. Mein Körper schwebte etwa einen Meter über dem Boden, der Patriarch stand daneben, holte mit einer Ochsensehne Schwung, und von der Höhe seiner hünenhaften Gestalt herab prasselten die Hiebe auf meinen Hintern und meinen Rücken. Der Rest des Hauses ließ sich von meinen Schreien nicht stören. Auch die Frauen kamen mir nicht zu Hilfe, obwohl ich sie bei ihrem Namen rief. Ich hatte auf ihren mütterlichen Schutzinstinkt gehofft, aber schnell begriffen, daß im Reich der Vielweiberei niemand Gott am Bart zupft.

Das Brennen meiner blutverschmierten Knie weckte

mich auf. Die Jungen hatten mich wohl nach vollzogener Strafe einfach auf den Beton fallen lassen. Allmählich wurde mir die lastende Stille im Haus bewußt. Als ich die Augen aufschlug, sah ich den Hausherrn mir gegenüber auf einer Bank sitzen.

»Das soll dir eine Lehre sein«, sagte er mit bluttriefender Stimme. Dann nahm er ein paar Oktaven heraus und fügte hinzu: «Ich habe dein Geld genommen. Ein Mädchen wie du kann nicht einfach 2000 Francs für sich behalten. Du hättest es einem Erwachsenen anvertrauen müssen. Das also war dein heimlicher Vorrat!«

Grimmig sah er mich an. Er hatte das Geheimnis meiner langen Schultage durchschaut. Und dann kam der Satz, auf den ich gewartet hatte: »Von jetzt an kommst du jeden Morgen zu mir ins Zimmer, und ich gebe dir, was du brauchst.«

Er stand auf, legte den Kopf schief, schaute mich von der Seite an und leckte sich die Lippen. Bevor er ging, säuselte er: »Eine harte Hand kann auch zärtlich sein.«

Am nächsten Morgen klopfte ich an seine Tür, bevor ich mich auf den Weg zur Schule machte. Er hieß mich eintreten.

»Guten Morgen, Pa-Dioulé«, sagte ich, »ich brauche heute 50 Francs.«

Er saß auf seinem Bett. Der Kaftan hing ihm bis über die Knöchel. Die Geldbörse lag in Reichweite auf einem Tischchen neben der Tür. Er befahl mir, sie ihm zu geben. Als ich das tat, packte er mich am Handgelenk und hob seinen Kaftan. Darunter war er nackt, auf seinem Penis lag eine Münze. Dick und klebrig kam die Stimme aus seiner Kehle; so hatte ich ihn noch nie gehört: »Schau, er braucht heute auch was, danach kriegst du deinen Teil, komm her, komm! Pssst!«

Ich zappelte wie ein Karpfen im Netz. Vor Angst hatte es mir die Sprache verschlagen. Da zögerte der Hausherr – mein Mund hatte sich schon zum Schrei geöffnet. Der Schraubstock schloß sich wieder, und ich wurde von einer heftigen Bewegung gegen die Tür geschleudert.

Beim Weglaufen stieß ich ein Körbchen um, in dem zwei kleine Mangos von schwärzlichem Grün lagen, dazwischen eine überreife Banane mit geschwollener Schale. Ich habe das Zimmer von Pa-Dioulé nie wieder betreten, weder um nach dem verrunzelten Obst zu sehen, noch um mein Geld zurückzuverlangen.

Diese Erinnerungen durchströmen mich wie Abwässer die unterirdischen Kanäle einer Stadt. Sie haben mich aufgehalten, kurz vor der Bäckerei bin ich stehengeblieben und gehe jetzt um einen Abfallhaufen herum, den eine Hausfrau hier hinterlassen hat. Als mir das Brot wieder einfällt, hat die

Bäckerei geschlossen. Ich drehe um – Codou macht sich sicher schon Sorgen. Und dann ist da noch die offene Rechnung, ich muß die Zahlen in unser Heft eintragen.

99 x 50 = 4950. Ja, so weit bin ich schon. Die alte Codou schuldet mir nur mehr 50 Francs: zwei Tütchen Erdnüsse und die 30 Francs für das Brot, das morgige Mittagessen.

Meine Zusammenarbeit mit Codou begann ein paar Wochen nach dem Raubzug des Hausherrn, der glaubte, er hätte mir alles abgenommen.

Er wußte nicht, daß ich eine Niominka war.

Die Niominka-Serer bewahren nie ihre ganze Ernte in einem Speicher auf; der im Haus ist stets weniger gefüllt als der im Busch. Was Pa-Dioulé für eine fette Beute hielt, war nur ein Fischschwanz. Der größere Teil war woanders.

Ich bin mit 7500 Francs im Beutel nach Foundiougne gekommen. Während der ersten Schultage trug ich sie immer mit mir herum, in einem Socken, in der Jeanstasche oder an meinem Lendenschurz. Das war ziemlich lästig, besonders beim Turnen, weil ich ständig den Umkleideraum im Auge behalten mußte. Bald hatte ich davon genug und beschloß, mein Vermögen auf zwei Verstecke zu verteilen. Ich packte 5000 Francs in einen Plastiksack, steckte ihn in eine leere Milchflasche und vergrub diese am Fuß eines großen Baums im Schulhof. Der kleine Fundus im Koffer war bis zu seiner Entdeckung meine Alltagsreserve.

Eines Tages stand die alte Codou frühmorgens vor unserer Tür. Ihr Gesang rührte die ersten Sonnenstrahlen, doch sie war im Handumdrehen wieder draußen und schlug den Weg zur Hauptstraße ein, Richtung Schule. Sie ging mit schleppenden Schritten, beladen von ihrem Schatten, als wäre es eine übermenschliche Anstrengung, ihr Elend vor sich herzutragen. So holte ich sie rasch ein, als ich wenig später zur Schule ging.

»Guten Morgen, Mame Codou«, sagte ich.

»Guten Morgen, meine Tochter«, erwiderte sie und fing gleich lauthals zu schimpfen an: »Almosen sind für deine Gastgeber sicher nicht der Schlüssel zum Paradies! Die sind ja geiziger als das Gerippe ihres Uhrahns. Wo sonst das Herz ist, haben die ein Stück Teakholz! Daß ich mich überhaupt herablasse, für sie zu singen!«

Ich dachte ganz ähnlich, und was sie sagte, zurrte das schwarze Tuch, das sich auf meine Seele gelegt hatte, nur noch fester.

Da ich weiterhin mittags wegblieb, wurden die Fragen des mißtrauischen Hausherrn von Tag zu Tag bohrender. Er hatte erraten, daß ich anstelle des häuslichen Mittagessen woanders eine Kleinigkeit aß. Ich mußte also noch Geld haben. Und während Codou grübelte, wie sie ihm ein Almosen aus den Rippen leiern sollte, zermarterte ich mir das Gehirn darüber, wie ich mein restliches Geld vor seiner Gier in Sicherheit bringen könnte. Da kam ich auf die Idee, mich mit Codou zu verbünden.

Foundiougne war der Mittelpunkt einer Landwirtschaftsregion. Die Bauern verkauften hier ihre Erdnußernte, was zu einem regen Handel führte: Man brauchte nur Holz, Salz und ein bißchen Geld, um mitzumischen. Codou hatte keins, also schlug ich vor, ihr meine 5000 Francs zu leihen. Damit könnte sie auf dem Markt zwei Säcke Erdnüsse kaufen und rösten. Der Verkaufsstand wäre gar kein Problem, weil sie so nah wohnte, daß sie sich nur dort hinstellen müßte, um

unter den Schülern, die oft sonst nichts zu essen hatten, ihre Kundschaft zu ködern.

Für die Rückzahlung hatten wir eine mündliche Vereinbarung getroffen: Sie würde mir an jedem Schultag in der Mittagspause zwei Tütchen thiaf zum Gegenwert von je 10 Francs plus drei 10-Francs-Münzen geben, damit ich mir ein Viertel Brot kaufen könnte. Als Codou ihr kleines Geschäft eröffnet hatte, ließ ich ihr ein Heft da, in dem ich gewissenhaft den verbrauchten Betrag und ihre restliche Schuld eintrug. Mit den Einkünften konnte Codou ihre Familie ernähren und sogar einen neuen Vorrat Erdnüsse anlegen. So war die Bettelei für sie bald nicht mehr als eine triste Erinnerung.

4950 Francs, und übermorgen sind es 5000, dann schuldet sie mir nichts mehr. Das ist das Ende, denke ich, der Hunger. Eigentlich bin ich froh, daß die Bäckerei schon zu hatte. So reicht das Geld noch für drei Tütchen thiaf.

»Wo ist dein Brot?« fragt Codou.

»Die Bäckerei war zu«, sage ich.

»Ach, Kind«, sagt sie bestürzt, »du hättest dich beeilen sollen, du bist immer so verträumt. Da hast du deine zwei Tütchen und noch ein drittes dazu für das Brot; rechne es nicht mit, das ist ein Geschenk.«

»Wo ist das Heft?« frage ich, nachdem ich mich bedankt habe. »Ich schreibe die 20 Francs von heute auf und gebe dir die 30 Francs für das Brot zurück, damit…«

»Mach dir keinen Kopf, Kindchen, heute wird gar nichts aufgeschrieben«, sagt sie bestimmt.

»Doch, Mame Codou«, widerspreche ich. »Außerdem bist du in zwei Tagen deine Schulden los. Du hast mir schon 50 x 99 minus die 30 Francs zurückgegeben, das sind…«

»Hör schon auf, Kleines«, sagt sie besänftigend und gebraucht dabei ihre verkrümmte Hand als Krücke für ihre Worte, »ich kann weder lesen noch schreiben, aber ich weiß, wieviel das ist. Doch es gibt Dinge, die man in der Schule der Weißen nicht zu schätzen lernt. Keiner weiß, wie man Freundschaft mißt, aber ich sage dir, du wirst von mir immer deine Erdnüsse kriegen und die paar Münzen fürs Brot. Bis morgen, Kindchen. Ich werde aus unserem Heft noch viele schöne Tütchen machen.«

Michel de Montaigne
Vollgestopfte Köpfe

Für ein Kind sollte man einen Erzieher wählen, der eher einen wohlgeratenen als einen vollgestopften Kopf hätte. Man sollte auf beides achten, aber mehr auf Sitten und Verstand als auf das Wissen; er aber sollte sich seines Amts auf eine neue Weise annehmen.

Man schreit uns unaufhörlich die Ohren voll, als gösse man in ein Faß, und wir brauchen uns nur zu wiederholen, was man uns vorgesagt hat. Er sollte diese Methode verbessern und sollte den Zögling von Anfang an, je nach dessen Gesichtskreis, auf die Probe stellen, ihm die Dinge zu schmecken, zu wählen, zu unterscheiden geben, ihm bald den Weg zeigen, ihn bald vorangehen lassen. Er sollte nicht nur sich etwas ausdenken und reden, er soll auch zuhören, wie der Schüler spricht. Wir machen ihn sklavisch und feige, wenn wir ihm nicht die Freiheit gewähren, aus sich selber etwas zu tun.

Ich verlange nicht, daß man das Kind in eine Klosterschule sperre, daß man es der üblen Laune und dem düstern Gemüt eines cholerischen Schulmeisters ausliefere; ich will nicht, wie die anderen, seinen Geist verderben und es vierzehn oder fünfzehn Stunden am Tag sich gleich einem Lastträger plagen und abmühen lassen. Auch würde ich, wenn man sähe, daß es sich aus einer Anlage zur Einsamkeit und zur Schwermut mit allzu großer Begierde dem Lesen widmete, nicht dazu raten, es darin zu bestärken: das schadet dem gesellschaftlichen Umgang und hält von besseren Beschäftigungen ab. Wie viele Menschen habe ich doch zu meiner Zeit gesehen, die durch ein Übermaß an Wißbegierde dumm geworden sind.

Auch die Spiele und die Leibesübungen sollen zum Studium gehören: der Wettlauf, der Ringkampf, die Musik und der Tanz; Jagd, Reiten und Fechten. Die äußere Lebensart, das anständige Auftreten der Person wird zugleich mit der Seele herangebildet. Man zieht nicht eine Seele und einen Körper heraus, sondern einen Menschen; man soll nicht zwei daraus machen.

Ingrid Noll

Falsche Zungen

Zu seinem zehnten Geburtstag bekam Holger ein Tagebuch geschenkt, und ein paar Wochen lang schrieb mein Sohn wie ein artiges Mädchen seine kindlichen Erlebnisse auf.

Es war absehbar, daß er bald die Lust daran verlor. Erst drei Jahre später tauchte das Buch wieder auf, zufällig entdeckte ich es unter Holgers Schlafanzügen. Seine ersten sexuellen Selbsterfahrungen haben mich eher belustigt als beunruhigt, denn Holger bemühte sich, sie auf englisch zu formulieren. Zu faul, um ein Lexikon zu benutzen, übertrug er umgangssprachliche Ausdrücke wortwörtlich in die fremde Sprache. Welche Mutter hätte sich über diese unfreiwillige Komik nicht ebenso amüsiert wie ich!

Aber auch mit den englischen Dokumentarberichten hatte es bald ein Ende. Das Tagebuch ruhte eine Weile, bis es Holger mit etwa fünfzehn Jahren erneut zur Hand nahm. Inzwischen hatte ich längst herausgefunden, daß er sein Diarium in einer verschlossenen Schublade aufbewahrte. Der Schlüssel hing jedoch – welch unbewußte Symbolik! – unter einem gerahmten Foto direkt über seinem Schreibtisch. Abgelichtet bin darauf ich mit meinem winzigen, noch gar nicht fetten Söhnchen auf dem Arm. Es hat mich immer gerührt, daß Holger ausgerechnet dieses Foto ausgesucht hat, denn eigentlich hätte man ein Pin-up-Girl oder die Abbildung eines Rennwagens erwarten können. Erst sehr viel später wurde mir klar, daß er das plumpe Arrangement extra für mich installiert hatte.

Was er aufschrieb, war oft langweilig, gelegentlich aber auch zu Herzen gehend. Wenn ich nur wüßte, ob ich schwul bin? vertraute mein Sohn seinem Tagebuch an.

Selbstverständlich muß man davon ausgehen, daß sich sehr viele junge Menschen mit dieser Frage herumquälen. Die eigene Identität ist noch nicht geklärt, die Sorge, wie wohl die Eltern über ihre eventuelle Homosexualität urteilen würden, bereitet schlaflose Nächte. Hatten wir je über solche Probleme gesprochen? Ich konnte mich nicht daran erinnern, meine Antipathie gegen widernatürliche Praktiken auch nur ein einziges Mal geäußert zu haben.

Aber jetzt gelang mir ein Bravourstückchen der Verstellung, denn ich brachte bald darauf die Rede auf einen lieben Jugendfreund in Amerika, den es zwar in der Realität nicht gab, über dessen Schwulsein ich aber völlig beiläufig und unbefangen sprach. Holger konnte aus meinem Bericht mühelos entnehmen, daß ich überhaupt keine Probleme mit Homosexualität hatte, sondern sie für eine normale Möglichkeit menschlicher Beziehungen hielt und sie respektierte.

Zwei Tage später las ich: In Mathe kriege ich wahrscheinlich eine Fünf, Mama wird sich wahnsinnig aufregen.

Beim Zwiebelschneiden und Speckauslassen sprach ich ganz nebenbei über meine eigenen Zeugnisse und erzählte ihm, wie sehr ich vor den Wutausbrüchen meines strengen Vaters gezittert hatte. Zum Glück sei das ja heute anders, sagte ich, sicher hätten seine Klassenkameraden – ebenso wie er selbst – keine Prügel zu befürchten.

»Das nicht gerade«, meinte er, »ihr habt subtilere Methoden, um uns fertigzumachen.«

Nichts macht mir mehr Angst als Liebesverlust, und ich erkannte in Holgers Worten eine Drohung. Als das fatale Mangelhaft tatsächlich im Zeugnis stand, zuckte ich nicht mit der Wimper.

»Halb so schlimm«, tröstete ich und lud Holger zu McDonald's ein.

Fast alle haben einen eigenen Laptop, las ich, oder dürfen zumindest den ihrer Eltern benutzen. Mama ist in dieser Hinsicht leider eine Niete.

Das war allerdings richtig, denn bisher hatte ich nie einen Anlaß gehabt, mich mit Computern zu beschäftigen. Es mag daran liegen, daß ich wesentlich älter bin als die Väter und Mütter von Holgers Klassenkameraden. Aber ich sah ein, daß ich egoistisch war; man durfte seinen Kindern nicht den Zugang zu modernen Medien verbauen. Also begleitete ich meinen Sohn in ein Fachgeschäft und bezahlte anstandslos ein ziemlich teures Gerät, mit dem ich nichts anfangen konnte. Aus pädagogischen Gründen bestand ich jedoch darauf, daß ich offiziell als Besitzerin fungierte. Bereits in der darauffolgenden Nacht kamen mir jedoch Bedenken. Wie, wenn Holger nun alle Aufzeichnungen auf seiner Festplatte speicherte und es nie wieder möglich war, auf diskrete Weise seine Ängste, Wünsche und Sehnsüchte zu erfahren?

Vielleicht hätte ich mißtrauisch werden müssen, daß es trotzdem bei den handschriftlichen Eintragungen blieb. Ein einziges Mal, als er sein Handy in der Küche vergessen hatte und die Treppe hinunterlief, konnte ich rasch in sein Zimmer huschen und einen Blick auf den Bildschirm werfen. Der Computer war diesmal noch eingeschaltet, und ich konnte überfliegen, was mein Sohn notiert hatte. Leider handelte es sich um eine Liste, mit der ich nichts anzufangen wußte. Regelmäßige Einnahmen und Ausgaben waren ordentlich vermerkt, Daten und wohl die Initialen irgendwelcher Personen aufgeführt. Als ich Holger trapsen hörte, verschwand ich ebenso lautlos, wie ich gekommen war.

Immerhin wuchs in mir der Verdacht, mein Sohn könnte brisante Geheimnisse verbergen. Am nächsten Schultag, wo er laut Stundenplan bis zum Nachmittag nicht zu Hause war, begann ich mit einer umfassenden Razzia.

Auf einem Elternabend hatte uns Holgers Klassenlehrer über die Gefahren von Designerdrogen und Disco-Cocktails aufgeklärt, wofür Jugendliche in diesem Alter leider sehr empfänglich seien. Eine der Mütter, die ich wegen ihrer übertrieben liberalen Meinungen wenig schätze, fuhr mich anschließend nach Hause. »Von Haschisch war seltsamerweise nicht die Rede«, sagte sie und erzählte, daß ihr Sohn Gras

„Bei siebenunddreißig zwo schreib' ich dir keinen Entschuldigungszettel"

rauche, ein reines Naturprodukt und längst nicht so gefährlich wie jenes Zeug, vor dem der Lehrer gewarnt habe. In ihrer eigenen Jugend habe sie auch alles ausprobieren müssen.

Da sich Holger nie in Diskotheken herumtrieb, hätte auch ich Haschisch erwartet, als ich auf die Plastiktütchen stieß. Aber worum mochte es sich bei diesen namenlosen Pillen handeln? Tranquilizer, Anabolika, Halluzinogene, Weckamine? Am ehesten Appetitzügler, beruhigte ich mich selbst.

Nach dieser Entdeckung wollte ich mich fast schon wieder der liebevollen Dekoration einer Schwarzwälder Kirschtorte widmen, als ich fast zufällig in den ausgedienten Kachelofen griff. Seit langem wurde er nicht mehr befeuert und diente Holger als Schuhschrank. Ich muß gestehen, daß ich einen leichten Ekel vor den Turnschuhen pubertierender Knaben habe, selbst wenn es sich um die des eigenen Sprößlings handelt. Unter einem kunterbunten Gemenge unterschiedlicher Treter angelte ich einen artfremden Gegenstand hervor. Es war eine Brieftasche aus rehbraunem Leder, weder neu noch alt, weder teuer noch billig. Ich setzte mich auf die Ofenbank und öffnete die Börse, die auf jeden Fall nicht aus meinem Haushalt stammte. Innen befanden sich ein Führerschein, ein Personalausweis, eine Kreditkarte und etwa vierhundert Euro. Der Name des Besitzers, Matthias Rinkel, kam mir bekannt vor. Nach einigem Nachdenken erinnerte ich mich, daß es Holgers Sportlehrer war. Dabei hatte ich meinem Sohn schon vor längerer Zeit ein ärztliches Attest besorgt, um ihm die demütigende Turnstunde zu ersparen.

Mein Junge dealte und stahl. Sollte ich einen Psychologen einschalten? Besser als ein studierter Seelenklempner kann eine Mutter die Gedanken ihres Kindes lesen. Holger war kein schlechter Mensch, sondern stand vermutlich unter dem Einfluß einer kriminellen Bande. Ich beschloß, nach bewährter Methode vorzugehen, und sprach zwei Tage später von einem eigenen Jugenderlebnis, das ich mir zugegebenermaßen bloß ausgedacht hatte.

Holger hörte sich die Geschichte vom Sparstrumpf seiner Urgroßmutter mit unbewegtem Gesicht an. »Wieviel Kohle war drin?« fragte er.

»Genug, um mir endlich einen eigenen Plattenspieler zu kaufen«, sagte ich, »aber ich wurde schließlich doch von Skrupeln geplagt. Meine Oma hatte ja ebenfalls Pläne, was sie mit diesem Geld anfangen wollte. Sie brauchte dringend einen neuen Kühlschrank.«

»Und?« fragte Holger und stopfte sich fünf Scheiben Serrano-Schinken in den Mund.

»Nach einigen Tagen habe ich Omas Ersparnisse klammheimlich wieder unter ihre Matratze gelegt«, sagte ich, »und glaube mir! Ich war glücklich und erleichtert über diese Entscheidung.«

Holger gähnte. »Und der CD-Player?« fragte er.

So etwas gab es damals noch gar nicht, belehrte ich ihn, aber es sei wie ein Wunder gewesen, daß mir meine Oma zu Weihnachten den ersehnten Plattenspieler geschenkt habe.

Als ich ein paar Tage später das Tagebuch aufschlug, kamen mir fast die Tränen. Als alleinerziehende Mutter hat man es nicht immer leicht, aber nun war ich bestimmt auf dem richtigen Weg. Habe die Brieftasche in R.s Schließfach geworfen und kann endlich wieder ruhig schlafen. Ohne es zu ahnen, hat mir Mama dabei geholfen.

Das Corpus delicti lag tatsächlich nicht mehr im Versteck. Auch schien mir fast, als hätte Holger sein Schuhlager ein wenig aufgeräumt. Einen winzigen Anflug von Verdacht habe ich damals gleich wieder verdrängt, obwohl es eigentlich auf der Hand lag, daß er bei seinem reumütigen Eintrag ein bißchen dick aufgetragen hatte.

Das war ihm aber wahrscheinlich selbst schon aufgefallen, denn er schrieb kurz darauf von einem Vergehen, das ich bei Gott nicht ernst nehmen mochte. Blumen auf dem Friedhof zu pflücken ist zwar nicht die feine englische Art, kann aber sicherlich als Jugendsünde zu den Akten gelegt werden. Ich verkniff es mir, von eigenen geringfügigen Delikten zu sprechen. Im Grunde war ich davon überzeugt, daß er den Frühlingsstrauß einer Angebeteten überreichen wollte, und das hatte schließlich eine sehr charmante, ja erfreuliche Komponente.

Kurz darauf verlangte er Geld für ein T-Shirt, denn das alte sei ihm zu eng geworden. Bei unserem abendlichen Entenbraten hatte er das neue bereits an. Auf rosa Untergrund glitzerte mir eine silberne Inschrift entgegen: i hate my ma. Über seinen skurrilen Humor hätte ich mich kranklachen können, aber ich verzog lieber keine Miene.

Vielleicht enttäuschte es ihn, daß ich weder auf den entwendeten Grabschmuck noch auf das T-Shirt reagiert habe. Als ich das nächste Mal sein Tagebuch aufschlug, erkannte ich aber mein listiges Söhnchen wieder und mußte schmunzeln. Er hatte mein Spiel genauso durchschaut wie ich das seine. Und weil er sich wünschte, daß ich sein geniales Tagebuch auch weiterhin las, erfand er haarsträubende Lügengeschichten und bezichtigte sich sogar, bei Folterungen mitgewirkt zu haben.

In den Nachrichten sieht man täglich, wie überall auf der Welt Greueltaten begangen werden, sei es von perversen Menschenfressern, sei es von fanatischen Selbstmordattentätern. Obwohl Holger ja Tag für Tag in der Schule hockte, schilderte er doch ausführlich, wie er in einem anderen Erdteil an bestialischen Verbrechen teilnahm. Ein sensibler Junge war er schon immer gewesen, nun schickte er sich offenkundig an, alle Schuld der Welt auf sich zu laden.

Wollte er womöglich seine realen Missetaten durch erfundene Geschichten ad absurdum führen? Ich nahm es nicht besonders ernst, daß er jetzt in die Rolle eines Monsters schlüpfte. Durch einen Kindskopf ließ ich mich auf keinen Fall provozieren; Gelassenheit war von jeher meine besondere Stärke. Allerdings habe ich es mir von da an völlig verkniffen, auf seine geschmacklosen Botschaften auch nur andeutungsweise einzugehen – dummes Geschwätz muß man einfach ignorieren.

Eines Tages las ich: Demnächst werde ich Kikki umbringen.

Dieser Satz gefiel mir gar nicht. Kikki war kein Phantom, sondern ein geistig zurückgebliebenes Mädchen aus unserer Straße, zwei Jahre älter als Holger. Täglich wurde sie von einem Bus zur Behindertenwerkstatt gefahren und nachmittags wieder heimgebracht. An freien Tagen lungerte sie gern vor ihrem Elternhaus herum und sprach Passanten an. Da sie arglos und gutmütig war, ließen sich viele auf einen kleinen Plausch ein, wenn ich persönlich auch keine Lust dazu hätte. In der Nachbarschaft munkelte man, daß Kikki neuerdings Interesse am anderen Geschlecht zeige. Wahrscheinlich hatte Holger das läppische Gegurre auf die Palme gebracht, was von einem Gymnasiasten auch nicht anders zu erwarten war. Ich konnte seine Abneigung gut nachvollziehen und hätte meine Hand dafür ins Feuer gelegt, daß er seine Aggressionen bloß verbal abreagieren wollte. Deswegen hielt ich es zunächst für überflüssig, die Rede auf Kretins zu bringen.

Zwei Wochen später las ich in der Zeitung, daß Kikki vermißt wurde, und konnte es anfangs kaum glauben. Aber meine strapazierten Nerven hatten mir keinen Streich gespielt, unter dem abgebildeten Foto stand tatsächlich Erika Dietrich. Die Bevölkerung wurde gebeten, auf ein Mädchen im blauen Anorak zu achten, das älter war, als es den Anschein hatte. Nach Kikkis Verschwinden fühlte ich mich tagelang überfordert und ratlos und wagte nicht, meinem Sohn in die Augen zu sehen.

Heute früh mußte ich lesen, daß man Kikkis Leiche im Stadtwald gefunden hat, kann mir aber immer noch nicht vorstellen, daß mein Sohn etwas damit zu tun haben könnte. Ich weiß ja aus Erfahrung, daß Holgers Selbstbezichtigungen immer nur haltlose Phantastereien waren.

Doch kann ich mich wirklich darauf verlassen? Seit einer Stunde sitze ich nun schon am Küchentisch und grübele, ob es nicht eine einleuchtende Erklärung für Holgers Mordandrohung gibt. Hatte er die Tat vielleicht beobachtet oder die Leiche noch vor der Polizei entdeckt?

Aber leider erweisen sich meine psychologischen Argumente als haltlos, denn Kikki wurde ja noch gar nicht vermißt, als Holger ihren Tod ankündigte. Hals über Kopf renne ich in Holgers Zimmer. Ich muß mich noch einmal vergewissern, ob ich jenen verhängnisvollen Satz wirklich gelesen oder alles nur geträumt habe.

Urs Widmer
Mein Vater, der Lehrer

Er war jetzt Lehrer an einem just neu gegründeten Gymnasium, das auf das Altgriechische verzichtete, auch das Latein nicht so intensiv pflegte, wie dies das Humanistische Gymnasium tat, und auf jene Sprachen am meisten Wert legte, die der Lehrplan die lebenden nannte. Er unterrichtete Französisch, hie und da auch Deutsch. (Gleich zu Beginn wollte ihm der Direktor der Schule auch je zwei Wochenstunden Religion und Turnen andrehen. Aber der Vater, ein Atheist mit einer Kindheit, die ihn bibelfest gemacht hatte, beantwortete jedes Argument des Rektors mit einem Bibelwort, bis dieser aufgab und ihn vom Religionsunterricht entband. Blieb das Turnen. Er gab zwei drei Lektionen, aber als er die ersten Schwimmstunden mit Mantel und Hut erteilte – er konnte nicht schwimmen –, wurde er auch vom Turnen entlastet.) – Aus seiner Universitätskarriere war nichts geworden. Der alte Professor, Herr Tappolet, dachte nicht daran zu sterben, und als er endlich, übers übliche Alter längst hinaus, emeritiert wurde, hatten er und der Vater sich so gründlich zerstritten, daß er nachdrücklich einen knochentrockenen Privatdozenten aus Tübingen als seinen Nachfolger empfahl. Einen Chanson-de-Roland-Spezialisten.

Der wurde dann auch gewählt, und der Vater sagte Herrn Tappolet, was er von dieser Wahl hielt. Nichts nämlich, Herrn Tappolets Nachfolger habe bekanntermaßen außer seinem Olifant nichts im Kopf, null, und er, Herr Tappolet, verhalte sich genauso wie alle andern Groß-Professoren, nämlich diese setzten sich stets für den dämlichsten Nachfolger ein, um in der Erinnerung späterer Generationen möglichst lange zu leuchten.

Anton Čechov

Das ideale Examen

*Kurze Antwort
auf alle langen Fragen*

Conditio sine qua non: ein sehr kluger Lehrer und ein sehr kluger Schüler. Der erste ist tückisch und beharrlich, der zweite nicht zu fassen. So wie die ideale Feuerwehr bereits eine halbe Stunde vor Ausbruch des Feuers an Ort und Stelle ist, so hat der ideale Schüler die Antworten eine halbe Stunde vor Stellung der Frage parat. Der Kürze halber und um kein hohes Honorar zu erhalten*, schildere ich den Kern in dramatischer Form.

LEHRER Sie sagten eben, die Erde sei eine Kugel. Aber Sie vergessen dabei, sie hat hohe Berge, tiefe Schluchten und die Moskauer Brücken, die sie daran hindern, rund zu sein.

SCHÜLER Sie hindern sie im selben Maße wie die Poren in der Apfelsine oder die Pickel in einer Physiognomie.

LEHRER Was ist eine Physiognomie?

SCHÜLER Eine Physiognomie ist der Spiegel der Seele, der ebenso leicht zerbricht wie jeder andere Spiegel.

LEHRER Und was ist ein Spiegel?

SCHÜLER Ein Spiegel ist ein Gerät, an dem die Frau zehnmal am Tag ihre Waffen prüft. Der Spiegel ist das Probierzimmer für Frauen.

---

* Wozu soll ein solch hohes Honorar auch gut sein? *Der Autor*

LEHRER *tückisch* Mein Gott, sind Sie klug! *Nach kurzem Überlegen.* Jetzt werde ich Ihnen eine Frage stellen... *Schnell.* Was ist das Leben?

SCHÜLER Das Leben ist das Honorar, das nicht die Autoren, sondern ihre Werke erhalten.

LEHRER Und wie hoch ist dieses Honorar?

SCHÜLER Es ist so hoch wie das Honorar, das schlechte Redaktionen für sehr schlechte Übersetzungen zahlen.

LEHRER Hm... Und können Sie uns nichts über die Eisenbahnen sagen?

SCHÜLER *schnell und deutlich* Eisenbahn nennt man im weiteren Sinne dieses Wortes ein Instrument zur Beförderung von Fracht, zum Aderlaß und zur Vermittlung starker Empfindungen an mittellose Menschen. Sie besteht im besonderen aus der Bahn und aus den Beförderungsvorschriften. Letztere sind folgende. Bahnhöfe unterliegen

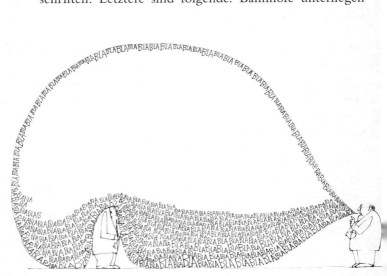

Paul Flora

wie die Schlachthöfe, die Bahnstrecke wie die Friedhöfe der Sanitätsaufsicht: zum Zwecke der Reinerhaltung der Luft haben sich die einen wie die anderen stets in gebührender Entfernung von besiedelten Gebieten zu befinden. Eine von der Eisenbahn beförderte Person wird Passagier genannt, nach Erreichen des Bestimmungsortes wird sie umbenannt in Toter. Ein Mensch, der zum Tantchen nach Tambov oder zu seiner Cousine nach Saratov reist, muß im Falle seines ausdrücklichen Wunsches, durch Fügung des Schicksals nicht ad patres geschickt zu werden, von diesem seinem Wunsche Meldung machen, jedoch spätestens ein halbes Jahr nach Verunglücken des Zuges. Reisende, die ein Testament aufzusetzen wünschen, erhalten beim Oberkondukteur Feder und Tinte zu festgesetzten Preisen. Bei Zusammenstößen von Zügen, bei Entgleisen derselben usw. sind die Passagiere verpflichtet, Ruhe zu bewahren und sich an den Boden zu halten. Beim Zusammenstoß zweier Züge darf ein dritter nicht stören...

LEHRER Halt, das genügt... Nun, und was ist Gerechtigkeit?

SCHÜLER Gerechtigkeit ist der Eisenbahntarif, der an der Innenwand jedes Waggons angeschlagen ist: für eine eingeschlagene Fensterscheibe 2 Rubel, für einen abgerissenen Fenstervorhang 3 Rubel, für einen Riß im Sitzpolsterbezug 5 Rubel, für Schäden an der eigenen Person im Falle eines Zugunglückes zahlt der Passagier nichts.

LEHRER Wer sprengt die Moskauer Straßen?

SCHÜLER Der Regen.

LEHRER Und wer bekommt dafür Geld?

SCHÜLER (Lücke für die Namen).

LEHRER Hm... Und was können Sie uns zu den Pferdeeisenbahnen sagen?

SCHÜLER Die Pferdeeisen- oder die einfachheitshalber sogenannte Pferdebahn besteht aus dem Wageninneren, aus
der Plattform und den Beförderungsvorschriften. Wa-
geninneres kostet fünf Kopeken, Plattform drei Kopeken,
die Beförderungsvorschriften hingegen kosten nichts. Er-
steres ist der Menschheit gegeben zur bequemeren Beobachtung der Umgangsformen der Kondukteure, zweites
zur morgendlichen Betrachtung der dekolletierten Fenster der oberen Etagen, drittes zu ihrer Erfüllung. Die
Pferdebahn existiert nicht für das Publikum, sondern das
Publikum für die Pferdebahn. Betritt der Kondukteur den
Wagen, haben die Fahrgäste angenehm berührt zu lächeln.
Vorwärtsbewegung, Rückwärtsbewegung und absoluter
Stillstand sind Synonyma. Die Reisegeschwindigkeit ist
gleich einer negativen Größe, selten gleich Null und an
den Großen Feiertagen zwei Veršok pro Stunde.

LEHRER Sagen Sie bitte, warum geben zwei Wagen, die einander begegnen, Klingelzeichen, und warum reißen die
Kondukteure an den Fahrkarten die Ecken ab?

SCHÜLER Das eine wie das andere bleibt Geheimnis der Erfinder.

LEHRER Welcher Schriftsteller gefällt Ihnen am besten?

SCHÜLER Derjenige, der rechtzeitig den Punkt zu setzen
versteht.

LEHRER Sehr vernünftig... Und wissen Sie vielleicht, wer
im Augenblick den Unfug treibt, dem Leser auf die Nerven zu fallen?

SCHÜLER Das ist Redaktionsgeheimnis... Aber Ihnen kann
ich es ja meinetwegen... Für Sie kann ich dieses Geheimnis lüften, wenn Sie wollen... *Flüstert.* Diesen Unfug trieb
auf seine alten Tage

A. Čechonte

Muriel Spark
Kreatives Schreiben
Mit Zeichnungen von Paul Flora

»Sie beginnen«, sagte er, »indem Sie die Szenerie festlegen. Sie müssen die Szenerie vor Augen haben, entweder in der Wirklichkeit oder in der Phantasie. Zum Beispiel hat man von hier aus einen Blick über den See. Aber an einem Tag wie heute hat man keinen Blick über den See, dafür ist es zu neblig. Das andere Ufer sieht man nicht.« Rowland setzte seine Lesebrille ab und musterte die Teilnehmer seines Kurses ›Kreatives Schreiben‹: zwei Jungen und drei Mädchen um die sechzehn oder siebzehn, deren Eltern für so etwas ihr Geld ausgaben. »Wenn Sie Ihre Szenerie festlegen«, sagte er, »müssen Sie also schreiben: ›Das andere Ufer des Sees war nebelverhangen.‹ Oder wenn Sie, an einem Tag wie heute, Ihre Phantasie spielen lassen wollen, können Sie schreiben:

›Das andere Ufer des Sees war eben noch zu sehen.‹ Aber da Sie die Szenerie nur festlegen, dürfen Sie noch keine Akzente setzen. Beispielsweise ist es noch zu früh, um zu schreiben: ›Wegen des verdammten Nebels konnte man das andere Ufer des Sees nicht sehen.‹ Das kommt erst noch. Sie legen lediglich die Szenerie fest. Sie wollen noch nicht auf etwas Bestimmtes hinaus.«

Das Collège Soleil Levant, eine Art Pensionat für Schüler beiderlei Geschlechts und unterschiedlicher Nationalität, hatte seinen Anfang in Brüssel genommen. Begründet hatte es Rowland Mahler, assistiert von seiner Frau Nina Parker.

Dank zehn Schülern von sechzehn Jahren aufwärts hatte die Schule, vor allem aufgrund ihres guten Rufes, floriert; dennoch hatte Rowland am Ende des ersten Geschäftsjahres nur mit Mühe und Not eine ausgeglichene Bilanz vorweisen können. Daher verlegte er den Sitz des Instituts nach Wien, erhöhte das Schulgeld und schrieb den Eltern, Nina und er würden ein aufregendes Experiment durchführen: Von nun an sei das Collège Soleil Levant eine Wanderschule, die jedes Jahr an einen anderen Ort ziehen werde.

Im darauffolgenden Jahr waren sie, unter Hinterlassung lobenswert geringer Schulden, von Wien nach Lausanne umgesiedelt. Derzeit bestand das Collège Soleil Levant in Ouchy

am Genfer See aus neun Schülern. Rowland hatte soeben Unterricht in Kreativem Schreiben erteilt, einem äußerst beliebten Fach, das fünf der Schüler gewählt hatten. Inzwischen war Rowland neunundzwanzig, Nina sechsundzwanzig. Rowland machte sich Hoffnungen, eines Tages selbst einen Roman zu veröffentlichen. Um, wie er sich ausdrückte, seine schöpferischen Kräfte zu schonen, überließ er fast alle Büroarbeiten Nina, die gut Französisch sprach, sich um die Verwaltungsaufgaben kümmerte und sich mit den Eltern herumschlug, wobei sie eine eindrucksvolle Sorglosigkeit an den Tag legte. Sie neigte dazu, jegliche Forderungen der Eltern nach rückhaltlosen Erklärungen von der Hand zu weisen. Seltsamerweise flößte diese Haltung den Eltern im allgemeinen das Gefühl ein, etwas Gutes für ihr Geld zu bekommen. Und sie hatte stets eine provisorische Genehmigung zum Betreiben der Schule erlangt, die sich über Monate hinweg verlängern ließ, ehe sie weiterzogen.

Es war Anfang Juli, aber nicht sommerlich. Der Himmel, regenschwanger, wölbte sich. Der See lag schon seit einigen Tagen im Nebel.

Rowland blickte aus dem breiten Fenster des Klassenzimmers, in dem er unterrichtete, und sah, wie drei der Schüler, die an seinem Kurs teilgenommen hatten, aus dem Haus traten und vom Nebel verschluckt wurden. Diese drei waren Chris Wiley, Lionel Haas und Pansy Leghorn (genannt Leg).

Chris: siebzehn Jahre alt und auf eigenen Wunsch Schüler am Collège Soleil Levant. »Auf die Uni kann ich immer noch gehen.« Und jetzt? »Ich möchte an meinem Roman schreiben. Ich dachte mir, dafür ist das Collège Soleil Levant der ideale Ort.« Rowland erinnerte sich an seine erste Unterredung mit dem rothaarigen Chris, dessen Mutter und Onkel. Ein Vater war weit und breit nicht zu sehen. Sie schienen

wohlhabend und völlig überzeugt von Chris' Sicht der Dinge. Rowland nahm ihn auf. Bislang hatte er noch jeden aufgenommen, der sich auf das Institut beworben hatte. Resultat dieser Aufnahmepolitik war die experimentelle und tolerante Atmosphäre, die in der Schule herrschte.

Aber wenden wir uns wieder Chris und seinen beiden Freunden zu, denen Rowland vom Fenster aus nachschaute: Von allen Schülern bereitete Chris ihm die größten Sorgen. Er schrieb an einem Roman, richtig. Auch Rowland schrieb an einem Roman, und er durfte sich nicht anmerken lassen, für wie begabt er Chris hielt. Wie er so aus dem Fenster sah, überkam ihn ein schwacher Anflug jener Eifersucht, die ihn in den kommenden Monaten vollkommen beherrschen und Stunde um frühe Morgenstunde an Heftigkeit zunehmen sollte. Worüber unterhielt sich Chris mit den anderen beiden? Diskutierte er den Unterricht, der hinter ihm lag? Was hätte Rowland nicht darum gegeben, Chris' Gedanken lesen zu können! Nach außen hin war er Chris ein enger, herzlicher Freund – in gewisser Weise handelte es sich um eine echte Freundschaft. Wo nahm Chris nur seine Begabung her? Er war so selbstbewußt. »Weißt du, Chris«, hatte Rowland gesagt, »ich glaube nicht, daß du auf dem richtigen Weg bist. Vielleicht solltest du den Roman in den Papierkorb werfen und noch einmal von vorn anfangen.«

»Wenn er fertig ist«, hatte Chris erwidert, »könnte ich ihn in den Papierkorb werfen und noch einmal von vorn anfangen. Aber nicht, bevor ich den Roman nicht beendet habe.«

»Und wieso nicht?« hatte Rowland gefragt.

»Ich will sehen, was ich schreibe.«

Rowlands Frau und Kollegin Nina saß an einem großen runden Tisch im Gemeinschaftsraum des Collège Soleil Levant. Um den Tisch herum saßen fünf Mädchen: Opal, Mary, Lisa, Joan und Pallas.

»Wo ist Tilly?« fragte Nina.

»Die ist in der Stadt«, antwortete Opal. Tilly hieß allgemein Prinzessin Tilly und war auch als solche im Schulregister eingetragen, doch niemand wußte, Prinzessin von wo oder was. Sie ließ sich nur selten im Unterricht blicken, und Nina ging der Sache nicht weiter nach. Unterrichtsgegenstand war gesellschaftliche Etikette oder, wie Nina es nannte, »comme il faut«.

»Bevor Sie das Institut verlassen, wollen wir Ihnen Schliff beibringen«, setzte Nina den Mädchen auseinander. »Als würde man einem raren Möbelstück den letzten Schliff geben. Emporkömmlinge wie ihre Eltern (Gott erhalte ihre

Bankkonten!) möchten etwas sehen für ihr Geld. Hören Sie zu: Wenn Sie in England Spargel essen, nehmen Sie ihn, wie alle Welt weiß, zwischen die Finger, doch das Geheimnis feiner Manieren im Umgang mit Spargel ist, daß Sie ihn mit der linken Hand verspeisen. Kapiert?«

»Meine Eltern sind keine Emporkömmlinge«, entgegnete Pallas. »Mein Vater, Mr. Kapelas, entstammt einer alten Kaufmannsfamilie. Aber meine Mutter ist ungebildet. Allerdings trägt sie kostspielige Kleider.«

»Sitzen sie denn gut?« erkundigte sich die Engländerin Mary Foot, eine im Werden begriffene blonde Frau mit blauem Kleid und blauen Augen. Ihr ganzer Ehrgeiz war darauf gerichtet, ein Geschäft in einem Dorf aufzumachen und Keramik und hauchdünne Halstücher zu verkaufen. »Alles hängt vom Sitz ab«, erklärte sie. »Man sieht Frauen mit den allerschönsten Kleidern, aber sie sitzen einfach nicht richtig.«

»Sie haben ja so recht«, sagte Nina, und Mary liebte ihre Lehrerin noch abgöttischer. Kaum jemand ließ Mary wissen, daß sie mit irgend etwas ›ja so recht‹ hatte.

»Weiter«, sagte Nina. »Sollte man Ihnen zum Imbiß ein Kiebitz-Ei anbieten, so wird auch dieses in die Linke genommen. Das habe ich in einem Benimmbuch gelesen; vielleicht war's auch nur ein Scherz. Jedenfalls kann ich es nachvollziehen: Wenn Sie die Rechte frei haben wollen, um jemandem die Hand zu schütteln, müssen Sie das Kiebitz-Ei in der Linken halten, vorzugsweise in den Falten einer winzigen Papierserviette, denke ich. Vergessen Sie nicht: Für dieses Wissen zahlen Ihre Eltern.«

»Was ist ein Kiebitz?« fragte Pallas.

»Ach, nur so ein Vogel, es gibt eine Menge verschiedener Arten.«

»Ich mag Möwen«, sagte Pallas.

»Bekommen Sie dann Heimweh?« fragte Nina.

»Ja. Bei allem, was mit dem Meer zu tun hat, bekomme ich Sehnsucht nach Griechenland.«

Opal erzählte: »Im kommenden Frühjahr hätten wir eigentlich nach Griechenland fahren wollen, wenn in unserer Familie nicht der Crash passiert wäre.« Der ›Crash‹ war ein Bankrott, der Opals Eltern in Elend und Verderben gestürzt hatte – eine Lage, die sie derzeit zu meistern suchten. Womöglich würde Opals Vater ins Gefängnis kommen, so steil war es mit der Familie bergab gegangen. Nina und Rowland hatte sich unverzüglich erboten, Opal am Institut zu behalten, ohne Schulgeld oder Unterhaltskosten zu verlangen – eine Geste, die die Schulgemeinde in ihrer Gesamtheit guthieß.

»In ihrer Gesamtheit...« Als wäre die Schule groß genug gewesen, um von irgendeiner Gesamtheit zu sprechen. Mit den berühmten Internaten und Pensionaten, die Gabitas, Thring und Wingate in farbigen Hochglanzbroschüren empfahlen, konnte das Collège Soleil Levant jedenfalls nicht mithalten. Ja, in einschlägigen erzieherischen Kreisen war das Collège Soleil Levant nahezu unbekannt, und wer doch von ihm wußte, tat es meist als ziemlich zwielichtige Einrichtung ab. Die Tatsache, daß das Institut von Zeit zu Zeit

SPRACHE

umzog, daß es nur selten einen Tennisplatz zu bieten hatte und seine verschiedenen Swimmingpools schmuddelig wirkten, war, wann immer die Rede darauf kam, Gegenstand des Klatsches. Allerdings wußte man, daß es bislang keinen sexuellen Skandal gegeben hatte und daß es sich um eine progressive Schule handelte, unkonventionell, künstlerisch gestimmt, tolerant. Was die Schüler rauchten oder schnupften, unterschied sich kaum vom Drogenkonsum an anderen Schulen, ob diese ihren Standort nun in Lausanne hatten oder in einer Straße in Wakefield.

Mit einer Gesamtzahl von acht zahlenden Schülern konnten Nina und Rowland eben über die Runden kommen und sogar einen kleinen Gewinn verbuchen. Sie beschäftigten eine Hausangestellte und eine Köchin, eine Französischlehrerin, die gleichzeitig als Rowlands Sekretärin fungierte, sowie einen gutaussehenden Gärtner, der Mädchen für alles war. Gemeinsam setzten Nina und Rowland alles daran, Rowland Zeit, Spielraum und Gelegenheit zu geben, seinen Roman zu vollenden, während sie gleichzeitig ihr Leben so angenehm wie möglich dahinbrachten. In Wahrheit liebten sie das Institut.

Der springende Punkt des Unternehmens war jedoch eindeutig Rowlands Roman. Nina glaubte an ihn und an Rowland, den Romancier, ebenso wie dieser selbst.

Als Chris mit seinen beiden Begleitern spazierenging, mußte er an den Brief denken, den Rowland seinem Onkel geschrieben hatte. Darin hatte er besonders den Kurs ›Kreatives Schreiben‹ am Collège Soleil Levant empfohlen: »Das diesjährige Literaturseminar nimmt bei der Untersuchung des Verhältnisses zwischen Macht und Literatur kein Blatt vor den Mund.« Chris war fasziniert von dieser Ankündigung. Sie wollte ihm nicht aus dem Kopf gehen. Irgendwo hatte er sie doch schon einmal gehört − wo war das gleich gewesen? Als er auf den undurchdringlichen Nebelvorhang über dem See starrte, durchschoß es ihn plötzlich wie ein Lichtstrahl: Mit diesem Satz war für ein Literaturfestival in England geworben worden. Dank seines vorzüglichen Gedächtnisses konnte sich Chris noch genau an die Broschüre erinnern. Er empfand tiefe Zuneigung zu Rowland, ja fast Fürsorglichkeit. Seine Selbstsicherheit war so ausgeprägt, daß sie nicht weiter auffiel. Er kannte sich. Er spürte seine Begabung. Es war alles nur eine Frage der Zeit und der Übung. Da er selber so ungewöhnlich war, nahm Chris alle anderen in demselben Lichte wahr. Er konnte sich die Leute nicht als eine große Masse vorstellen, es sei denn, es erhob sich die Frage, wie die Gesellschaft zu organisieren sei, und das, dachte Chris, muß eine weit einfachere Angelegenheit sein, als die Organisatoren behaupteten. Sich selbst überlassen, würden die Leute in Harmonie miteinander leben. Also sollte man auch ihn sich selbst überlassen, um − um was zu tun? Nun ja, was auch immer. Es war eine gute Theorie. Unterdessen fand er seinen Tutor Rowland überaus amüsant. Rowland hatte die ersten beiden Kapitel des Romans gelesen, den Chris während seiner Trimester am Institut zu schreiben beabsichtigte. »Aber das ist ja ganz ausgezeichnet«, hatte Rowland nach der Lektüre des zweiten Kapitels geflüstert, als sei er sprachlos vor Staunen. Chris konnte sich noch an jede Nuance seiner Reaktion erinnern. Rowland hatte das Manuskript durchgelesen. »Bist du sicher«, hatte er dann gefragt, »daß du damit weitermachen willst, oder würdest du lieber ...«

»Lieber was?«

Rowland verfolgte den Gedankengang nicht weiter. »Der Dialog«, sagte er, »woher wußtest du, wie man Dialoge ...«

»Ach, ich habe schon immer viel gelesen.«

»Oh, verstehe, du liest viel. In einem historischen Roman mußt du ... Und was, wie ... Hast du vor, ihn zu beenden?«

»Aber ja.«

»Wovon handelt er? Wie wird er sich entwickeln? Historische Romane – sie müssen sich entwickeln. Wie ...?«

»Keine Ahnung, Rowland. Ich kann die Zukunft nicht vorhersagen. Ich weiß nur, daß die Handlung sich schon irgendwie ergeben wird.«

»Und unseren Kurs ›Kreatives Schreiben‹ findest du natürlich hilfreich ...«

»Der tut nichts zur Sache, aber in anderer Hinsicht ist er ganz nützlich.«

Rowland hatte Angst; wieder verspürte er jenen Stich eifersüchtigen Neids, neidischer Eifersucht, den er bereits empfunden hatte, als er Chris' Typoskript berührte und durchlas.

Loriot

Grunzen statt sprechen

Bei dieser Rechtschreibereform sind offensichtlich Kräfte am Werk, denen unsere Sprache gleichgültig ist. Politiker mögen ihre Verdienste haben, aber auf diesem Gebiet sind sie offenbar ahnungslos. Die Rechtschreibung ist ja nicht nur ein lockeres Konversationsmittel, sondern die Grundlage unserer Sprache, die seit 1200 Jahren gewachsen ist. Sprache und Schrift sind Zeugen unserer Geschichte. Noch ist an den Wörtern, die wir schreiben, unsere geistige Entwicklung abzulesen.

Sprachlos machte mich die Behauptung einer Kultusministerin, es käme nur auf die Fähigkeit eines Lehrlings an, sein Bewerbungsschreiben fehlerfrei abzufassen. Soll doch dieser Lehrling getrost Schreibfehler machen. Niemand wird ihm das verübeln. Viel schlimmer ist, daß ihm durch eine nicht zu verantwortende Vereinfachung der Schreibweise die Unmißverständlichkeit seiner Sprache genommen wird.

Empörend auch die Behauptung, es gäbe wichtigere Probleme. Das hat man vor einigen Jahren auch gesagt, als es um den Umweltschutz ging.

Heute wissen wir, daß unsere Welt nur zu retten ist, wenn wir die Grundlagen unserer menschlichen Existenz nicht fahrlässig aufs Spiel setzen.

Dazu gehört in erster Linie die Verständigung unter den Menschen durch Schrift und Sprache, die uns seit Jahrhunderten begleitet. Jede Form der billigen Vereinfachung und Verstümmelung beraubt unsere Sprache ihrer Wirkung. Wir sind auf dem Wege, unser wichtigstes Kommunikationsmittel so zu vereinfachen, daß es in einigen Generationen genügen wird, sich grunzend zu verständigen.

Keine Regierung darf es sich erlauben, eine Kulturnation zu einer Klasse von Schülern zu degradieren, denen nicht die geringste Anstrengung zumutbar ist. Es wäre mir peinlich, müßte ich mithilfe meiner so geliebten Sprache zum Ungehorsam gegen den Staat aufrufen.

Ich möchte auch nicht erleben, daß mir ein junger Mensch versichert, ihm sei es egal, woher er komme. Denn ich müßte ihm sagen: »Dann es es auch wurscht, wohin du gehst.«

Gotthold Ephraim Lessing

Auf sich selbst

Ich habe nicht stets Lust zu lesen.
Ich habe nicht stets Lust zu schreiben.
Ich habe nicht stets Lust zu denken;
kurz um, nicht immer zu studieren.

Doch hab ich allzeit Lust zu scherzen.
Doch hab ich allzeit Lust zu lieben.
Doch hab ich allzeit Lust zu trinken;
kurz, allezeit vergnügt zu leben.

Verdenkt ihr mirs, ihr sauern Alten?
Ihr habt ja allzeit Lust zu geizen;
Ihr habt ja allzeit Lust zu lehren;
Ihr habt ja allzeit Lust zu tadeln.

Was ihr tut, ist des Alters Folge.
Was ich tu, will die Jugend haben.
Ich gönn euch eure Lust von Herzen.
Wollt ihr mir nicht die meine gönnen?

Borger & Straub

Kleines Latinum

Als erster verließ der englische Meier fluchtartig den Konferenzraum, gefolgt von Wilde und der GEW-Fraktion. Bio-Meier stürzte sich auf das Frettchen, wahrscheinlich wieder die Mikroskope. Die Schröder-Clique verabredete sich für den Abend in einem portugiesischen Restaurant in St. Georg. Jon lehnte Kochs Aufforderung ab; er hatte Julie zu Schröder sagen hören, sie hätte schon eine Verabredung.

Als er zur Tür ging, unterhielt sie sich mit Strunz. Er überlegte einen Moment, ob er sich dazustellen sollte, aber ihm fiel kein Vorwand ein, sein Kopf war mit einemmal wie leergefegt. Er ging dennoch hinüber, seine Beine fühlten sich an wie Betonmasten.

»Ich klär das gleich morgen ab, ich geb dir auf jeden Fall am Montag Bescheid«, hörte er Strunz zu ihr sagen. Auch mit ihm war sie also schon per du, aber unter Fachkollegen wohl nicht verwunderlich. Erleichtert sah er, daß Strunz seinem Zwilling zuwinkte und sich von Julie verabschiedete: »Schönes Wochenende. Dir auch, Jon.«

»Dito.« Jon wartete, bis Strunz mit der Schmidt-Weidenfeld hinausgegangen war. Dann sah er Julie an. »Wie geht's?« Er kam sich vor wie ein Pennäler bei seiner ersten Verabredung.

»Ganz gut«, sagte sie. »Bis auf diese idiotische Verspätung, ziemlich peinlich.«

Unter ihrer Lederjacke trug sie ein weißes T-Shirt, an ihrem Schlüsselbein blitzte etwas. Ein kleiner Stern? In Griechenland hatte er vor Jahren das Meeresleuchten erlebt, Charlotte und er waren nachts schwimmen gegangen, das Wasser auf ihrer Haut hatte golden geschimmert. Vielleicht war Julie über und über mit Sternen besät, unter ihrer Kleidung. Ihr die Lederjacke abnehmen, das Hemd und die Jeans herunterstreifen… »Machen Sie sich darüber keine Gedanken«, sagte er. »Soll ich Sie nach Hause fahren?«

»Wenn Sie Zeit haben?«

Und ob er Zeit hatte. Zeit war alles, was er hatte. Oder auch nicht, je nachdem.

Nebeneinander gingen sie durch den Korridor. Sie hatte die gleiche Schrittlänge wie er, obwohl sie um einiges kleiner war. Es kostete ihn Mühe, Abstand zu halten.

Vor einem der Fenster stand Kowalski und drehte sich eine Zigarette. »Gehst du noch mit einen trinken, Jon? Doch sowieso gelaufen, der Nachmittag.«

Für dich vielleicht, dachte Jon. Und sagte: »Keine Zeit, Harald, andermal.« Wie viele andermal hatte es schon gegeben? Kowalski kapierte es einfach nicht.

Am Ende des Korridors schauten sie wie auf Verabredung beide im gleichen Moment zurück: Kowalski fing die Geschonnek ab, sie hob reflexartig beide Hände.

»Armer Teufel«, sagte Julie.

»Im Schnitt schleppt jede Schule mindestens vier bis fünf untragbare Kollegen durch«, sagte Jon. »Jeder weiß das, aber wehe, man spricht das Thema an.«

Sie lachte auf, nur zwei dunkle Töne. »Wenn man das mal zusammenzählt. Was ein einziger inkompetenter Lehrer im Lauf seiner Tätigkeit verkorksen kann. Selbst bei nur dreißig Dienstjahren kommen Tausende von Schülern zusammen, die im schlimmsten Fall für das Fach versaut sind bis an ihr Lebensende.«

»Ein Wunder, daß so viele überleben«, sagte Jon.

»Schüler? Oder Lehrer.« Wieder lachte sie auf und fügte unvermittelt hinzu: »Wie groß sind Sie eigentlich?«

»Einsfünfundneunzig«, sagte Jon, »einundachtzig Kilo, zweiundfünfzig Jahre, Nichtraucher. Und Sie?«

»Einsachtundsiebzig. Gelegenheitsraucherin. Und dreiunddreißig. Jahre natürlich, nicht Gewicht. Das verrate ich nicht.«

»Darf ich Sie noch etwas fragen?«

»Klar.« Sie durchquerten die frisch gewischte Eingangshalle, Julie setzte ihre Füße in den schwarzen Turnschuhen genau in die Fußspuren, die Koch und seine Clique hinterlassen hatten.

»Haben Sie gar nichts Rotes an heute?«

Sie blieb stehen. »Das ist Ihnen aufgefallen?«

»Natürlich. Ihre Stiefel. Ihre Jacke. Gestern die Kette. Aber heute?«

Sie zog den Reißverschluß ihrer Lederjacke auf und hob das weiße T-Shirt. Durch die Schlaufen ihrer Jeans war ein roter Gürtel mit silberner Schnalle gezogen.

Für einen kurzen Moment konnte er einen schmalen Streifen gebräunter Haut sehen. »Ich bin beruhigt«, sagte er. Das Gegenteil war der Fall.

»Ein Tick«, sagte sie, »aber irgendeine Macke muß man ja schließlich haben.« Sie ging so dicht vor ihm durch die Tür, daß ihre Locken ihn streiften.

Draußen blieb sie stehen und blinzelte in die Sonne. Über der Turnhalle stand eine einsame Wolke am emailleblauen Himmel. Hinter ihnen verließ Conzelmann das Gebäude, einer dieser farblosen Referendare mit randloser Brille

und Kurzhaarschnitt. »Du rufst mich an?« fragte er im Vorbeigehen. Offensichtlich war sie mit allen per Du, nur nicht mit ihm.

»Mach ich. Ciao, Markus.« Sie sah Conzelmann nach, er ging zu den Fahrradständern hinüber.

Wieso durfte dieser Milchbubi mit ihr telefonieren. »Noch ein Verehrer?« Jon hoffte, daß seine Frage leicht und amüsiert klang.

»Ach, der braucht nur eine Klagemauer«, sagte sie und zog den Reißverschluß wieder hoch, am Zeigefinger der linken Hand hatte sie ein angegrautes Pflaster. »Er hat ziemliche Schwierigkeiten mit der 9 a.«

Die 9 a war in diesem Schuljahr die bei den Lehrern am meisten gefürchtete Klasse. Jon unterrichtete sie nicht, aber er kannte die Schüler, ein Haufen verzogener und neurotischer Rüpel, darunter ein paar verschüchterte magersüchtige Mädchen. Die Hälfte von ihnen absolvierte die Klasse zum zweitenmal, dennoch war das Leistungsniveau unterirdisch. Kurz nach Beginn des Schuljahrs hatte eine Deutschreferendarin nach einer katastrophalen Unterrichtsstunde einen hysterischen Anfall erlitten und sich wochenlang krank schreiben lassen. Jon hatte nur am Rande mitbekommen, was passiert war, angeblich war sie mit Gegenständen beworfen

worden. Flaschen? Bücher? Pausenbrote? Schuhe? Einer der wenigen, die mit der Klasse keine Probleme hatten, war der englische Meier, der sie an die kurze Leine genommen hatte, gleich von der ersten Stunde an. Vor ihm hatten sie Schiß, vor seinem verletzenden Sarkasmus kuschten sie wie ein atavistisches Rudel vor seinem Alphatier. Lehrer wie Kowalski, die es mit kumpelhafter Anbiederei versuchten, waren dem Widerstand und der Verachtung preisgegeben. Angeblich schrie Kowalski hilflos herum und drohte permanent drakonische Strafen an, die er dann nie in die Tat umsetzte. Koch, der in der benachbarten 9 b Geschichte unterrichtete, hatte ihn einmal nachgemacht, in großer Runde. Es war sehr komisch gewesen, wenn auch weniger für Kowalski.

»Wundert mich nicht«, sagte Jon. »Doch klar, daß die so einen Milchbubi fertigmachen.« Sie gingen über den Parkplatz. Schröder fuhr an ihnen vorbei und winkte, die rothaarige Referendarin saß neben ihm.

»Also ich finde die 9 a ganz okay«, sagte Julie. »Bei mir sind die total zahm. Ja, ich weiß, was Sie jetzt sagen wollen. Daß es am Fach liegt, weil es da weniger um Zensuren und Leistung geht. Ich muß keinen Druck ausüben.« Sie blieb neben ihm vor seinem A6 stehen. »Schöner Wagen.«

»Haben Sie was für Autos übrig?«

»Klar«, sagte sie. »Leider hab ich ein Faible für Luxus. Und das bei meinem Gehalt.« Sie schnitt wieder diese kleine Grimasse, bei der sich die Haut auf ihrer Nase in winzige Falten legte und die Oberlippe etwas anhob. Ihre Zähne glänzten. »Ich muß übrigens ins Schanzenviertel. Schäferstraße. Sicher, daß Ihnen das nicht zu weit ist?«

»Hundert Prozent sicher«, sagte er. »Wenn Sie wollen, kann ich Sie aber auch gleich zu Ihrer Verabredung fahren.«

»Welche Verabredung?«

Er öffnete den Wagen und hielt ihr die Tür auf. »Haben Sie nicht so was gesagt? Als Sie vorhin mit Schröder gesprochen haben? Ich hab's zufällig mitgekriegt.«

»Ach das. Nee, ich wollte ihn nur loswerden. Der kann nämlich ziemlich hartnäckig sein.« Sie ließ sich auf den Sitz gleiten, zog die langen Beine nach.

»Und hat damit Erfolg.«

»Nicht bei mir«, sagte sie und schlug wie zur Bekräftigung die Autotür zu.

Als er direkt vor ihrem Haus in der Schäferstraße einen Parkplatz fand, sagte sie: »Veni, vidi, vici, wenn ich mich richtig erinnere. Wissen Sie, wo mein Golf steht? Drei Straßen weiter.«

Sie wohnte im dritten Stock. Als er hinter ihr die Treppe hinaufstieg, war er versucht, seine Hand auf ihren Po in den engen Jeans zu legen. Auf dem Türschild stand »Ben Milton«.

»Milton? Wir mußten damals die ersten fünfzig Zeilen von *Paradise Lost* auswendig lernen. Mal sehen, ob ich's noch kann«, sagte er. »*Of man's first disobedience, and the fruit of that forbidden tree, whose mortal taste brought death into the world.*«

Sie schloß die Tür auf und sagte: »Bravo, Herr Oberstudienrat. Du sollst nicht tönen.«

Er mußte lachen. »Verzeihung. Amerikaner, Ihr Milton?«

»Engländer. Er hat hier an der Kunsthochschule unterrichtet. Da haben wir uns kennengelernt.« Sie warf ihre Lederjacke über eine Trittleiter. Bis auf die Leiter war der Flur leer, kein Spiegel, keine Garderobe, kein Regal, an der Wand nur ein paar Fotos, mit Reißzwecken befestigt. Die Tür zur Küche stand offen, einem großen, nur mit dem Nötigsten ausgestatteten Raum. Spüle, Herd, Kühlschrank, ein Tisch und zwei Stühle, ein Regal mit Geschirr und Vorräten. »Ich biete Ihnen jetzt keinen Kaffee an«, sagte sie.

»Um Gottes willen«, sagte er. »Wir stellen den Schrank um, und schon bin ich wieder weg.«

Die nächste Tür war nur halb geöffnet, auf dem Fußbo-

den eine breite Matratze mit hellblau zerwühltem Bettzeug, daneben ein Stapel Bücher, ein Wecker, eine kleine Lampe. Neben dem Fenster ein Kleiderständer auf Rollen.

»Hier lang«, sagte sie, »aber nicht so genau hingucken.« Sie führte ihn durch ein Zimmer, das leer war bis auf einen riesigen Tisch, übersät mit Papierbögen, Stiften, Flaschen und Tuben, Pinseln und Schneidewerkzeugen. Es roch nach Terpentin. An den Wänden Keilrahmen und Leinwände in verschiedenen Größen. Eine Staffelei.

»Ihr Arbeitszimmer?«

»Sie sind ein scharfer Beobachter. Und nein, Sie dürfen nichts ansehen.«

Auch der nächste Raum war mit einem Sofa, einem kleinen Fernseher und einem tragbaren CD-Player nur sparsam möbliert. Der Schrank stand zwischen den beiden Fenstern zur Straße. Auf dem Fußboden Bücherstapel, zwei Becher mit eingetrockneter Flüssigkeit, Kaffee wahrscheinlich. Und an der Wand neben dem Sofa ein gerahmter Druck, den Jon nur zu gut kannte. »Dieser Rauschenberg«, sagte er. »Die *Wild Strawberry Eclipse*. Ihrer?«

Sie nickte. »Hab ich schon ewig. Ich mag das Bild immer noch. Es hat was Wildes, finde ich. Aufbruch ins Exotische oder so ähnlich.«

Er sah ihr in die Augen. »Es hängt seit Jahren in meinem Arbeitszimmer.«

Sie erwiderte seinen Blick, sagte aber nichts.

Sein Mund wurde trocken. »Wo soll der Schrank hin?«

Sie wies über seine Schulter hinweg zur Wand gegenüber den Fenstern. Er drehte sich um und erschrak fast. Wieso hatte er das Foto bis jetzt übersehen? Schwarzweiß, in etwa doppelter Lebensgröße. Ihr Kopf zurückgeworfen, ihr großer Mund, ihre Augen geschlossen. An den langen Wimpern Wassertropfen. Die Locken naß, wie Schlangengewirr. Der Ausdruck ihres Gesichts zugleich verloren und ekstatisch. Die nackte Schulter angeschnitten, Tropfen liefen herunter.

»Das kommt natürlich weg, Moment.« Sie ging hinüber und nahm das schwarz gerahmte Foto von der Wand. »Ben hat es gemacht. In Spanien, vor zwei Jahren.« Sie trug es zum Sofa, lehnte es dagegen.

Jon starrte auf die Stelle zwischen den Schlüsselbeinen, auf den glitzernden Tropfen, der sich in der kleinen Mulde gefangen hatte. Die bloße, nasse Schulter. Dieser Ben hatte einen Ausschnitt gewählt, der kaum zu ertragen war. »Ist er Fotograf?« fragte er.

»Ziemlich bekannt sogar in der Branche. Und schwul, ganz nebenbei. Weil Sie so gucken.« Mit einem ähnlichen

Lächeln hatte sie das Frettchen bedacht, bei ihrer ersten Begegnung.

»Ich gucke überhaupt nicht«, sagte er und wandte sich dem Schrank zu. »Haben Sie eine Fußmatte? Dann können wir ihn schieben.«

Sie lief aus dem Zimmer, dabei streifte sie ihn mit ihrem nackten Arm. Er durfte das Foto nicht noch einmal ansehen. Er ging zum Fenster. Durch die kahlen Zweige der Birken konnte er die gegenüberliegenden Häuser sehen, auf einem Balkon hob ein alter Mann mit Schirmmütze einen Vogelkäfig von der Brüstung und trug ihn ins Zimmer. Zwanzig Jahre weiter, und er würde auch so ein Greis sein, verhutzelt, steif, auf einen Piepmatz im Käfig angewiesen.

»Wissen Sie, daß Sie der erste spannende Lateinlehrer meines Lebens sind?« Sie kam wieder herein und warf eine blaue Badematte und ein großes rotes Handtuch auf das Sofa. »Ich hab schon gedacht, so was existiert gar nicht. Wenn ich an meine Schulzeit denke.« Sie ging zum Schrank, zog mit Zahlen und einzelnen Buchstaben beschriftete Kartons aus den Fächern und stellte sie auf den Fußboden. »Ich hab Latein gehaßt. Caesar, mein Gott. Ewig diese militärischen Almauftriebe, diese Winterlager und Kohorten.«

»Es gibt jede Menge großartige Literatur«, sagte er und wartete darauf, daß sie sich wieder bückte. Ihr Po war unwiderstehlich. »Auch ausgesprochen komische. Terenz zum Beispiel. Eine seiner Komödien lese ich gerade mit meinem Leistungskurs. Soll ich helfen?«

»Nee«, sagte sie, »nachher bringen Sie noch Unordnung in den Kram hier. Ist nämlich nicht meiner. Unterhalten Sie mich lieber ein bißchen. Von Terenz hab ich keine Ahnung, ich weiß nur, daß es Dürer-Illustrationen zu diesen Komödien gibt. Holzschnitte. Ziemlich pfiffige sogar.«

»Ich weiß.«

Sie schaute nur kurz über ihre Schulter.

Er mußte aufpassen, er durfte auf keinen Fall neunmalklug daherkommen. »Also in aller Kürze«, sagte er. »Punische Kriege. Karthago, okay? Hundertfünfundachtzig vor Christus von den Römern besiegt.«

»Hannibal und Hasdrubal.« Sie nahm sich das nächste Fach vor. »Und wo bleibt Ihr Terenz?«

»Sekunde. Das besiegte Nordafrika liefert jede Menge Sklaven nach Rom, und ein gewisser Senator Terentius kauft sich einen hübschen Jungen.«

»Verstehe.«

»Nicht dafür«, sagte Jon. »Er hat diesen Publius hochkarätig erzogen und ausgebildet und schließlich sogar freigelassen. Woraufhin der Junge den Namen seines ehemaligen Herrn annahm und als Dichter Karriere machte.«

Sie knallte den letzten Karton mit Schwung auf den Stapel und wischte sich die Hände an den Jeans ab. »Erzählen Sie weiter.«

»Weil er aus Afrika kam, hat man ihm noch ein *afer* an den Namen gehängt«, sagte Jon, während sie gemeinsam das schwere Möbelstück ein paar Zentimeter von der Wand zerrten. »Also Publius Terentius Afer. Die Schüler machen natürlich *After* daraus. Sein genaues Geburtsdatum ist nicht bekannt, vielleicht war er noch nicht mal dreißig, als er starb, im Jahr hundertneunundfünfzig. Er ist ertrunken.«

»Wieso ertrunken?« Sie warf die Badematte und das Handtuch vor den Schrank und kniete sich hin. »Wollen wir?«

»Er hat eine Studienreise nach Kleinasien gemacht, mit dem Schiff. Anschließend wollte er nach Griechenland, um nach verschollenen Theaterstücken zu suchen. Sagt Ihnen Menander etwas?«

»Null. Sie heben, ich schieb drunter, okay?«

Jon stemmte die Vorderseite des Schranks hoch. Sie schob die Matte links darunter, das Handtuch rechts. Ihre Schulter berührte seinen Oberschenkel.

»Vier von den sechs erhaltenen Terenz-Komödien lehnen sich dicht an Stücke von Menander an«, sagte er.

Sie hob ihr Gesicht zu ihm auf: »Runter.«

Er ließ den Schrank herab und ging neben ihr in die Hocke. »Man nimmt an, daß ein Sturm aufgekommen ist«, sagte er. »Schiffbruch in der Ägäis, so was war ja damals an der Tagesordnung. Von Terenz, beziehungsweise einer seiner Figuren, stammt übrigens der inzwischen ziemlich platte Satz...« Er hielt inne. Der Stern an ihrem Schlüsselbein war nicht mehr da.

»Satz?« fragte sie.

Er legte seine Fingerspitzen auf ihr Schlüsselbein. »Vorhin hatten Sie da einen kleinen Stern.«

Sie neigte ihr Gesicht, ihre Locken kitzelten seinen Handrücken. »Die fallen immer wieder ab.« Ihre Worte waren kaum zu verstehen, ihr Kinn berührte seine Finger. »Also welcher platte Satz?«

»*Homo sum, humani nil a me alienum puto.*«

»Ich hab nur mit aller Gewalt das kleine Latinum geschafft«, flüsterte sie.

»Ich bin ein Mensch, nichts Menschliches ist mir fremd. Er ist wirklich banal, ich kann nichts dafür«, sagte er und schob seinen Daumen zwischen ihre Lippen. Als er spürte, daß sich ihre Schneidezähne in seine Fingerkuppe gruben, schob er seinen kleinen Finger zwischen ihre Brüste.

Arthur Schopenhauer
Schiefe Köpfe

Der Natur unseres Intellekts zufolge sollen die Begriffe durch Abstraktion aus den Anschauungen entstehn, mithin diese früher daseyn, als jene. Wenn es nun wirklich diesen Gang nimmt, wie es der Fall ist bei Dem, der bloß die eigene Erfahrung zum Lehrer und zum Buche hat; so weiß der Mensch ganz gut, welche Anschauungen es sind, die unter jeden seiner Begriffe gehören und von demselben vertreten werden: er kennt Beide genau und behandelt demnach alles ihm Vorkommende richtig. Wir können diesen Weg die natürliche Erziehung nennen.

Hingegen bei der künstlichen Erziehung wird, durch Vorsagen, Lehren und Lesen, der Kopf voll Begriffe gepfropft, bevor noch eine irgend ausgebreitete Bekanntschaft mit der anschaulichen Welt daist. Die Anschauungen zu allen jenen Begriffen soll nun die Erfahrung nachbringen: bis dahin aber werden dieselben falsch angewendet.

So geschieht es, daß die Erziehung schiefe Köpfe macht, und daher kommt es, daß wir in der Jugend, nach langem Lernen und Lesen, oft theils einfältig, theils verschroben in die Welt treten und nun bald ängstlich, bald vermessen uns darin benehmen; weil wir den Kopf voll Begriffe haben, die wir jetzt anzuwenden bemüht sind, aber fast immer sie verkehrt anbringen.

Loriot

Nachmals hat dann eine lange Erfahrung all jene, durch falsche Anwendung der Begriffe entstandenen Urtheile zu berichtigen. Dies gelingt ganz selten. Daher haben so wenig Gelehrte den gesunden Menschenverstand, wie er bei ganz Ungelehrten häufig ist ...

Alfred Andersch

Der Vater eines Mörders

Mit Zeichnungen von Friedrich Dürrenmatt

Plötzlich wandte er sich an die Klasse. »Glaubt bloß nicht alles, was da drin steht!« rief er, mit dem rechten Zeigefinger kategorisch auf das Buch weisend, das er noch immer mit der linken Hand hochhielt. »Wenigstens nicht unbesehen!« Er machte eine Pause, ehe er fortfuhr: »Ja, wenn die Griechen schon das Grammophon gekannt hätten…«

Wieder verfiel er in Nachsinnen, bemerkte dann, zu Kandlbinder hin und in andächtigem Ton: »Eine Schallplatte mit der Stimme des Sokrates – das wäre wohl das Größte, was sich denken ließe, meinen Sie nicht auch, Herr Doktor?«

Dem Studienrat fiel keine passende Antwort ein, er nickte nur, beflissen, wie zu allem, was der Rex von sich gab, wahrscheinlich hoffte er bloß darauf, endlich wieder mit der Demonstration von Schröters Kenntnissen fortfahren zu können.

Täuschte Franz sich, oder war es wirklich so, daß der Rex kein Interesse an Schröter hatte? Nicht nur kein Interesse, sondern auch keine rechte Sympathie – es sieht fast so aus, als ob er Schröter nicht besonders mag, dachte Franz, na, vielleicht bilde ich mir das nur ein, warum sollte er etwas gegen ihn haben, aber jedenfalls hat er sich kein bißchen zu Schröter hingedreht, wie dieser vorhin zu ihm. Will er nur die blöde Vorführung des Klassenbesten beenden, oder liegt ihm der Schröter nicht? Wenigstens ein freundliches Wort könnte er ihm gönnen! Aber es kam nicht von des Rex Lippen, und der dunkle, festgebaute, höfliche Knabe legte sogleich das Stück Kreide, welches er noch in der Hand hielt, auf das Bord unter der Tafel und begab sich an seinen Platz in der Klasse zurück, als er den Rex, der suchend umherblickte, sagen hörte: »Ich möchte jetzt einmal einen anderen Ihrer Schüler hören, Herr Doktor!«

Sein Ton war jetzt nicht mehr leutselig. Der Vater der Schule, der gütig nach einer seiner Klassen sah – damit war es nun endgültig vorbei; dort oben, hinter dem Pult wie auf einem Anstand, saß jetzt ein Jäger, auf einer Pirsch in den Unterricht, dick, ungemütlich, einer von der feisten Sorte der Revierbesitzer und Scharfschützen. Die dreißig Untertertianer, die in drei Reihen, immer zwei nebeneinander – die letzten Bankreihen waren leer –, unter ihm saßen, duckten sich. Mich wird der Kandlbinder schon nicht aufrufen, dachte Franz, ohne zu überlegen, woher er eigentlich die Zuversicht nahm, sein Name würde während dieser Stunde nicht fallen. Natürlich, der Konrad, dachte er, erleichtert, als er sich umwandte, um zu sehen, auf wen der Ordinarius zeigte, er ruft einen seiner Musterschüler nach dem anderen

auf, gar keine Gefahr, daß ich drankomme, und er beobachtete, wie aus der hintersten Bank in der rechten Reihe der Bezeichnete hochschoß, als Kandlbinder sagte: »Komm du mal nach vorn!« Franz fragte sich, ob es wohl dem Rex auffiel, daß Kandlbinder es unterließ, diesen Schüler mit seinem Namen anzureden.

Schon die Art, in der dieser sich erhob, schnell, aber nicht eifrig, sondern durch ein forciertes Hochwerfen des Oberkörpers die ganze Bewegung ins Lächerliche ziehend, ließ die Klasse hoffen, daß ihr ein Gaudium bevorstand, und sie brauchte auch kaum einen Augenblick lang darauf zu warten, denn der für sein Alter besonders große, schlaksige Bursche erklärte, während er schiefschultrig, impertinent und offensichtlich entschlossen, sich zu amüsieren, zwischen den Bankreihen auf die Tafel- und Pultbühne zuging: »Sehr gerne, Herr Doktor Kandlbinder!«

Seinen Klassenlehrer, den Rex nachäffend, mit dem neu mitgeteilten Titel und dem Namen anzureden, ja überhaupt dem Befehl, den er erhalten hatte, nicht schweigend nachzukommen, sondern ihn zu beantworten, und noch dazu mit diesem als eine Karikatur von Höflichkeit sorgfältig geplanten und herausgebrachten ›sehr gerne‹ – das war wieder einmal eine typische Konrad-Greiff-Frechheit. Die Gymnasiasten grinsten.

Eins zu Null für Konrad, dachte Franz, das hat Kandlbinder davon, daß er ihn aufgerufen hat, bloß weil Konrad im Griechischen fast noch besser ist als Werner Schröter; Kandlbinder ist ein Depp, er hat sich wohl eingebildet, der Konrad hält sich zurück, während der Rex die Klasse inspiziert, aber da hat er sich geschnitten, gerade weil der Rex da ist, spielt er sich wieder auf, wie vor sechs Wochen, als Kandlbinder ihn zum erstenmal aufgerufen hat, »Greiff« hat er gesagt,

· 246 ·

nichtsahnend, und der Konrad ist aufgestanden, aber nicht so spöttisch wie heute, sondern hochfahrend, und er hat kalt und unverschämt zu Kandlbinder gesagt: »Von Greiff, wenn ich bitten darf!«, der Kandlbinder ist außer sich gewesen, er ist käseweiß geworden im Gesicht, dann hat er gesagt »Aber das ist doch unerhört...« und ist hinausgerannt und erst nach einer ganzen Weile wieder hereingekommen, von da an hat er Konrad nur noch selten dran genommen, auch wenn der immer wieder den Arm hochgehoben und sich gemeldet hat und in allen Griechisch-Schulaufgaben eine Eins oder Eins auf Zwei geschrieben hat, und nie mehr hat Kandlbinder ihn bei seinem Namen genannt. So hat der Konrad ihm den Schneid abgekauft, aber warum eigentlich, denn von uns verlangt er ja nicht, daß wir ihn von Greiff nennen, er weiß, daß er uns den Buckel runterrutschen kann mit seinem ›von‹, wir sagen Greiff oder Konrad zu ihm, und er läßt es sich ohne weiteres gefallen, und es ist ja hundsgemein von ihm, daß er jetzt die Gelegenheit benutzt, dem Rex zu zeigen, wie er mit dem Klaßlehrer umspringen kann, unbegreiflich, daß Kandlbinder nicht damit gerechnet und ihn aufgerufen hat, gerade jetzt hätte er bei seinem Grundsatz bleiben sollen, daß er keinen Liebling hat und keinen, den er nicht leiden kann, statt dessen ruft er zuerst den Primus auf, und danach den einzigen, den er bestimmt haßt, auch wenn er es nie mehr gezeigt hat, seitdem der Greiff verlangt hat, daß er ihn von Greiff nennt, ich möchte wissen, was er gemacht hat, nachdem er damals hinausgelaufen ist, hat er sich beim Rex beschwert und ihn gefragt, was er tun soll, oder ist er auf die Toilette gegangen, weil er sich hat erbrechen müssen? – der Konrad ist immer noch da gestanden, als er wieder herein-kam, und Kandlbinder hat nichts weiter zu ihm gesagt als »Setz dich!«, und von da an hat er ihn nie wieder mit seinem

Namen angeredet. Umso blöder von ihm, daß er ihn jetzt aufgerufen hat, der Idiot hat damit gerechnet, daß Konrad sich heute ihm gegenüber fair verhält, aber der denkt gar nicht daran, der ist versessen darauf, den Studienrat vor dem Rex zu blamieren. Aber warum nur? So ein dreckiger Adeliger! Mit diesem unverfrorenen »Sehr gerne, Herr Doktor Kandlbinder!« wollte er nur erreichen, daß der Lehrer die Fassung verlor, sich vielleicht zu einem »Greiff, was erlauben Sie sich?« hinreißen ließ, was diesem endlich wieder – und vor den Ohren des Rex – die erwünschte Gelegenheit bieten würde, sein »Von Greiff, wenn ich bitten darf!« anzubringen.

Die ganze Klasse freute sich bereits diebisch auf den Wortwechsel, der nun folgen würde – auch dieser würde sicherlich wieder zu Ungunsten ihres Ordinarius ausgehen, mitleidlos beobachteten die Gymnasiasten, wie Kandlbinder sich provozieren ließ, bleich und sprachlos stand er an der Tafel –, aber sie hatten nicht mit dem Rex gerechnet, der sich so blitzschnell, wie Franz es bei einem Mann von solcher Korpulenz nie erwartet hätte, in den Vorfall einschaltete.

»Ah«, sagte er, den inzwischen vorne angekommenen Knaben mit blau-goldenem Blick kalt messend, »da haben

wir also unseren jungen Baron Greiff! Ich habe schon viel von dir gehört, Greiff. Du sollst ja ein ausgezeichneter Grieche sein. Wenn du es aber noch einmal für nötig hältst, eine Bereitwilligkeits-Erklärung abzugeben, nachdem du aufgerufen worden bist, oder wenn du dir noch ein einziges Mal herausnimmst, deinen Klaßlehrer mit Herr Doktor anzureden, anstatt, wie es dir zukommt, mit Herr Professor, dann bestrafe ich dich auf der Stelle mit einer Stunde Arrest. Verstanden, Greiff?«

Der Rex kennt also den Greiff, dachte Franz. Dann ist Kandlbinder damals, nach seinem Zusammenstoß mit Konrad, zu ihm gelaufen, hat sich über Konrad beschwert. Oder kennt er uns alle? Da wäre er ja enorm auf Draht, wenn er jeden einzelnen von uns kennen würde. Mit Namen und mit allem.

Wie er sich den Greiff vorgenommen hatte! Die ganze Klasse bewunderte in diesem Augenblick den Rex. Er hatte die gleiche Methode angewendet wie bei Kandlbinder; so, wie er dessen Doktor-Titel ins Spiel gebracht hatte, um ihm mehr Respekt zu verschaffen, erhöhte er auch Konrad Greiff zuerst im Rang; er wies die Klasse darauf hin, daß sie in Konrad nicht nur einen gewöhnlichen Von-Träger in ihrer Mitte hatte, sondern etwas Besseres, immerhin einen Baron, aber während er die akademische Würde des Studienrats weiter aufrechterhielt, ›nicht wahr, Herr Doktor‹ – wenigstens bis jetzt und abgesehen davon, daß er ihn, mit leisem Donnergrollen in der Stimme, darauf aufmerksam gemacht hatte, er solle ihm hinsichtlich des Standes des Lehrstoffs kein X für ein U vormachen –, hatte er den Schüler, gleich nachdem er ihn Baron genannt hatte, zweimal hintereinander ohne jedes Adels-Prädikat mit nichts weiter als seinem Familien-Namen angeredet. Würde Konrad es wagen, den

Rex ebenso zurechtzuweisen, wie, vor sechs Wochen, den Klaßlehrer?

Er schien es riskieren zu wollen. »Aber Sie selbst haben doch...«, setzte er an, aber der Rex ließ ihn nicht zu Ende reden.

»Also gut«, sagte er, gleichmütig, nicht leise, aber auch nicht laut, »eine Stunde Arrest. Heute nachmittag, von drei bis vier.« Er wandte sich an Kandlbinder. »Tut mir leid, Herr Doktor, daß ich Ihnen den Nachmittag verderben muß«, sagte er, darauf anspielend, daß der Klaßlehrer den Arrestanten würde beaufsichtigen müssen. »Aber einem Herrn von dieser Sorte darf man nichts durchgehen lassen.« Plötzlich lachte er auf. »Bei einem Freiherrn!... Lassen Sie ihn Geschichte büffeln, heute nachmittag«, fügte er hinzu, »in Geschichte ist er ja lange nicht so gut wie in Griechisch.« Er schüttelte den Kopf. »Eigentlich merkwürdig bei einem, der so stolz ist auf seinen Adel, daß er sich für Geschichte nicht recht interessieren will.«

Egon Friedell & Alfred Polgar

Goethe als Kandidat
im Germanisten-Examen

PROFESSOR Also, Sie wissen, in bezug auf Goethe verstehe
ich keinen Spaß, Goethe ist ein Heiligtum.

SCHULRAT, *zahnlos, uralt, von ohnmächtiger Ironie.* In das man
durch eisernen Fleiß sich Eintritt erwirbt.

PROFESSOR Wir haben noch den Kohn und den Züst. Züst,
Sie sind der Schwächere, stehen Sie auf!... *Spricht leise mit
Kommission. Indem Züst sich erheben will, kommt Goethe hinter
ihm heran, drückt ihn unter die Bank und tritt vor die Prüfungs-
kommission.*

Goethe ist eine Erscheinung von so gigantischer Bedeutung,
daß sie jedem Gebildeten aufs Genaueste vertraut sein
muß. Nur der kann mit Aussicht auf Erfolg in den Ernst
des Lebens hineintreten, der Goethes Leben und Schaffen
zu seinem täglichen Brot gemacht hat.

GOETHE, *bescheiden, abwehrend.* Bitte, bitte —

PROFESSOR, *sehr scharf.* Sagten Sie etwas?

GOETHE, *verärgert.* Noi.

PROFESSOR, *blickt in sein Notizbuch.* Wir beginnen mit der Fa-
miliengeschichte. Wie hießen, was waren und wo lebten
Goethes Großeltern a) väterlicherseits, b) mütterlicherseits?

GOETHE No, der Vattersvatter war der alt' Schorsch Friedrich

Goethe, der war scho Schneider in Frankfort, na un sei
Fraa war e geborne Schallhorn, das war die Tochter vom
Weidewirt, die hat von Neckergemind 'erübergemacht,
un der Bruder, das war der Kaschper Schallhorn –

PROFESSOR, *befriedigt.* Nun, ganz schön. Das wäre ja soweit
memoriert.

GOETHE, *unbeirrt.* No un d dem sei Fraa, de Bismerskathrin,
das war doch de erschte Hebamm, die vom Großherzog e
beeidichtes Diplom gehabt hat, aber sonscht war se e bees
Weib; der ältest' Sohn hat auch weche dem nach Bensheim
niwwergeheirat, noja, er hat den Krach net mehr ausgehalte,
der Ulrich...

PROFESSOR Nun ja, sehr gut, das genügt!

GOETHE, *nicht aus dem Konzept zu bringen...* Der Ulrich Franz
Theodor.

PROFESSOR Sie scheinen sich ja so weit in die Materie vertieft
zu haben.

GOETHE Deß glaab ich!

PROFESSOR Aber nun zum Dichter selber. Er wurde geboren?

GOETHE 28. August 1749.

PROFESSOR In?

GOETHE Frankfort, Großer Hirschgrawe 12 – *Professor will
unterbrechen* – in dem blauen Zimmer im zweiten Stock
links. *In Erinnerung versunken.* Da ware aach die zwää Pen-
deluhre vom Onkel Reth mit die nette Amorettcher druff,
die oi hat de Schorsch kaput gemacht, wie er mit eme
Klicker roigeschosse hat...

PROFESSOR, *gereizt durch Goethes Mehrwissen.* Verlassen wir
Goethes Geburtszimmer... Er bezog wann die Universität?

GOETHE Mit sechzehn' Jahr'.

252

PROFESSOR Er studierte in welchen Städten und zu welchen Behufen?

GOETHE No in Leipzig, dann in Straßburg erscht nix.

PROFESSOR Hm?

GOETHE Und nachher die Rechtswissenschaft und Kunstgeschichte un e bißche Philosophie.

PROFESSOR, *zornig.* Wie, ein bißchen?

GOETHE Na, 's war net viel!

PROFESSOR Wann verließ Goethe Wetzlar?

GOETHE Ei, no so um die 71 oder 72.

PROFESSOR, *triumphierend.* Ich fragte, wann Goethe Wetzlar verließ?

GOETHE, *unsicher, nachdenklich.* 72, ja, ja 's wird scho so gewese soi, im Zweiundsiebzigerjahr.

PROFESSOR Mit diesem inhaltslosen Herumgerede werden Sie Ihre Unwissenheit nicht verbergen! Ich meine natürlich: in welchem Monat verließ Goethe Wetzlar?

GOETHE In welchem Monat? Warte Se, das wird' ich Ihne gleich sache – *denkt verzweifelt nach* – Ei, wann war's denn nur? Ei, das hab' ich doch gewißt ...

PROFESSOR Ja, das ist Ihre ständige Redensart! Sie haben immer nur gewußt. Aber Sie wissen nichts. *Zu Kohn, der Zeichen ungeduldigen Ehrgeizes von sich gibt.* Kohn, wann verließ Goethe Wetzlar?

KOHN Selbstverständlich am 23. September 1772, 5 Uhr nachmittags mit der Fahrpost.

GOETHE, *erfreut.* Ja, richtig, im September mit der Fahrpost ...

PROFESSOR Eine andere Frage: Wann besorgte Goethe die erste Umarbeitung der ›Stella‹?

GOETHE Die Stella? Warte Se mal. *Unsicher.* 1804?

Kohn, *entsetzt.* T! T! T!

PROFESSOR Ich bin starr. Sie wissen wirklich nicht, daß die erste Umarbeitung der ›Stella‹ 1806 stattfand? Ja, sagen Sie, was haben Sie denn eigentlich in Ihrem Kopf? *Goethe sieht den Professor erstaunt an.*

PROFESSOR Wann erschien ›Hermann und Dorothea‹?

GOETHE, *nach kurzer Überlegung.* 1796.

PROFESSOR, *höhnisch.* Ich würde an Ihrer Stelle gleich 95 sagen!

SCHULRAT Oder 94!

PROFESSOR *brüllt.* ›Hermann und Dorothea‹ erschien im Jahr 1797, Sie Ignorant!

GOETHE, *fest.* Noi, 's war 96!

PROFESSOR 97!

GOETHE, *unerschütterlich.* 96!

KOHN *übergibt durch Goethe dem Professor ein aufgeschlagenes Buch.*

PROFESSOR Hier! Sie insolenter Bursche!

GOETHE Ja, wirklich – Ich hätt' doch druff geschwore, 's war 96!

PROFESSOR Daß ein deutscher Jüngling derartige Daten nicht gegenwärtig hat, könnte einem wirklich den Glauben an die Jugend nehmen! Da muß sich ja Goethe im Grab umdrehen.

SCHULRAT Hihihi! Pedell, drehen Sie die Goethe-Büste um. Damit ihr dieser Anblick – *er zeigt auf Goethe* – erspart wird.

Es geschieht. Goethe lacht.

PROFESSOR Nun, ich sehe schon, Daten darf man Sie nicht fragen. Nun etwas über Goethes Innenleben. Welche seelischen Erlebnisse veranlaßten den Dichter zur Fortführung des ›Wilhelm Meister‹?

GOETHE No, da hat er doch schon vom Verleger die 200 Taler Vorschuß uff'n zweite Band gehabt, da hat er'n doch aach schreibe müsse.

PROFESSOR Was? Sie behaupten also, daß schnöde Geldgier die Triebfeder von Goethes genialer Dichtung war?

GOETHE Ei wieso denn Geldgier? Das Geld hat er doch längst net mehr gehabt.

PROFESSOR Nun, eines steht fest: Goethes Leben hat Sie nicht beschäftigt. *Goethe blickt ihn erstaunt an.*

SCHULRAT Wissen Sie vielleicht zufällig, was Goethes Hauptwerk war?

GOETHE, *stolz.* No, die ›Farwelehr!‹ *Schallendes Gelächter.* Was is denn da zu lache?

SCHULRAT Hihihi! Das ist allerdings nur zum weinen.

PROFESSOR Was waren Goethes letzte Worte?

GOETHE No, Milch hat er gewollt.

PROFESSOR W-a-as? Ich verstehe immer Milch.

GOETHE No ja, Milch in sein Kaffee, weil er ihm zu dunkel war. Und da hat er gesacht: mehr licht!

PROFESSOR, *entsetzt aufstehend.* Es zeigt die äußerste Niedrigkeit der Gesinnung, annehmen zu wollen, daß ein Genius wie Goethe sich ein so triviales Thema für seine letzten Worte hätte wählen können!

SCHULRAT Wissen Sie zufällig, wer die Frau von Stein war?

GOETHE No, soi Geliebte.

PROFESSOR *erhebt sich.* Derartige Ausdrücke sind an einer Staatsanstalt absolut unstatthaft. – Der Dichterheros schätzte Frau von Stein viel zu hoch, als daß er sie zu seiner Geliebten erniedrigt hätte. – Lachen Sie nicht, Sie frecher Bursche! – Warum löste Goethe sein Verlöbnis mit Lili?

GOETHE, *unwillig.* Das kann ich doch net sache. Das wär' doch indiskret.

SCHULRAT Diskretion ist allerdings die Haupteigenschaft, die Sie in bezug auf Goethe entwickeln. *Kohn meckert, Goethe blickt ihn strafend an.*

PROFESSOR Wissen Sie wenigstens, warum er die Beziehungen zu Frederike abbrach?

GOETHE, *zornig.* Ja, das weiß ich schon, aber das geht doch niemande was an!

PROFESSOR Was behaupten Sie? Goethes Beziehungen zur Blume von Sensenheim (1770 bis 72) gingen die Wissenschaft nichts an!

GOETHE Noi, das geht niemande was an.

SCHULRAT Wissen Sie vielleicht überhaupt, wer der Herr dort ist? *Zeigt auf die Reproduktion des Wiener Goethe-Denkmals.*

GOETHE, *ahnungslos.* Noi, das weiß ich net.

DER TSCHECHISCHE BESITZER, *der bisher ganz stupid dagesessen ist, mit tiefer Baßstimme.* Also jetz' weiß der blede Lackel nit, daß das den Gette vurstellt!

GOETHE Was, deß soll der Goethe soi?

PROFESSOR Na, wer denn sonst?

GOETHE Jetzt werde mersch awwer zu dumm! Erscht frache Se mich Sache, die koi Mensch wisse kann und die ganz wirscht sinn, nachher erzähle Se mir'n Blödsinn übern Tasso, dann mache Se mer de Farwelehr' schlecht, dann wolle Se iwwer die Weiwer Sache wisse, – *Professor will demonstrieren* – die Ihne en Dreck angehn, un jetz' wolle se mer gar den Toppsitzer da als Goethe uffschwätze! Da uß ich schon de Götz zitiere: Ihr könnt mich alle miteinander...

Will wütend ab.

PROFESSOR, *nach Luft schnappend.* Halt! Bleiben Sie! Zur Strafe für Ihre Insolenz sollen Sie Zeuge Ihrere Beschämung sein!

Tempo von jetzt an sehr rapid.

Kohn!! – Stehen Sie auf! So stehen Sie schon auf!

KOHN Ich steh' doch schon!

PROFESSOR Wann verließ Goethe Rom?

KOHN 22. April 1788.

PROFESSOR Welche Orte berührte er noch in diesem Jahr?

KOHN Pempelfort, Münster, Stichroda.

PROFESSOR Wann wurde Eckermann geboren?

KOHN 14. November 1790.

PROFESSOR Was schrieb Goethe im Frühling dieses Jahres?

KOHN Urpflanze, Amyntas, der Sänger.

PROFESSOR, *immer erfreuter.* Was übernahm er in diesem Jahre?

KOHN Die Oberaufsicht über die Landesanstalten.

PROFESSOR Für?

KOHN Kunst und Topographie.

PROFESSOR Wie hieß Goethes Schwester?

KOHN Cornelia.

PROFESSOR Geboren?

KOHN 1765.

PROFESSOR Gestorben?

KOHN 1814.

PROFESSOR *ist in freudiger Erregung ganz aufgesprungen.* Verheiratet an?

KOHN Schlosser

PROFESSOR Geboren?

KOHN 1754.

PROFESSOR Gestorben?

KOHN 1829.

PROFESSOR Kinder?

KOHN Franz, Georges, Marie, Theophil.

PROFESSOR, KOHN

Gleichzeitig im raschesten Tempo.

Geboren?	1780.
Gestorben?	1824.
Wo?	In Magdeburg.
Wann?	November.
Wie oft?	Dreimal
Warum?	Wegen Herder.
Wo?	In den ›Horen‹?
Mit wem?	Mit Schiller.
Erkrankt?	Am vierzehnten.
Genesen?	Am neunten.
Woran?	An Darmverschlingung.

PROFESSOR *schlägt nach. Das Kollegium gibt Zeichen der höchsten Zufriedenheit.*

GOETHE *hat erst unwillig und erstaunt, dann immer vergnügter zugehört, am Schluß schüttelt er sich vor Lachen.*

Nachdem das Prüfungsgeknatter beendet ist, sagt der Professor triumphierend zu Goethe: Sehen Sie! Das ist Bildung!

Rascher Vorhang

F. K. Waechter

Amélie Nothomb

Schulanfang

Es war mein erster richtiger Schulanfang. Das Lycée Français in New York war etwas anderes als die Kleine Französische Schule in Peking. Ein versnobtes Gymnasium, reaktionär und arrogant. Blasierte Professoren erklärten uns, daß wir zur Elite gehörten und uns entsprechend benehmen sollten.

Solches Geschwafel ließ mich kalt. Meine Neugier galt den Schülern, die sich in der Klasse drängten. Franzosen waren in der Mehrheit, aber es gab auch viele Amerikaner. In New York galt es als Nonplusultra, seinen Nachwuchs aufs Lycée zu schicken.

Belgier gab es nicht. Dieses merkwürdige Phänomen ist mir auf der ganzen Welt begegnet: Ich war stets die einzige Belgierin in der Klasse, was mir massenhaft Spott eintrug, und ich war die erste, die darüber lachte.

Damals funktionierte mein Hirn zu gut. In weniger als einer Sekunde multiplizierte es irrationale Zahlen, deren Dezimalstellen ich gelangweilt herunterbetete, so sicher war ich mir der Genauigkeit meines Denkens. Grammatik trat mir aus allen Poren, der Atlas war mein Lebensplan, Nichtwissen ein böhmisches Dorf, und für Sprachen war ich der Turm zu Babel.

Wenn mir das alles nicht so egal gewesen wäre, hätten mich alle gehaßt.

Die Lehrer waren hingerissen.

»Und Sie sind wirklich Belgierin?« fragten sie.

Ja, doch. Ja, auch meine Mutter sei Belgierin. Ja, und meine Vorfahren auch.

Fassungslosigkeit bei den französischen Lehrern.

Die Jungen beobachteten mich mißtrauisch, als wollten sie sagen: Da ist doch ein Trick dahinter!

Die Mädchen machten mir schöne Augen. Das monströse Elitebewußtsein der Schule färbte so sehr auf sie ab, daß sie ganz unverblümt bei mir vorstellig wurden: »Du bist die Beste. Willst du meine Freundin sein?«

Es war erschreckend. In Peking, wo nur kriegerische Tugenden zählten, wäre ein solches Verhalten undenkbar gewesen. Ich konnte es ihnen aber nicht verwehren – Mädchenherzen verwehren sich nicht.

In unserer Klasse gab es auch schon mal ein Mädchen von der Elfenbeinküste, einen Jugoslawen oder einen Jemeniten. Nationalitäten, die so selten waren wie meine und mich deshalb rührten. Amerikaner und Franzosen waren immer baff, wenn jemand nicht Amerikaner oder Franzose war.

Eine kleine Französin, die zwei Wochen nach Schulbeginn gekommen war und Marie hieß, liebte mich sehr.

In einem Anfall von Leidenschaft vertraute ich ihr einmal die schreckliche Wahrheit an: »Ich bin Belgierin, weißt du.«

Daraufhin versprach Marie mir mit gedämpfter Stimme: »Ich sag's auch bestimmt nicht weiter.«

Und lieferte so den schönsten Beweis ihrer Liebe.

Wichtiger als das Lycée war jedoch die Ballettschule, die ich regelmäßig besuchte.

Das war wenigstens schwierig. Der Körper mußte lernen, zum Bogen zu werden, den man bis zum Zerreißen spannen konnte; erst dann wäre er der Pfeile würdig.

Der erste Schritt dahin war der Spagat. Die amerikanische Ballettlehrerin, eine spindeldürre alte Tänzerin, die rauchte wie ein Schlot, regte sich furchtbar auf, daß einige ihn nicht gleich beherrschten:

»Mit acht keinen Spagat zu schaffen ist unverzeihlich. In eurem Alter sind die Gelenke doch aus Kaugummi.«

Also verrenkte ich mir die Kaugummis, um den erwünschten Spagat hinzukriegen. Wenn man der Natur ein wenig Zwang antat, war es eigentlich ganz leicht. Verblüffend, die eigenen Beine wie eine Kompaßnadel unter sich zu sehen.

In der Ballettschule waren nur Amerikanerinnen. Trotz der vielen Jahre, die ich mit ihnen verbrachte, freundete ich mich nie mit ihnen an. In der Welt des Tanzes triumphierte der Individualismus: Jede kämpfte für sich allein. Wenn eine bei einem Sprung stürzte und sich verletzte, lächelten die anderen: eine Konkurrentin weniger. Die Mädchen sprachen kaum miteinander, und wenn, dann nur über ein Thema: die Nutcracker-Auswahl.

Jedes Jahr zu Weihnachten wurde im größten New Yorker Veranstaltungssaal das Nußknacker-Ballett aufgeführt – getanzt von Zehnjährigen. Für eine Stadt, in der Tanz so wichtig genommen wurde wie in Moskau, war das ein bedeutendes Ereignis.

Scouts durchkämmten alljährlich die Schulen nach den Besten. Die Lehrerin holte ihre Musterschülerinnen nach vorn und erklärte den Rest für chancenlos. Ich war zwar sehr gelenkig, aber tapsig und schlecht gebaut, also gehörte ich zum Rest.

Berauschend wurde es nach der Ballettstunde. Ich ging

nach Hause und flitzte in den vierzigsten Stock, wo ein mit Glas überdachtes Schwimmbecken war. Während ich schwamm, sah ich hinter den Spitzen der schönsten gotischen Türme die Sonne untergehen. Der New Yorker Himmel strahlte in den unglaublichsten Farben. Sein Glanz war kaum zu ertragen. Trotzdem verschlangen ihn meine Augen.

Kaum zurück, sollte ich mich in Gala werfen. Die Hausaufgaben erledigte ich in acht Sekunden und ging ins Wohnzimmer zu meinem Vater, der mir einen Whisky einschenkte, um mit mir anzustoßen.

Er beklagte sich über die Arbeit:

»Die UNO ist einfach nichts für mich. Immer nur reden, reden, reden. Ich bin ein Mann der Tat!«

Ich nickte verständnisvoll.

»Und wie war dein Tag?«

»Immer dasselbe.«

»In der Schule die Beste, im Ballett so lala?«

»Ja. Aber ich werde Tänzerin.«

»Klar.«

Er glaubte nicht eine Sekunde daran. Ich hatte gehört, wie er Freunden erzählte, ich würde Diplomatin werden.

«Sie ist genauso wie ich.«

Dann gingen wir auf den Broadway, um die Nacht zu feiern. Ich liebte es auszugehen. Ein so wildes Leben hatte ich nur in dem Alter. […]

Eine besorgniserregende Erscheinung war am New Yorker Lycée Français zu beobachten: Zehn Mädchen aus meiner Klasse verliebten sich in mich. Ich aber war nur in zwei verliebt. Das war ein mathematisches Problem.

Die ganze Angelegenheit wäre nicht über ein Schulhofdrama hinausgegangen, hätten wir nicht tagtäglich die Straße überqueren müssen. Nach dem gemeinsamen Essen in der Kantine durften nämlich alle Schüler für eine Stunde in den Central Park. Die Mittagspause in dem schönen, großen Park war der am heißesten ersehnte Moment des ganzen Schultags.

Um allerdings an diesen wunderbaren Ort zu gelangen, mußten wir die Straße überqueren, die uns vom Central Park trennte. Und das war nur in einer langen Zweierreihe möglich, alles andere hätte dem Ruf des Lycée geschadet.

Wir wurden also von der Obrigkeit aufgefordert, uns jeweils jemanden auszusuchen, mit dem wir Hand in Hand über die Straße gehen wollten. Ich wechselte zwischen meinen besten Freundinnen ab: der Französin Marie und der Schweizerin Roselyne.

Eines Tages warnte die mitfühlende Roselyne mich vor einer drohenden Krise: »Viele Mädchen in der Klasse möchten Hand in Hand mit dir in den Park gehen.«

»Ich will das aber nur mit Marie oder dir«, antwortete ich ungerührt.

»Sie sind aber sehr unglücklich darüber«, gab Roselyne zu bedenken. »Corinne hat richtig geweint.«

Das fand ich so albern, daß ich lachen mußte. Auf diesem Ohr war Roselyne jedoch taub.

»Du solltest auch mal mit Corinne oder Caroline Hand in Hand gehen, das wäre nett.«

Genau so geht es im Harem zu: Manchem Sultan wird von seinen Geliebten empfohlen, auch die abgelegten Frauen zu ehren. Es ist zu vermuten, daß Mitgefühl sich hier mit Vorsicht paart, denn eine bevorzugte Stellung führt leicht zu offener Feindschaft.

In meiner Großmut versprach ich Corinne am nächsten Tag, Hand in Hand mit ihr die Straße zu überqueren. Und als wir uns dann nach dem Mittagessen in Zweierreihen aufstellen sollten, ging ich widerwillig zu ihr hin und sandte verzweifelte Blicke zu Marie und Joselyne, die nicht nur meine Gunst genossen, sondern auch zarte, feine Hände hatten, im Gegensatz zu Corinne, die mir ihre fette Pratze entgegenstreckte.

Das allein hätte ja schon gereicht! Aber ich mußte auch noch ertragen, daß Corinne ob ihres Triumphs in ein Freudengeheul ausbrach und sich mit diesem Händedruck brüstete, als wäre er ein weltbewegendes Ereignis.

Am Vormittag schrie sie ständig:

»Ich werde ihre Hand halten!«

Und am Nachmittag:

»Ich habe ihre Hand gehalten!«

Ich hatte gedacht, diese lächerliche Episode würde folgenlos bleiben.

Doch als ich am nächsten Morgen vor Unterrichtsbeginn den Klassenraum betrat, bot sich meinen Augen ein grauenerregendes Spektakel dar: Corinne, Caroline, Denise, Nicole, Nathalie, Annick, Patricia, Véronique und sogar meine beiden Lieblinge prügelten sinnlos aufeinander ein. Die Jungs genossen das Schauspiel und vergaben Punkte.

Ich fragte Philippe, was da los sei.

»Es ist wegen dir«, grinste er. »Du hast doch gestern mit Corinne Händchen gehalten. Jetzt wollen sie das alle. Mädchen sind einfach zu blöd!«

Am schlimmsten war, daß er recht hatte: Mädchen waren zu blöd. Ich begann zu lachen und verbündete mich öffentlich mit den Jungs. Die Vorstellung, daß es bei dieser Keilerei darum ging, zweieinhalb Minuten meine Hand zu halten, war einfach zu komisch.

Also gebot ich ihnen wie Christus mit erhobenen Händen Einhalt und mit lauter Stimme Ruhe.

Alle zehn Mädchen hörten sofort auf und sahen mich demütig an. Es war nicht einfach, dabei ernst zu bleiben.

Ich nahm einen großen Bogen Papier und entwarf darauf einen Zeitplan der Handkontakte für die nächsten Monate: Jeder Straßenüberquerung entsprach ein Kästchen, in das ich, der Willkür meiner Neigungen folgend, jeweils einen Namen eintrug.

»Montag, den 12.: Patricia. Dienstag, den 13.: Roselyne. Mittwoch, den 14.: ...«

Und so weiter und so fort. Die Namen meiner Lieblinge kamen viel öfter vor – darauf hatte ich ja wohl ein Anrecht. Das Seltsamste war die Fügsamkeit dieses Harems, der von diesem Zeitpunkt an täglich das kostbare Dokument zu konsultieren pflegte. Nicht selten sah man ein Mädchen ehrfürchtig den Plan betrachten und dabei seufzen:

»Ah, am Donnerstag, den 22., bin ich dran.«

Das alles unter dem fassungslosen Blick der Jungs, die befanden: »Mädchen sind total bescheuert.«

F. K. Waechter

Verzweifelte Lehrer

Und sie hatten damit verdammt recht. Ich fand das Umschwärmtsein zwar ergötzlich, konnte es aber nicht gutheißen. Ich hätte ja noch verstanden, wenn die Mädchen mich für das geliebt hätten, was ich als meine Vorzüge ansah, den gewandten Umgang mit Waffen, meinen großartigen Spagat, mein Talent für die Sissone, mein Schnee-Sorbet oder mein weiches Herz.

Aber sie liebten mich für das, was die Lehrer hochtrabend als meine Intelligenz bezeichneten und was nicht mehr war als ein sinnloses Vermögen. Sie liebten mich, weil ich die Klassenbeste war. Ich schämte mich für sie.

Wobei ich vor Freude ohnmächtig wurde, wenn ich mit einer von meinen Favoritinnen Händchen hielt. Ich wußte nicht, was ich Marie und Roselyne bedeutete – Attraktion? Zerstreuung? Repräsentationsobjekt? oder wahre Liebe? –, ich wußte nur, was sie mir bedeuteten. Dazu war es mir zu oft vorenthalten worden, als daß ich seinen Wert nicht erkannt hätte.

Was sie mir zu geben hatten, gaben sie mir aufgrund eines Systems, das mich abstieß: den widerlichen Regeln des französischen Gymnasiums gehorchend, wo man mit dem Finger auf die Faulen zeigt, während die Besten der allgemeinen Bewunderung empfohlen sind. Ich liebte jene, die mich zum Träumen brachten, deren schöne Augen Grenzen sprengten, deren kleine Hände mich zu geheimnisvollen Zielen führten, die Schwärmerei durch Vergessen verhießen; sie dagegen liebten die Erfolgreiche.

Nach- und Hinweise

JAKOB ARJOUNI (*1964, Frankfurt am Main, lebt in Südfrankreich)
Hausaufgaben. Auszug aus dem gleichnamigen Roman, der im Herbst bei Diogenes erschienen ist. © Diogenes, Zürich 2004.
…mag ich, mag ich nicht. Originalbeitrag für dieses *Tintenfaß.*

OTTO A. BÖHMER (*1949, Rothenburg ob der Tauber, lebt in Nieder-Wöllstadt (Wetterau))
Der Verwalter seines Lebens (Titel von den Herausgebern). Gekürzte Fassung eines Aufsatzes, der im Band *Sternstunden der Literatur* 2003 im Verlag C.H. Beck, München, erschienen ist. Abdruck mit freundlicher Genehmigung des Autors.

BORGER (*1956, Gunzenhausen (Bayern), lebt in München) & STRAUB (*1943, Pinneberg, lebt in Aventoft in Nordfriesland)
Kleines Latinum (Titel von den Herausgebern). Auszug aus dem Roman *Im Gehege*, der im Herbst bei Diogenes erschienen ist. © Diogenes, Zürich 2004.

RAYMOND CARVER (1938, Clatskanie (Oregon) – 1988)
Gedichte nach Čechov. Aus dem Band *All of us*, erschienen bei Alfred A. Knopf, New York. Deutsche Rechte durch Paul & Peter Fritz AG, Zürich. Die Übersetzung folgt der Čechov-

Taschenbuchausgabe bei Diogenes. Die einführenden Bemerkungen sind von Helmut Frielinghaus, dafür herzlichen Dank.

ANTON ČECHOV (1860, Taganrog – 1904, Badenweiler)
Zerrüttung der Kompensation. Zuerst erschienen im Čechov-Sonderheft des Kulturmagazins *Du*, Zürich. *Kleiner Scherz* aus *Angst. Sieben Geschichten von der Liebe*, erschienen in der Friedenauer Presse, Berlin. *Etwas mit Pferd* aus dem Buch *Kaschtanka und andere Kindergeschichten*, das im Herbst 2004 bei Diogenes erschienen ist, illustriert von Tatjana Hauptmann. (Die Geschichte wird in dieser Ausgabe wie hier in der von den üblichen Texten abweichenden Transkription wiedergegeben). *Das Leben in Fragen und Ausrufen* aus dem gleichnamigen Band der fünfbändigen Ausgabe der Frühwerke Čechovs, in dem auch *Das ideale Examen* zu finden ist. Alle diese Texte aus dem Russischen übersetzt von Peter Urban. Eine große Čechov-Werkausgabe, herausgggeben und neu übersetzt von Peter Urban, ist in Vorbereitung.

Alle Text-Collagen von Anton Čechov wurden von Jan Sidney zusammengestellt, unter Mithilfe des Bandes *Freiheit von Gewalt und Lüge* (vormals *Denken mit Čechov*), herausgeben und zusammengestellt von Peter Urban.

Über Čechov. Der Text von Marcel Reich-Ranicki aus *Meine Bilder,* erschienen in der Deutschen Verlags-Anstalt, Stuttgart - München, der von Alexander Sinowjew aus *Mon Tchékhov,* erschienen bei Editions Complexe, Brüssel, der von Roger Grenier aus *Regardez la neige qui tombe,* erschienen bei Gallimard, Paris. (Die letzten beiden aus dem Französischen von Irene Bitterli-Riesen.) Der Text von W. Somerset Maugham aus *Notizbuch eines Schriftstellers,* der im Herbst 2004 bei Diogenes erschienen ist. Aus dem Englischen von Irene Muehlon und Simone Stölzel. Der Text von Vladimir Nabokov aus dem Band *Deutliche Worte,* erschienen im Rowohlt Verlag, Reinbek bei Hamburg. Alle Texte: Abdruck mit freundlicher Genehmigung der Rechteinhaber. Alle anderen Texte aus dem Band *Über Čechov,* herausgegeben von Peter Urban.

Erinnerungen an Čechov. Der Text von Maria Čechova aus: *Mein Bruder Anton Tschechow,* erschienen im Kindler Verlag, Berlin. Aus dem Russischen von Antje Leetz. Abdruck mit freundlicher Genehmigung. Die Texte von Maksim Gorkij und Aleksej Suvorin aus *Über Čechov,* herausgegeben von Peter Urban. Die Textauswahl von Ivan Bunin erschien zum ersten Mal in der *Zeit,* Hamburg. Aus dem Russischen von Brigitte von Kann. Aus dem im Herbst 2004 in der Frie-

denauer Presse erschienenen Band von Ivan Bunin: *Čechov. Erinnerungen eines Zeitgenossen.* © 2004, Friedenauer Presse, Berlin. Abdruck mit freundlicher Genehmigung.

GYÖRGOS DALOS (★1943, Budapest, lebt in Berlin und Wien)
Čechov in Badenweiler (Titel von den Herausgebern). Auszug aus *Die Reise nach Sachalin. Auf den Spuren von Anton Tschechow.* © Europäische Verlagsanstalt/Rotbuch Verlag, Hamburg 2001. Abdruck mit freundlicher Genehmigung.

FATOU DIOME (★1968, Niodior (Senegal), lebt in Straßburg)
Die Bettlerin und die Schülerin. Aus dem Französischen von Brigitte Große. Aus dem Erzählband *La préférence nationale.* © Présences Africaines, Paris. Abdruck mit freundlicher Genehmigung. Von Fatou Diome ist im Herbst 2004 bei Diogenes ihr erster Roman *Der Bauch des Ozeans* erschienen.

FRIEDRICH DÜRRENMATT (1921, Konolfingen bei Bern – 1990, Neuchâtel)
Zeichnungen auf S. 245, 248 und 250 aus *Die Heimat im Plakat.* © Diogenes, Zürich 1981.

PAUL FLORA (★1922, Glurns (Südtirol), lebt in Innsbruck)
Zeichnungen auf S. 216, 219, 220, 222, 225 und 266 aus *Vergebliche Worte* © Diogenes, Zürich 1981.

RICHARD FORD (★1944, Jackson, (Mississippi), lebt in New Orleans)
Warum uns Čechov gefällt. Aus

dem Amerikanischen von Frank Heibert. © Richard Ford, 1988, der Originaltext erschien zum ersten Mal als Vorwort zu *The Essential Tales of Chekhov*, herausgegeben von Richard Ford, The Ecco Press, New York, 1998. Deutsche Rechte durch Paul & Peter Fritz AG, Zürich. Die Zeichnung von Sydney Harris aus *The New Yorker*, 1985.

EGON FRIEDELL (1878, Wien – 1938, ebenda) & ALFRED POLGAR (1875, Wien – 1955, Zürich) *Goethe als Kandidat im Germanisten-Examen.* Abdruck mit freundlicher Genehmigung von Frau Brunhilde Kotab.

RENÉ GOSCINNY (1926, Paris – 1977, Paris) *Wir haben uns schiefgelacht.* Aus dem Französischen von Hans-Georg Lenzen. Aus dem Band *Der kleine Nick und die Schule.* © Diogenes, Zürich 1975, 2002.

TATJANA HAUPTMANN (*1950, Wiesbaden, lebt in Thalwil bei Zürich) Zeichnungen auf den Seiten 7, 10, 15, 19, 61–69, 114, 119 und 121, neben einigen unveröffentlichten Skizzen und Studien, aus *Kaschtanka und andere Kindergeschichten* von Anton Čechov, herausgegeben und übersetzt von Peter Urban. Foto auf S. 120 aus dem Privatarchiv der Künstlerin.

OLEG JURJEW (*1959, Leningrad, heute St. Petersburg, lebt in Frankfurt am Main) *Čechov-Jahrestag* (Titel von den

Herausgebern). Zuerst erschienen im *Tages-Anzeiger*, Zürich. Abdruck mit freundlicher Genehmigung des Autors und des Suhrkamp Verlags, Frankfurt am Main.

PËTR KROPOTKIN (1842, Moskau – 1921 in der Nähe von Moskau) *Lächeln unter Tränen.* (Titel von den Herausgebern). Aus dem Englischen von B. Ebenstein. Aus *Ideale und Wirklichkeit in der russischen Literatur*, 2003 bei Diogenes erschienen.

GOTTHOLD EPHRAIM LESSING (1729, Kamenz (Lausitz) – 1781, Braunschweig) *Auf sich selbst.* Aus *Das alte Wahre, faß es an!*, herausgegeben von Franz Sutter, erschienen als Diogenes Taschenbuch.

LORIOT (*1923, Brandenburg an der Havel, lebt am Starnberger See) *Grunzen statt sprechen.* Zuerst erschienen in *Bild*, Hamburg. Abdruck mit freundlicher Genehmigung des Autors. Vignette auf S. 243 aus *Großer Ratgeber*. © Diogenes, 1983.

KATHERINE MANSFIELD (1888, Wellington (Neuseeland) – 1923, Fontainebleau) *Čechovs letzte Briefe.* Aus *The Scrapbook of Katherine Mansfield*, herausgegeben von J. Middleton Murry, erschienen bei Alfred A. Knopf, New York. Die Čechov-Textstellen aus der fünfbändigen Diogenes-Ausgabe der Briefe, herausgegeben und übersetzt von Peter Urban.

LUDWIG MARCUSE (1894, Berlin –
1971, München)
Allgemein-Bildung. Aus: *Meine
Geschichte der Philosophie.* © Diogenes, 1981.

MICHEL DE MONTAIGNE (1533,
Schloß Montaigne (Périgord) –
1592, ebenda)
Vollgestopfte Köpfe. Aus dem
Band *Denken mit Montaigne,* der
2005 als Diogenes Taschenbuch
erscheint.

INGRID NOLL (*1935, Shanghai,
lebt in Weinheim)
Falsche Zungen. Aus dem gleichnamigen Erzählband, der im
Herbst bei Diogenes erschienen
ist. © Diogenes, Zürich 2004.

AMÉLIE NOTHOMB (*1966, Kobe
(Japan), lebt in Paris)
Schulanfang. (Titel von den Herausgebern). Aus dem Französischen von Brigitte Große. Auszug aus dem neuen Roman von
Amélie Nothomb, der im französischen Original *Biographie de
la faim* heißt. © Diogenes Verlag,
Zürich 2004. Im Frühjahr 2005
erscheint bei Diogenes der Roman, der im französischen Original *Antéchrista* heißt.

TULLIO PERICOLI (*1936, Colli
del Tronto (Provinz Ascoli Pi-
ceno), lebt in Mailand.
Zeichnung auf S. 82 aus *Portraits.*
© Diogenes Verlag, Zürich 1992.

JOACHIM RINGELNATZ (1883, Wur-
zen (Leipzig) – 1934, Berlin)
Wie abscheulich faßt sich Kreide an!
Aus *Sämtliche Werke.* © Diogenes, Zürich 1997. Im Frühjahr
2005 erscheinen sämtliche Ge-

dichte und Erzählungen als Diogenes Taschenbücher, außerdem
in der Diogenes Bibliothek ein
Auswahlband mit den schönsten
Liebesgedichten.

ARTHUR SCHOPENHAUER (1788, Dan-
zig – 1860, Frankfurt am Main)
Schiefe Köpfe (Titel von den
Herausgebern). Aus *Parerga und
Paralipomena* II (Zweiter Teil-
band), erschienen als Diogenes
Taschenbuch.

JEAN-JACQUES SEMPÉ (*1932, Bor-
deaux, lebt in Paris)
Die Zeichnungen auf S. 141, 272
aus *Heiter bis wolkig,* der im Oktober 2004 bei Diogenes erscheint.
© Diogenes, 2004; S. 167ff. aus *Alles wird komplizierter.* © Diogenes,
1974. S. 167 und 174: Abdruck mit
freundlicher Genehmigung des
Künstlers.

MAURICE SENDAK (*1928, New
York, lebt in Ridgefield (Con-
necticut))
Es muß im Leben mehr als alles geben.
Auszug aus dem gleichnamigen
Band. Aus dem Amerikanischen
von Hildegard Krahé. © Diogenes,
1969. *»Reif sein ist alles«.* Transkrip-
tion von Bettina Haydon eines In-
terviews mit Bill Moyers in der
Fernsehsendung *Now* des Senders
PBS. Aus dem Amerikanischen von
Bernhard Robben. © Public Af-
fairs Television / Maurice Sendak,
2004. Abdruck mit freundlicher
Genehmigung. Foto auf S. 144:
Diogenes Archiv.

GEORGES SIMENON (1903, Lüttich –
1989, Lausanne)
Abdruck der Fotos auf den S. 192ff.

mit freundlicher Genehmigung des Fonds Simenon, Liège.

MURIEL SPARK (*1918, Edinburgh, lebt bei Arezzo, Toskana)
Kreatives Schreiben. (Titel von den Herausgebern). Auszug aus dem neuen Roman von Muriel Spark, der im englischen Original *The Finishing School* heißt, und im Frühjahr 2005 bei Diogenes erscheinen wird.

TOMI UNGERER (*1931, Straßburg, lebt in Irland und in Straßburg)
Die Vignetten auf S. 72–80 und 109–113 sind von den Covern der Čechov-Werkausgabe im Diogenes Taschenbuch. Die Zeichnung auf S. 186 aus *Poster.* © Diogenes, Zürich 1994. Im Herbst 2004 erscheint, von Tomi Ungerer illustriert, *Jossel Rakovers Wendung zu Gott* von Zvi Kolitz.

PETER URBAN (*1941, Berlin, lebt in Weidmoos im Hohen Vogelsberg)
»Entscheidend ist der Ton«. Der Artikel von Peter Urban erschien zuerst im *Börsenblatt für den deutschen Buchhandel,* Frankfurt am Main, unter dem Titel *Unbekannte Klassiker.* Abdruck

mit freundlicher Genehmigung. Das Interview erschien zuerst in *Die Deutsche Bühne,* Köln, und ist von Detlev Baur. Abdruck mit freundlicher Genehmigung des Autors.

Alle Čechov-Fotos in diesem *Tintenfaß* aus dem von Peter Urban herausgegebenen Standardwerk *Anton Čechov. Sein Leben in Bildern.* © Diogenes, Zürich 2003/Peter Urban. Die Zeichnungen von F. W. Bernstein auf den S. 96 und 97 aus *Achtung! Lesen gefährdet ihre Dummheit,* erschienen im Haffmans Verlag. Abdruck mit freundlicher Genehmigung des Künstlers.

F. K. WAECHTER (*1937, Danzig, lebt in Frankfurt am Main)
Zeichnungen auf S. 157, 161, 170, 188, 208, 258 und 266 aus *Waechter.* © Diogenes, 2002

URS WIDMER (*1938, Basel, lebt in Zürich) *Mein Vater, der Lehrer* (Titel von den Herausgebern). Auszug aus dem Roman *Das Buch des Vaters*, das im Frühjahr 2004 bei Diogenes erschienen ist. © Diogenes, 2004.

Sempé

TINTENFASS IMPRESSUM

Herausgeber:
Daniel Kampa, Winfried Stephan.
Umschlaggestaltung:
Hans Höfliger/Bettina Wunderli.
Gestaltung und Herstellung:
Peter Frei.
Herzlichen Dank an Ursula Baumhauer, Muriel Bondolfi, Reto Brunner, Susanne Dorn, Corry Eberle, Ruth Geiger, Lisa Jordi, Regina Kaeser, Franca Meier, Regine Mosimann, Thomas Mouzinho, René Niederer, Sonja Osterwalder, Anna von Planta, Res Schenk, Christine Stemmermann, Margaux de Weck, Monika Wild, Silvia Zanovello und besonders an Daniel Keel und Peter Urban.
Über unverlangt eingesandte Manuskripte kann leider keine Korrespondenz geführt werden.
Redaktionsschluß: 31.7. 2004.